〈문자·사회·문화〉총서 ①

# 호모 리테라투스

## - 문자와 사람 -

연세대학교 출판부

〈문자·사회·문화〉 총서 1

호모 리테라투스 - 문자와 사람 -

**편저자** 연세대학교 인문학연구원 HK문자연구사업단

**펴낸곳** 연세대학교 출판부

**주 소** 서울특별시 서대문구 연세로 50

http://www.yonsei.ac.kr/press

e-mail:ysup@yonsei.ac.kr

**전 화** 02)2123-3380~2

**팩 스** 02)2123-8673

**등 록** 1955년 10월 13일 제9-60호

2011년 7월 29일 1판 1쇄

ISBN 978-89-7141-963-2 (94700)

ISBN 978-89-7141-962-5 (세트)

값 15,000원

〈문자·사회·문화〉
# 총서를 발간하며

문자는 인류 문명의 토대이자 발전의 원동력이고, 문화전통의 담지자이며 동시에 전달자이기도 하다. 인류 역사에서 문자가 차지하는 중요성에도 불구하고 그간 문자에 관한 학문적 연구는 피상적이거나 단편적인 수준에 머무는 경우가 많았다. 오늘날 영상 매체의 우위 속에서 일견 문자의 영향력이 줄어드는 것처럼 보이지만, SMS나 트위터, 페이스북 등에서도 볼 수 있듯 문자는 이전과 다른 형태와 방식으로 여전히 우리의 일상에 뿌리를 내리고 있다. 이러한 변화와 관련해 인문학의 관점에서 문자가 가지는 사회·문화적 토대와 역동성에 대한 종합적이고 심층적인 연구가 필요하다는 것이 우리의 판단이다.

연세대학교 인문학연구원은 동서양 문자의 사회문화적 연구를 중점 연구주제로 선정하여  꾸준한 연구를 추진해왔으며, 이러한 성과를 기반으로 하여 2010년 9월에는 한국연구재단의 인문한국(HK) 사업단으로 선정되었다. 이에 본 연구원은 국내 문자연구의 초석을 마련하고, 연구 성과의 공유를 위한 총서를 발간하고자 한다.

〈문자 · 사회 · 문화〉 총서는 대중적인 인문교양서의 성격을 갖추면서 동시에 문자연구의 학문적 토대를 제공하고, 문자를 문화적 · 역사적 · 정치적 · 사회적 측면에서 폭넓고 깊이 있게 다루는 전문 교양

서를 지향한다. 이 총서는 문자 연구에 관한 기본적이고 대표적인 저술들을 번역・소개하여 국내 문자연구의 기반을 공고히 하기 위한 번역총서와 인문학연구원 HK문자연구사업단의 학술활동과 국내외 연구자들의 연구 성과들을 소개함으로써 문자연구의 폭과 깊이를 넓히기 위한 연구총서로 이루어진다. 〈문자・사회・문화〉 총서의 발간은 국내외 연구 기관들과의 학술교류를 활성화하고 연구의 전문성과 지식 기반을 확충하며, 나아가 인문학의 바탕 위에서 문자연구와 관련된 정보와 지식을 일반 대중과 공유하는 데에 크게 기여할 것이다. 모쪼록 이 총서의 발간이 우리 학계에서 문자 연구에 대한 관심을 높이고 학문적 발전을 이루는 계기가 될 수 있기를 바란다.

인문학연구원 HK문자연구사업단장 유 석 호

차 례

# I. 문자와 사람

## 인간의 생활과 문자 －서양문자를 중심으로－ | 조두상 |



## 한자, 역설의 패러다임 | 김근 |

**문자와 독서의 안티노미—데리다와 드 만의 경우** | **이창남** |



## Ⅱ. 문자와 예술

**보들레르 이후의 시에 나타난 문자의 문채(文彩)** —"문자표기 수사학"—
| **엘렌 캉페뇰 카텔** |



**말라르메의 페이지 공간** —「주사위 던지기」를 중심으로— | **도윤정** |



**21세기, 書藝의 世界化 可能性 試探** | **김병기** |

## 〈장끼전〉의 구비적 전승과 기록화 과정 | 최혜진 |

# I. 문자와 사람

인간의 생활과 문자

한자, 역설의 패러다임

'鬢(빈)'자에 관한 고찰—속자(俗字)의 연원과 그 전파

한글의 사회문화사적 함의

문자와 독서의 안티노미—데리다와 드 만의 경우

# 인간의 생활과 문자

- 서양문자를 중심으로 -

조 두 상

## I. 서론

Thomas Astle(1784)이 말하기를 'The noblest acquisition of mankind is speech, and the most useful art is writing. The first eminently distinguishes man from the brute creation; the second, from uncivilized savages.'라고 했다. 즉 인간이 인류역사상에서 획득한 것 중에서 가장 고귀한 것은 말(speech)이며 또한 가장 쓸모있는 도구(art)로 획득한 것은 글(writing)이라는 말이다. 앞의 것은 인간과 사나운 동물을 분명하게 구별해주었고, 뒤의 것은 문명화되지 않은 야만인과 문명화된 인간을 뚜렷하게 구별해준 것이므로 인류역사에서 말과 글이 얼마나 중요한가를 강조한 것이다.

문자의 발명은 인류가 만들어 사용해 온 말 다음으로 귀중한 자산가치를 가지고 있다. 이렇게 귀중한 문자도 처음에는 그림에서 시작되었다. 인간이 말을 창조하여 의사교환을 하면서 생활하다가 차츰 사람이 많이 모이고 시간과 공간적 넓이가 커짐에 따라 말소리의 한계를 실감하게 되었다. 그래서 그림으로 시간과 공간의 커짐을 극복하고자 시도했다. 그래서 인류문명 발생지에는 예외 없이 벽이나 돌에서 그림을 볼 수가 있다. 이 그림에서 예술성이 있는 그림으로 발전되었고 한편으로는 사람의 의사전달 체계로서의 문자로 발전하게 되었다.

이 논문에서는 인류문명 특히 서양문명에 크게 이바지한 문자를 중심으로 그 도입과 발달과정을 살펴보고자 한다.

## II-1. 말의 발명에 대한 가설

말이 어떻게 발명되었는가에 대한 생각은 옛날부터 지금까지 계속되고 있다. 말의 발명에 대한 견해를 종합하여 제시한 영국의 리즈대학 교수인 Charles L. Barber(1972: 5판)의 7가지 가설을 살펴보면 다음과 같다.

1) Bow-wow theory

   동물들이 내는 울음소리를 듣고 그 울음소리와 같은 자연음(natural sounds)을 모방해 사용한 것에서 유래된 것이 말의 시초라고 보는 이론이 있다.

   예) splash slush, grumble, bump, sneeze 등이다.

2) Pooh-pooh theory

   아프거나 기쁠 때에 그 감정을 본능적으로 나타낼 때 나오는 외침에서 말이 유래되었다는 이론이다. 처음의 외침에는 감탄사 같은 것이었다.

3) Ding-dong theory

   생득 이론인데 소리와 의미 사이에는 분명히 신비스러운 조화가 있다는 것이데, 원시인이 본능적인 독특한 논능적 능력이 있어서 외부에서 오는 모든 인상에 대해 목소리를 사용하여 표현한다는 이론이다.

4) Yo-he-ho theory
19세기 불란서 L. Noire(1829-89)가 주장한 이론으로 나무의 밑동을 올리거나 바위 등을 옮길 때와 같이 육체노동에서 힘을 내는 소리에서 시작되었다는 것이다. 이런 작업을 할 때에 무의식적으로 성대가 울려서 나오는 것이다. 즉 강렬한 근육운동을 할 동안에 목의 성대를 꼭 닫아 버림으로서 허파의 숨을 잡아 두지만 이 운동이 강렬한 나머지 숨을 터뜨리게 되는 사이 근육이 이완되면서 성문이 여리고 공기가 방출되어 신음소리, 끙끙거리는 소리를 내게 된다는 것이다. 이런 부류의 소리가 발전되어 heave(끌어올려라), rest(휴식을 취하라), lift(들어올려) 등의 말이 되었다는 것이다

5) Gesture theory
동작어가 말보다 앞서 발생했다는 이론이다. 인용되는 실례는 아메리카의 인디언들이 만들어 사용한 표시언어(sign language)이다. 서로 다른 언어를 사용하는 부족 간에 분쟁이 있을 경우 협상을 하기 위해 만들어 놓은 정교한 동작체계였다.

6) Musical theory
덴마크의 언어학자 Otto Jespersen이 제창한 이론으로 언어기원이 노래(song)에서 시작되었다는 주장이다. Jespersen은 언어의 역사를 거슬러 올라가 장기간에 걸쳐 내려온 추세가 무엇이었는지를 알아본 결과 원시언어는 발음하기 어려운 소리로 가득 찬 긴 말로 이루어져 있고, 뒤에 생겨난 언어보다도 어조(tone)와

음도(pitch)를 더 많이 사용하고 음악적인 요소를 광범위하게 이용하고 있다는 점, 또한 뒤에 생겨난 언어보다도 한층 더 정열적이며 더욱 더 음악적이었다는 결론에 도달했다고 한다. 언어가 초기상태에서 말이 없는 일종의 노래였으며, 의사전달이 아니라 감정을 표출한 것이었다. 초기에는 산문적인 것이 아니라 시적이며 정서적인 것이고, 특히 사랑의 감정이 음악과 노래를 이끌어내는 가장 강렬한 감정이다. Jespersen은 언어는 인간이 구애하는 과정에서 태어났고, 말을 하게 된 최초의 발화는 '나는 밤이 되면 언제나 예쁜 소녀 같은 아름다운 새가 타일 위에 나타나서 노래하는 사랑의 서정시와 나이팅게일 새가 부르는 아름다운 가락의 연가'라고 주장한다.

7) Contact theory

암스테르담의 G. Revesz 교수가 제시한 이론으로 언어는 자기 동료들과 접촉하고자 하는 인간의 본능적인 욕구에서 발생된 것이고, 언어가 발전해온 일련의 4단계가 있다는 것이다.

① 1단계: 동료 간의 접촉 욕구에 의한 접촉음
② 2단계: 의사전달의 첫 시도로 고함(the cry)을 시도. 짝짓는 울부짖음, 새끼들의 위험에 대한 울부짖음 등
③ 3단계: 부름의 단계 즉 부름(the call) 단계. 이 부름은 어떤 욕망을 달성한 것에 대한 만족감을 나타내기 위한 요구임
④ 4단계: 상징적 기능(symbolic function)을 가진 단어로서 사람들에게만 찾을 수 있다.

위의 7가지 가설 중에서 가장 쉽게 이해할 수가 있는 것 중의 하나는 musical theory이다. 영어 역사에서 가장 오래된 문학작품은 영웅

서사시 Beowulf인데 이것 역시 노래로 구성된 것이고, 중세영어의 대표되는 영시 Canterbury Tales도 시로 구성되어 있다. 비단 영어에 한한 것은 아니고 한국의 예를 보더라도 가장 오래된 것 중의 하나인 신라시대의 향가인 처용가 역시 노래로 구성되어있다. 이처럼 옛날로 거슬러 올라갈수록 산문으로 된 문학작품이 없고 시로 된 리듬이 있고 노래가 있는 문학작품이 있음을 쉽게 파악할 수 있다.

## II-2. 문자의 사용과 문명 발생

일반적으로 중국의 황하 유역, 인도의 인더스강 유역, 이집트의 나일강 유역, 그리고 티그리스강과 유프라테스강 사이의 메소포타미아 등을 4대 문명 발생지로 꼽고 있다. 물론 관점에 따라 더 많은 지역을 포함시킬 수가 있으나 보통 4대 문명발생 지역만으로 배워왔다. 이 문명발생지에는 그림이 벽화나 돌에 그려져 있다. 이들 그림이 문자로 발전되었을 것으로 추측하는 경향이 으레 있어 왔다. 4대 문명발생지를 포함해서 문자의 발명의 시기(Andrew Robinson, 1995)를 시대별 순서로 보면 다음과 같다.

1) 메소포타미아 지역

3300 B.C. Sumer 지역 토판에 글자 사용, Uruk 지역에서 3100 B.C. 쐐기문자(Cuneiform)가 새김글로 시작. 메소포타미아에서 75 A.D. 마지막 쐐기문자 새김글이 새겨짐

2) 이집트의 나일강 유역

3100-3000 B.C. 상형문자(hieroglyph) 새김글 시작. 이집트

394 A.D. 이집트 상형문자가 마지막으로 새겨짐

3) 인더스강 유역

2500 B.C. 인더스(Indus)문자 시작, 인도/파키스탄

4) 중국의 황하 유역

1200 B.C. 갑골문자(Oracle bone) 새김글이 시작되어 지금까지 사용

5) 페니키아 알파벳(Phoenician Alphabet)

1000 B.C. 새김글 시작, 지중해 지역

6) Greek Alphabet

730 B.C. 새김글 시작

7) 400 B.C. 이오니아(Ionian) 문자를 그리스의 표준글자로 채택

## II-3. 최초의 문자 형성

메소포타미아 지역에 있었던 수메르인들은 그림형식으로 이루어진 흙에 쓰는 글자(Cuneiform system)를 발명했고, 음절을 나타내기 위한 방안을 강구했다. 그들은 우연인지 아니면 의도적인지 간에 다섯 개의 모음 a e i o u 중에 4개를 음절에서 독립적으로 분리시키는데 성공했다. 그 뒤에 수메르를 정복한 바빌로니아인들은 수메르인들이 만든 문자를 그대로 물려받아 바빌로니아 말의 음절을 나타내는 음절문자로 개발하고 뜻글자 몇 개도 같이 개발하여 사용했다. 그 뒤에 페르시아인들이 이 쐐기문자를 도입하여 음절문자의 형태를

가장 간단하게 만들어 사용했는데 그 결과 36개의 음절문자와 4개의 뜻글자, 그리고 단어 분리 표시 등으로 구성되어 있다.

한편 이집트인들은 상형문자(hieroglyphs)를 개발했는데 상형문자는 초서체인 승용문자(hieratic)와 민용문자(demotic)로 발전되어왔다. 그들은 기호를 음절 표시로 사용하면서도 심지어 자음으로도 채택했으나 간단한 실험기간을 제외하고는 계속해서 사용하지는 않았다.

이웃하고 있던 셈족들은 이집트 상형문자의 음소적 자질 등의 중요성을 알아보았고, 철자이름에서 첫 음을 그 철자의 음가로 한다는 두음원리를 이집트 상형문자에서 도입하여 사용했고 나머지 뜻글자와 음절문자의 거추장스러운 것들을 던져버리고 각 소리마다 하나의 기호만으로 대표되도록 글자를 만들었다. 이렇게 하여 만든 문자가 음소문자이고 이것은 서부 셈족의 공로였다. 사실 처음에 이러한 단계로까지 만든 사람이 누구인지 알 길은 없다. 알 수 있는 것은 셈족 중의 어느 누군가가 약 2500-1500 B.C. 경에 이집트인과 접촉을 했고, 확실한 점은 이 접촉이 이집트인이나 이집트주변에서 이루어 졌다는 사실이다. 그래서 음소문자의 발명은 팔레스타인(Palestine) 지역에서 시작되었고, 페니키아 해변에서 완성되었다고 Driver(1976, p.196)는 주장한다.

이와 같이 문자의 초기단계에서 세 가지 형태의 알파벳글자 형태가 진화되어 나왔는데 이 세 가지는 그림문자 혼합형 글자(a mixed pictographic-linear), 쐐기문자(a cuneiform), 그리고 진정한 음소문자(and a true linear script) 등의 단계이다. 앞의 두 단계는 곧 없어지고 나머지 끝의 단계가 살아남아 사용되었는데 페니키아인들이 바다를 건너 그리스로 이 문자를 전달했던 것이다. 문자를 도입한 그리스인들은 본격적으로 각각의 기호를 개발해서 알파벳을 완성했는데, 이 완성된 철자를 유럽 여러 나라에 전달하였다. 즉 셈족은 서구인들이 문맹에서 해방될 수 있도록 큰 선물을 주었던 것이다.

## II-4. 유럽문명의 원동력인 문자의 도입과정

### 1. 페니키아 문자가 그리스에 전달된 것에 관한 기록들

페니키아 문자가 그리스에 전달된 과정에 대해서는 두 가지 견해가 있다.

Driver(1976, p.128)에 의하면 그리스 역사의 아버지로 불리는 Herodotus는 'Phoenicians, who came to Greece with one Cadmus, introduced it there, amongst other arts.'라 해서 캐드무스가 그리스에 문자를 전했다는 견해를 피력했고, 한편 Diodorus Siculus는 'the Syrians were the inventors of the alphabet, and that the Phoenicians, having had it from them, modified the forms of some of the letters and Cadmus brought them to Greece.'라 하여 처음에 글자를 만든 사람은 시리아 인이고 그 글자를 변화시킨 다음 그리스에 전한 사람이 캐드무스라고 했다.

따라서 페니키아인이든 시리아인이든 글자를 만든 사람들은 지중해 동쪽에 위치한 셈족들이고 글자를 그리스에 전한 사람은 캐드무스라는 사람인 것은 확실한 것으로 생각된다.

### 2. 페니키아 철자이름과 발음

페니키아 철자, 이름과 발음 등은 아래의 표에서 확인할 수가 있다. 이 표를 보면 철자 수는 모두 22개이며, 모두 자음으로 구성되어 있다. 특히 'aleph와 'ayin을 보면 부호표 모양인 '와 '이 철자 앞에 있는데 이것도 페니키아에서는 발음을 나타내는 자음이다. 그런데 그리스어에는 이 철자가 도입되지 않았다. 철자 6번으로 Y모양의 철자가 있는데 이름은 waw라고 하지만 vaw, vau 등으로도 쓰인다. 이 철자에서 영어철자 F, U, V, W, Y 등 5가지가 파생되어 나왔기 때문에 이 철자는 아주 중요하다.

| Letter | Uni. | Name | Meaning | Ph. |
|---|---|---|---|---|
| 𐤀 | □ | 'āleph | ox | ' |
| 𐤁 | □ | bēth | house (Arabic: بيت) (Hebrew: בית) | b |
| 𐤂 | □ | gīmel | camel (Arabic: جمل/بعير) (Hebrew: גמל) | g |
| 𐤃 | □ | dāleth | door (Hebrew: דלת) | d |
| 𐤄 | □ | hē | window | h |
| 𐤅 | □ | wāw | hook(Hebrew: וו) | w |
| 𐤆 | □ | zayin | weapon (Hebrew: כלי זין) | z |
| 𐤇 | □ | ḥēth | wall (Arabic: حيط) | ḥ |
| 𐤈 | □ | ṭēth | good | ṭ |
| 𐤉 | □ | yōdh | hand (Arabic: يد) (Hebrew: יד) | y |
| 𐤊 | □ | kaph | palm (of a hand) (Arabic: كف) (Hebrew: כף) | k |
| 𐤋 | □ | lāmedh | goad | l |
| 𐤌 | □ | mēm | water (Arabic: ماء /maː/) (Hebrew: מים /'majim/) | m |
| 𐤍 | □ | nun | serpent | n |
| 𐤎 | □ | sāmekh | fish (Arabic: سمكة /'samaka/=fish) (Hebrew: שמך /'ʃemeχ/=Trout) pillar | s |
| 𐤏 | □ | 'ayin | eye (Arabic: عين) (Hebrew: עין) | ' |
| 𐤐 | □ | pē | mouth (Arabic: فم) (Hebrew: פה) | p |
| 𐤑 | □ | ṣādē | papyrus plant | ṣ |
| 𐤒 | □ | qōph | eye of a needle (Hebrew: קוף) | q |
| 𐤓 | □ | rēš | head (Arabic: رأس) (Hebrew: ראש) | r |
| 𐤔 | □ | šin | tooth (Arabic: سن) (Hebrew: שן) | š |
| 𐤕 | □ | tāw | mark (Hebrew: תו) | t |

〈그림 1〉 페니키아 알파벳

페니키아철자에는 두 가지 특징이 있다. 첫째, 철자가 숫자로도 사용되어서 각 철자의 순서에 따라 0에서 1, 2, 등의 숫자로서의 역할을 한다. 그래서 알파벳 철자의 순서가 이동이 쉽지 않았고, 철자가 이동되면 숫자에도 문제가 생기게 되니 철자의 변동은 극히 제한적이었다. 이것 역시 그리스에 그대로 전달되었다. 둘째, 각 철자가 그들의 고유 의미를 가지고 있다. 예를 들면 'aleph는 황소(ox)를 뜻하고 beth는 집(house)을 뜻하고 있다. 이 특징은 그리스에는 전달되지 않았다. 그리스철자는 뜻이 없고, 철자 형태와 발음만을 나타냈다.

그리고 아래는 고대 페니키아 지역을 나타내는 지도이다. 이 지도는 페니키아 글자에 두 가지 종류가 있다는 것을 설명하는데 도움을 줄 것이다. 해변 가에 도시 시돈(Sidon)과 타이레(Tyre)가 있다.

〈그림 2〉 레바논(Lebanon) 지도

페니키아철자는 타이레에서 사용된 철자와 시돈에서 사용된 철자 등 두 종류가 있었는데 그리스에 전달된 형태는 가장 큰 항구도시 타이레에서 사용된 모압돌(Moabite Stone)에 새겨진 철자이다. 이 모압돌에 철자가 사용된 시기를 명확하게 밝혀주는 페니키아의 새김글이 있다. 이 새김글을 보면 성경에서 메서(Mesha)는 생략된 배반의 이유를 밝혀주고 있고, 새김글 끝에는 그가 모압의 성채, 궁중 및 파괴된 궁중을 재건한 사실을 밝혀주고, 예호람(Jehoram)왕의 재위기간이 기원전 896년에서 884년이라고 사실도 밝혀준다. 뒤에 시돈에서 사용된 철자로 시돈 지역 어느 농부가 땅을 파다가 발견한 쟁반에 새겨진 글자가 바로 시돈 철자다. 그 쟁반에 새겨진 글자에서 그 쟁반은 바알 레바논 신에게 바쳐진 접시라는 사실을 알게 되었는데 이 새김글을 판독해보니 '시도니안의 왕 히람(Hiram)의 시종 카르타고(Carthage)의 한 시민이 이 청동 쟁반을 그의 신 '바알 레바논'에게 바친 것'이라는 사실을 알게해 준다. 시도니안의 왕 히람이 솔로몬시대의 히람왕이 맞다면 시대는 기원전 10세기 초에 해당되는 시대를 알려주는 귀중한 자료이다.

페니키아의 철자이름을 보면 'alelph, beth, gimel, daleth, he, vaw, zayin, cheth, teth, yod, kaph, lamed, mem, nun, samekh, ‘ayin, pe, tsade, qoph, resh, shin, tau 등으로 22개다.

알파벳이름이 여러 나라의 언어로 구성되어 있다. 페니키아에서 온 것이 beth, mem 등 두 개, 히브리(Hebrew)에서 온 것이 waw, tau, kaph, qoph, zayin, ‘ayin, 등 6개이며, 아람어(Aramaic)에서 온 것이 resh, tsade, 'aleph, daleth, lamed, samekh 등 6개이다(Driver, 1976, p.155). 이렇게 철자이름이 여러 개의 언어에서 나온 것을 보면, 처음에는 하나의 언어에 여러 가지 방언으로 사용할 때에 사용된 이름이라 오래된 것이고 그 뒤에 각 방언이 한 언어로 승격된 뒤에 그 지역 언어로 지칭된 것으로 추측된다.

## II-5. 그리스의 글자 도입과 모음 생성

일반적으로 전해져오는 말에 따르면 기원전 12-13세기 트로이전쟁(Trojan War) 이전에 페니키아 타이레(Tyre) 출신 캐드무스(Cadmus)가 페니키아 알파벳을 그리스에 전했다고 한다. 그는 처음 그리스의 태라(Thera)섬에 부하 몇 명을 내려놓고 보에티아(Boeotia)섬으로 갔다는 것이다. 트로이전쟁 때에 상당수의 그리스 사람들이 셈글자를 알고 있었다는 추측이 있다. 그리스 땅에서 가장 오래된 새김글이 발견된 곳이 바로 캐드무스가 처음 상륙했다는 태라섬이다. 따라서 그리스에 글자도입에 관한 이야기가 사실로 인정되고 있다.

페니키아 문자는 자음만으로 구성된 문자라서 읽는 사람이 모음을 적절하게 보충해야 한다. 영어의 단축어를 생각하면 된다. 예로 Building을 Bldg처럼 쓰는 방식이다. 셈 언어 구조가 자음철자에 알맞게 구성되어 있어서 자음으로 구성된 철자로 표현되어도 이로 인한 의미의 중의성은 거의 없다. 그러나 이 철자를 도입해서 사용하는 다른 언어를 구사하는 민족에게는 커다란 어려움이 생기게 된다.

### 1. 그리스인들이 모음을 만들었다

자음만으로 구성된 알파벳을 도입해서 그들에게 필요한 모음을 만들어 완전한 알파벳을 완성한 것은 그리스인들의 공로이다. 그리스인들이 모음알파벳을 만들게 된 요인 중의 하나가 그리스어에서 모음이 갖는 중요한 역할 때문이다. 그리스인들이 7개의 모음을 만든 과정은 다음과 같다.

1) 페니키아 알파벳 첫 글자 'aleph에서 자음 '은 그리스어에 있지도 않고 그리스인들이 알지도 못하는 약한 자음이다. 그리스인들이 이 철자이름을 발음할 때에는 첫 철자를 떼어내고 그 다음 aleph만을 발음하게 되었다. 중요한 것은 철자이름의 첫 음을 그 철자의 음가로 하는 원칙을 페니키아 철자에서 이미 적용하고 있었다. 그래서 'aleph에서'를 떼어 버린 aleph에서 첫 음 a를 이 철자의 음가로 정함으로써 모음 a와 철자이름 aleph가 탄생한 것이다. aleph에서 중간모음 e가 생략되고 뒤에 a가 첨가되어 alpha라는 이름이 생겨났다.

2) 페니키아 철자 5번째 철자이름 he를 보면 he의 첫 글자 h는 인도의 산스크리트에서 보는 bh, dh, gh 등에서의 h와 같이 유기성음으로 그리스인들에게는 생소한 발음이었다. 그래서 h음을 생략하고 e만을 발음하게 되었고 이름을 epsilon(그리스어로만)으로 했다. e 모음은 언제나 단모음으로 사용된다.

3) 페니키아 철자 1번째 'ayin에서도 'aleph에 적용된 방식으로 해서 철자를 생략하고 ayin으로 만들었다. 만약에 aleph가 먼저 모음 a 음을 취득하지 않았다면 ayin의 a가 알파벳의 첫 글자가 되었을 것이다. 이미 a가 만들어져 있었기 때문에 이것은 모음 o(omicron 순수 그리스어로)로 전환되어 o 모음이 되었고, 이 모음은 태생적으로 단모음을 나타내게 되었다.

4) 페니키아철자 10번째 yodh는 자음이지만 모음에 가까운 반모

음의 음을 나타내었다. 이것은 로마문자에서 i철자처럼 모음으로, 또는 자음으로도 쓸 수가 있는 용법과 같은 것이다. 그리스어에는 자음으로 쓰이지 않았기 때문에 i(iota)를 모음으로 쓰게 되었다.

5) 페니키아 철자 6번째 waw는 자음과 모음 둘 다 사용할 수 있는 로마자 V(u)와 같은 속성을 가지고 있는 자음이다. 이 철자에서 모음 Upsilon(Y 또는 V 형태)이 나왔고 그리스인들은 모음으로 사용할 때에는 Vaw를 Y 또는 V 모양으로 약간 변화시켜 철자의 제일 끝 20번에 위치시켰다. 로마자 V는 자음과 모음을 같이 사용할 수가 있는 것과 같이 그리스어에도 모음뿐 아니라 자음으로도 사용할 필요가 있었다. 자음은 처음에 Y (digamma)는 자음으로 사용되었으나 동부 그리스에서는 발음되지 않았고, 문자로서의 기능도 사라져 숫자 6으로서의 기능만을 갖게 되었다.

위에서 보아온 5개 모음이 그리스철자로 구성되어 사용되다가 로마에 전해져서 그대로 5개가 로마철자에 전해졌다. 로마에 전해진 뒤에 만들어진 그리스 모음 eta와 omega 등 두 개의 모음은 로마철자에 도입되지 않았다.

6) 페니키아 자음 cheth(H)가 그리스어에서 장모음 e를 나타내고 이름을 eta라고 했다.

7) 그리스철자 Omega는 eta가 만들어지고 난 1세기 후에 만들어졌다고 Taylor(1899)가 밝혔다. 단모음 e와 장모음 e는 각각 다른 철자로 표시가 되고 있는데 Omicron은 장모음 o와 단모

음 o를 구별하는데 각각 o, ov, w 등 세 가지로 달리 표기하고 있었다. Omicron은 처음 페니키아철자 'ayin에서 만들어졌을 때에는 ov라고 했으나 장모음 o를 만들어 omega로 칭하기 때문에 서로 구별하기위해서 omicron으로 명칭변경이 일어났다는 것이 Taylor(1899)의 설명이다.

이와 같이 7개의 모음을 페니키아철자에서 그리스인들이 만들어냈고, 이중에 특히 독창적으로 Omega를 만든 저력도 있었다.

## 2. 그리스인들이 글 쓰는 방향을 결정했다.

글의 배열에서 이집트 상형문자는 주로 종적 배열이었고, 간혹 횡적 배열도 있었다. 횡적 배열일 때는 오른쪽에서 왼쪽 배열이었다. 초기 셈 문자의 배열은 양방향을 모두 사용하였다. 뒤에 가서 북 셈 글자에서는 규칙적으로 오른쪽에서 왼쪽으로 고정되어갔다. 셈 글자에서는 이 방향이 오늘날까지 쓰이고 있다. 그리스인들은 오른쪽에서 왼쪽으로 배열 방식을 배웠다. 오래가지 않아 인기가 없어졌고, 몸부림이 일어났다. 처음에는 좌우밭갈이식이 시도되었고, 기원전 5세기에 와서 오늘날과 같은 왼쪽에서 오른쪽으로 쓰는 방식이 고정되어 갔다. 이렇게 고정된 방식이 로마에 도입되었고, 영국을 비롯한 유럽인들이 도입했다.

Ullman(1932)에 의하면 글 쓰는 방향의 변화는 파피루스와 밀납서판에 글을 쓴 결과로 나타난 것으로 보고 있다. 새김글을 쓸 때는 글의 방향이 중요치 않아서 좌우교대식으로 쓸 수가 있다. 그러나 오른손으로 글을 많이 쓰는 사람들에게는 왼쪽에서 오른쪽으로 글 쓰는 것이 훨씬 더 간단하기 때문이라고 한다. 가로로 읽고 쓰는 것이 훨씬 편하고 속도감이 나지만 오른쪽으로 읽거나 왼쪽으로 읽는 것에는 습관이라는 변수도 있을 수가 있다고 생각된다.

## II-6. 로마의 문자

### 1. 로마인들의 그리스 문자 도입

로마인들은 그리스에서 직접 철자를 도입하지 않았고, 에트루스칸(Etruscan)인들이 서부 그리스철자를 이태리 나폴리 근처의 고대도시인 쿠마이(Cumae)에서 가져왔고 로마인들은 에트루스칸인의 철자를 도입할 때에 그들이 쓰지 않던 철자까지도 모두 가져갔다. 에트루스칸의 새김글에는 B, D, O, X를 사용하지 않았고, K와 Q글자를 자제했다. 초기 에트루스칸인들이 사용하지 않았던 철자라도 잊어버리지 않고 있었기 때문에 로마인들은 에트루스칸인들이 쓰지 않았던 글자도 같이 도입해 가져갔던 것이고 그 시기는 기원전 6세기보다 더 늦지는 않았던 것이다.

### 2. 로마인들의 철자 사용법

로마인들은 그리스인이나 에트루스칸인과 약간 달리 알파벳을 고쳐 사용했다.

1) C와 K와의 차이를 두지 않고 사용했다.

2) C, K, Q 등 세 가지 동일한 자음을 일정한 자리에 한정시킨

초기 에투르스칸의 용법을 따랐다. 이들의 철자이름을 ce, ka, qu로 해서 차이를 유지했다.

3) G철자를 새로이 만들었다. C는 처음에 k음과 g음 두 가지를 표현했다. 따라서 g음을 k음로부터 구별할 수 있는 철자를 갖지 못했다. 로마인은 k음을 표현하는데 세 개의 철자를 가졌지만 g음을 k음으로부터 구별하는 철자를 갖지 못했다. 세월이 지나면서 C철자가 k음만을 표현하게 되자 원래의 g음을 표현하기 위한 새로운 철자를 만들어야했다. g음을 표현하는 철자 형태는 C철자 아래선을 물면서 약한 선을 그은 G를 만들었다. 만들고 난 다음에는 알파벳의 자리배정을 해야 했는데, 그리스 철자를 도입할 때에 라틴어에서 필요가 없는 zeta를 그리스철자에서 도입하지 않았기에 그 자리가 비어 있었다. 그래서 새로 만든 G철자를 zeta 자리인 7번 자리에 위치시키게 되었다. 이 G철자가 기원전 4-3세기에 생겨났지만 실제 사용되는 데에는 상당한 시일이 소요되었다. 왜냐하면 C철자가 g음을 표기하는 예가 로마시대 전체에 걸쳐 있었기 때문이다. C철자가 g음을 내는 예를 보면 단축어 표기는 C.(Gaius)와 Cn.(Gnaeus)이지만 전체 단어를 쓸 때는 G로 표기를 했던 경우를 들 수 있다.

4) K철자는 Ka로 시작되는 몇몇 단어의 단축어로 쓰일 때를 제외하고 사라졌고, k음은 전적으로 C철자가 표현했다. K철자는 후일에 영국과 독일에서 부활되었다.

5) Q철자는 유지는 되었으나 자음 u앞에서만 사용되도록 제한적 사용이 이루어졌다. 따라서 Qu는 두 철자 모두 자음철자이므로

그 다음에 모음이 올 경우에 쓰도록 했던 것이다. 이런 방식이 현대에 와서 차츰 무너지고 있다. 그 예로 나라이름 Iraq, 이라크의 소유격 Iraqi people, 한국의 광고문구 qook 등이다.

6) 그리스철자 F(digamma: 전에는 waw)는 초기 에트루스칸 철자에서 FH처럼 사용되었는데 초기 라틴시대에서 로마인들이 F 철자에 f음을 부여해서 f음을 표현하는 철자로 사용되었다. 이것의 이름은 감마(*Γ*) 위에 감마(*Γ*)가 하나 더 첨가된 형태(F)로 두 개의 감마라는 뜻으로 Digamma로 했다. 이후에 FH에서 H가 사라져 F만 남게 되었다. 이 digamma 또는 vau는 원래 자음 u가 새로운 음가를 얻어서 V철자는 원래의 모음 음가를 유지했고, 뒤에 자음의 음가도 되찾게 되었다. 이것은 마치 i철자가 모음과 자음을 갖고 있는 이중적인 음가를 소유한 경우와 같다.

7) 에트루스칸 사람이 사용한 다른 서부 그리스철자의 예인 theta, phi, chi 등은 로마인들에게는 필요하지 않아서 도입되지 않았고, 오직 숫자 표시로써만 사용되었다.

8) 로마 공화정시대에는 새로운 철자 G를 포함해서 A-X까지 모두 21자였다. 그러나 이 시대의 로마는 그리스와 가까이 지내면서 많은 그리스 단어가 라틴어에 유입되었다. 따라서 로마에서 필요 없던 철자들이 도입되어 사용되면서 철자의 수가 늘어났다.

9) 그리스철자 upsilon의 또 다른 형태 Y의 도입이다. 이에 상응하는 로마자 V(모음)의 음가는 현대불어 u의 음가로 변해있었다. 처음에는 그리스 upsilon음을 나타내기 위해 u나 i를 쓰다

가 기원전 1세기 즈음해서 그리스철자 upsilon을 도입해서 로마 알파벳 제일 끝에 위치 시켰는데 이것이 Y이다. 이렇게 해서 원래의 셈 문자인 F, V, Y를 로마자에서 볼 수 있게 되었다.

10) Zeta도 이때 재도입되었다. 로마인들이 처음에 zeta를 도입했으나 사용할 일이 없어지니까 사라졌고 그 자리에 G철자를 만들어 위치시켰다. 그 뒤에 그리스 단어의 대량 유입 때에 Zeta가 다시 도입되자 Z 철자를 알파벳의 마지막 자리에 위치시켰다. 철자의 자리변동을 보면 원래 G자리에 C가 들어앉고, G는 원래의 Z 자리에 들어앉았다. Z가 뒤에 알파벳의 맨 끝자리나마 차지하게 되었다.

11) 그리스의 유기성 철자 *Θ*(theta) *Φ*(phi) *X*(chi) 등은 처음에 로마에서는 단일철자 T, P, C로 사용되다가 뒤에 가서 Th, Ph, Ch 등으로 되었지만 이중철자로 사용되면서 정규 알파벳에는 포함되지 않았다. 이렇게 해서 로마자는 23자로 형성되었다. 즉 A B C D E F G H I K L M N O P Q R S T V X Y Z이고 명칭은 a be ce de e ef ge ha i(음가 i, j) ka el em en o pe qu er es te u(음가 u, w) ix y ze 등이다. I의 음가는 모음 i의 예 ITA[ita]와 자음 i-예 IAM[jam]을 보면 알 수가 있다. 또한 V의 음가의 예로 모음 V의 예 CUM[kum]과 자음 V-예 VETO[weto:]를 가지고 있다.

12) 로마 알파벳의 명칭
로마인들은 알파벳을 여러 가지로 불렀는데 처음에 elementa라고 했는데, 이것은 l, m, n 등의 이름에서 나온 것이다. 그 다음 abecedarius라는 이름이 있다. 이것은 알파벳 첫 4글자에 라틴어 이름을 붙인 것이고, abecedarium 또는 abecedary라는 이름도 쓰였다.

로마철자 중에 ka는 a철자 앞에서만 k음이, qu는 u철자 앞에서만 q음이 사용될 뿐이다. ix 이름은 원래 ex였으나 그리스철자 xi의 영향으로 ix로 바뀌었다. 로마철자의 이름에 xe나 xi 등은 없다. 로마인들이 단어 첫머리에 x를 발음하기 어려워 피한 것이다. 따라서 모음의 이름은 모두 a e i o u로 구성되어 있다. 유음 l r, 비음 m n, f s x 등은 모음과 똑같이 그들 자신의 발음에서 철자이름을 만들었다. h, k, q 등은 예외이다. 자음은 b c d g p t z 등은 철자발음에 e를 붙여 철자이름을 만들었다.

## II-7. 로마자의 유럽전파

### 1. 아일랜드와 영국의 글자 도입

1) St. Patrick(387–493년경)은 불란서 골(Gaul) 지역에서 언설(Uncial) 서체의 로마자를 기독교와 같이 아일랜드에 도입했다. 그는 골 지역에서 언설서체의 글자체로 로마글자를 숙지했던 것이다. 아일랜드의 수사들은 이 로마글자를 아주 아름다운 서체로 발전시켰다. 그들은 글자체를 둥근체(rounded hand)와 뾰족체(Pointed hand)로 개발했다. 오늘날까지 남아있는 것으로 켈의 서(Book of Kells)는 아일랜드 미스군(county Meath)에 소장되어 있었다. 그 지역은 6세기 St. Columba가 수도원을 짓고 학문을 일으킨 곳이다. 이 책은 성경의 신약의 내용을 기록

한 책으로 수도 더블린의 신학대학(Trinity College)에 소장되어 있고 아주 아름다운 둥근체로 되어 있다. 또 다른 책은 아르메이의 서(Book of Armagh)인데, 서자생 Ferdomnach가 쓴 것으로 6세기경 그 지역의 역사와 색슨족과 덴마크인의 영국 침입 등에 관한 역사를 기록한 책이다. 아일랜드의 서체는 언설체에서 발전된 반 언설체(Half-Uncial)체라고 부른다. 그 이유는 이 서체가 이미 소문자체로 전환되었기 때문이다.

2) 영국의 글자 도입

영국은 앵글로-색슨족의 침입과 스칸디나비아 바이킹의 침입 등으로 로마가 지배하면서 남긴 문화는 거의 파괴가 되고 영국에 있던 거의 모든 책은 소실되어 있었다. 아일랜드의 선교사들이 기독교와 아일랜드식의 로마철자 즉 도서체를 영국 특히 스코틀랜드에 전파하면서 학문이 되살아나게 되었다. 선교사 St. Columba가 스코틀랜드의 섬 아이오나(Iona)에 수도원을 짓고 글자와 기독교를 전파했고, 그 다음 아일랜드 선교사 Aidan이 서기 635년 영국 북부의 작은 섬 린디스펜(Lindisfarne)에 교구를 설립하고 서체교실을 개설했다.

700년경 그 교구 주교 Eadfrith가 쓴 린디스펜의 복음서(Gospel of Lindisfarne)와 더불어 더함의 서(Durham Book)가 이 시대에서 가장 훌륭한 앵글로색슨서체인 둥근체(rounded hand)의 필체를 보여주고 있다. 중 영어시대의 서체는 불란서의 서체인 캐롤링(Caroline)서체로 바뀌게 되고 철자도 불어식 철자를 사용하게 되었다.

영국의 알파벳은 아일랜드에서 도입된 도서체의 철자에다 룬 철자 두 개를 더한 것으로 구성되었는데 그 형태를 보면 처음에

a æ b c d e f g h i l m n o p r s t Þ u Ƿ y(조병태, 1987, 80) 등 22개가 고대영어시대에 사용되었다. 중 영어시대는 불란서의 지배를 받던 시절인데 æ철자는 o와 e와의 합자이고, k는 후기 중 영어시대에 사용되기 시작했고, 그 이전에는 c가 전담했다. Þ은 thorn으로 불리는 룬글자이고 th를, Ƿ은 wynn이라 불리는 룬글자로 w의 대용이다. u는 모음자 u와 자음자 v, 자음자 v를 거듭 쓴 vv(double u)인 w의 대용으로 쓰였다. 고대영어에서는 j, q, v, w가 문헌상에는 나오지 않고, x 와 z는 그리스어를 전사하는 경우 등 특수한 경우가 아니고는 사용치 않았다. 초기 중 영어시대에는 Ƿ Þ æ Þ의 변이형 등을 포함하여 사용되었는데 후기 중 영어시대에는 이것들은 사라지고 k, q, w, z 등이 정식 영어 알파벳에 등장하게 된다.

3) 로마 알파벳 이름과 영어 알파벳 이름의 차이점

① h에 대해서 로마자 ha로 읽고 영어에는 aitch 이름으로 변경되었다. 이 이름은 불란서 ache에서 나온 것이다. 이태리어 acca와 다른 라틴어에서 나온 언어와 같이 속어 라틴어(Valgar Latin)어에 있는 (h)ah나 (h)ach에서 나왔다고 생각하고 있다. 영어를 제외한 게르만어에서는 로마철자이름 ha가 보존되고 있다.

② ja의 이름은 잉글랜드에서 철자와 같이 만들어졌다. 17세기에 옆에 있던 철자 ka를 모방해서 만들었다.

③ ar란 이름은 r의 영향 때문이다. Derby를 Darvy로, Clerk를 Clark로 발음 때문이다.

④ Ve 이름은 철자와 같이 새로 만들어진 이름이다.

⑤ Double-u 이름은 그 기원을 그대로 나타내 준다. 즉 두 개

의 u 또는 v는 이 두 철자의 차이가 없던 그 시대로 거슬러 올라가게 된다.

⑥ wi 이름은 두 음(u와 i)이 결합되었는데 이 두 음 사이에 y(불란서어 u, 독일어 ű음에 해당)가 있다고 한다.

⑦ ze 등은 be 등에 기본을 둔 새로운 이름이다. 영국에서는 아직도 zed로 한다. 옛 이름 izzard는 불란서어 et zede에서 나온 것인데, 알파벳을 암송할 때에 마지막철자 앞에 "and"를 붙이는 관습에서 나온 것이다.

현대 초기영어시대에 와서 j와 v가 독립된 철자로 인정되어 알파벳에 등장해서 현대 영어철자 26자가 완성된다.

## 2. 유럽 여러 나라의 로마자 도입

1) 스페인어에서 j를 jota라고 한다. 그리스철자 iota에서 나온 것이다. y griega는 후기 라틴어 y graeca에서 가져온 것이다. 여기에서 y는 원래의 그리스 음이 없어지고 i와 동일하게 되었을 때 구별하는 형용사 graeca가 붙은 것이다.

2) 독일어에서 jod는 16세기 히브리어 yod에서 가져온 것이다. 16세기 초기에 j와 i가 차이가 났다. v의 이름인 fau(vau)는 원래 셈어 f 또는 digamma의 이름으로 거슬러 올라가는데, 이때가 16세기다. y를 독일어 ypsilon 등은 그리스이름에 현대에 와서 가져온 것이다

3) 이태리어에서 k를 차용단어에만 사용했는데 그리스어 이름인 cappa를 철자이름으로 쓴다.

4) 불란서 y grec는 후기라틴어 y graeca에서 가져온 것이다. zede는 그리스 음을 그대로 유지하고 있는 것이다.

## II-8. 인쇄술의 발달

### 1. 책의 발행

손으로 파피루스나 양피지에 글을 쓰는 것은 주로 공부한 노예들인 서자생의 몫이었다. 한 서자생이 일생동안 최고로 2,000권의 책을 베껴낸 기록도 있다. 그러나 손으로 글을 쓰는 것은 능률면에서 원시적이다. 그래서 고민 끝에 나온 것이 처음 목판인쇄기의 발명 또는 도입이다. 8세기 초에 중국에서 윤전 인쇄로 책을 발행하려했으나 큰 효과를 볼 수가 없었다.

세계 최초로 금속활자를 만든 사람은 정확하게 모르지만 알려진 바로는 독일의 메인(Mains)주 출신 Johann Gutenberg로 알려져 있다. 그가 인쇄한 책에 그의 이름을 찾을 수가 없기 때문이다. 1454년 교황의 면죄부를 발행한 날짜가 기록되어 있다. 그의 이름이 적혀있는 책은 1456년 발행한 42행으로 된 성경이었다.

날짜와 인쇄인 이름이 적힌 최초의 책은 성경의 시편이었고, 이것은 Gutenberg의 후계자인 1457년 Johann Fust와 Peter Scoeffer이었다. 이후 메인 주에서 만든 인쇄기가 다른 도시 다른 국가로 펴져나갔던 것이다.

1) 처음 독일 Mains주에서 활판인쇄기가 발명되어 인쇄가 시작되었다.

2) 이탈리아에서 최초의 책이 1464년에 Subiaco에 있는 수도원에서 Conrad Swenheym과 Arnold Pannartz에 의해 인쇄되었다.

3) 그리스에서 최초로 인쇄된 책이 나온 것은 1476년이었다.

4) 불란서에서 최초로 인쇄된 책이 나온 것은 1470년이었다.

5) 영국에서 1476년에 최초의 인쇄소가 William Caxton에 의해서 Westminster Abbey에 설치되었다. 지금은 인쇄소가 있었다는 팻말만이 남아있다. 최초의 영어로 된 책이며 1477년에 출판되었다.

6) 미 대륙에서는 최초로 발간된 책은 1539년에 멕시코시티에서 인쇄되었다. 인쇄인은 독일인 Juan Cromberger라고 되어있다.

7) 미 대륙 영국 식민지에서 1638년에 메사추세추의 캠브리지에서 최초의 인쇄소가 설치되었고, 1640년에 최초의 책이 발간되었다. 인쇄된 글자체는 처음에 독일의 평이한 고딕체였다. 문예부흥서체를 받아들였던 이탈리아 인쇄업자들은 글자체를 이탈리아 서적서체에 기반을 둔 로만형(Roman) 서체를 사용했다. 독일에서 훈련받은 인쇄업자들은 고딕서체형(Rotunta체)를 도입했고, 뒤에 쇠퇴하게 된다. 스페인에서는 주로 로툰다형과 텍스추라서체(고딕체)를 사용했고, 영국의 Caxton은 텍스추라체와 바스타르다체를 사용했는데 바스타르다체(초서체인 고딕체)가 영국 책에서 더 많이 사용되었다. 차츰 인문학서체가 인기를 모아가면서 이것이 널리 쓰이는 서체로 자리 잡았다.

8) William Caxton(1422?–1491)이 쓴 글의 인쇄체 예

**Prologue to his translation of Eneydos(1490)**

After dyuerse werkes made/ translated and achieued/ hauyng noo werke in hande. I sitting in my studye where as laye many dyuerse paunflettis and bookys. happened that to my hands cam a lytyl booke in frenshe. which late was translated oute of latyn by some noble clerke of fraunce whiche booke is named Eneydos/ made in latyn by that noble poete&grete clerke vyrgyle/whiche booke I sawe ouer and redde therin. How after the generall destruccyon of the grete Troye. Eneas departed berynge his olde fader anchises vpon his sholdres/ his lityl son yolus on his honde.

## II-9. Internet, Mobile의 도입

### 1. Internet 시대의 신호탄 골뱅이 @의 도래

컴퓨터 이용자들에게 '골뱅이 @는 어떻게 해서 생겨났는지 아느냐?'라고 질문하면 거의 대부분 '영어 at를 @로 표기한 것 아니에요?' 라는 대답을 듣게 된다. 또 모 신문 칼럼난의 '골뱅이@'라는 제목의 글에서도 "'주소 앞에 어디어디에 위치한'이란 뜻의 at를 의미하는 @를 썼던 것이다"라고 지적하고 있다. 문자학자인 울만(Ullman)에 의하면 골뱅이 @는 라틴어 ad의 합자(ligature)형태 표기이다. 그런데 합자란 두 개 이상의 철자를 하나의 철자와 기호 형태로 줄여 쓰는 표기 형태이다.

예를 들면 라틴어 et를 하나의 기호 형태인 &로 표기한 것과 같은 것이다. 이 합자형 &를 영어에서 'and'의 의미로 쓰고 있다. 합자의 예로 모음으로는 a e를 æ로 o e를 œ로 만들어 쓰는 것 등이 있다.

그러면 라틴어 ad를 어떻게 하여 골뱅이 @로 합자 형태로 만들었을까? 중세시대 때 만들어졌는데 라틴어 ad에서 a는 그대로 두고 d를 그 당시 글씨 쓰는 서체인 언셜체(uncial)로 쓰면서 둘을 하나의 기호 형태로 만들었던 것이다. 이때 d를 언셜체로 쓰면서 좀 과장되게 표현을 해서 a를 감싸 안는 형상을 만들었던 것이다. 언셜체란 인쇄기가 발명되기 전에 모든 책과 서류를 손으로 쓰던 당시에 알파벳을 쓸 때 여러 가지 필서 체 중의 하나였다. 필서 체 중에서 제일 먼저 개발된 서체가 사각 대문자체이며, 그 다음이 언셜체, 반언셜체, 투박체, 그리고 고딕체 등이다. 언셜체로 알파벳을 쓸 때에 d는 위쪽을 좌측으로 구부러지게 썼는데, 그것을 조금 과장되게 하면서 a와 합쳐져서 골뱅이 @이 됐던 것이다. 이 라틴어 ad 즉 골뱅이 @의 뜻은 라틴영어 사전에 보면 'towards, to, at' 등의 의미로 쓰인다고 되어 있다. 미국인 레이 탐린슨이 e-메일을 만들 때 이 골뱅이 @ 기호를 도입해서 사용했던 것이다. 따라서 골뱅이 @를 꼭 at라고 단정하지 말고, at, towards, to 등의 의미로 쓰인다고 설명해야 한다.

Chods@pusan.ac.kr.은 chods ID를 가진 사람의 e-mail 주소이다. 이 주소를 치고 편지를 쓰면 세계의 모든 곳에 몇 초 안에 전달된다. 이런 시대에 살게 되었다. 또한 Mobile Phone 시대에 음성 못지않게 문자메시지를 전달하는 시대가 왔기에 문자는 우리 일상생활에서 항상 같이 생활하는 도구이자 생활필수품이 되었다.

## III. 결론

문자의 중요성을 주장한 James H. Breasted(1926)의 말로 결론을 맺고자 한다. 그의 저서 The conquest of civilization에서 문자의

중요성을 다음과 같이 간결하게 언급하고 있다. 'The invention of writing and of a convenient system of records on paper has had a greater influence in uplifting the human race than any other intellectual achievement in the career of man. It was more important than all the battles ever fought and all the constitutions ever devised.' 즉 문자를 발명하고 종이에 쓸 수 있는 편리한 기록 체계를 발명한 것은 인간이 인간을 고양시키는데 있어서 지금까지 이룩해 온 어떤 지적인 성취물보다 더 큰 영향을 끼쳐왔고, 또한 어떤 역대의 전투에서 이긴 것보다도, 또한 지금까지 고안해 온 어떤 제도적 장치보다도 더 귀중한 것이다.

### ▌참고문헌

조두상, 『영어의 역사를 알면 영어가 보인다』, 서울: 신아사, 2007.

______, 『영어알파벳의 형성과 그 영향』, Berthold L.Ullmanw 저 *Ancient Writing and Its Influence*(1932)역서, 부산대학교 출판부, 2004.

______, 『쐐기문자에서 훈민정음까지』, 서울 한국문화사, 2009.

조병태, 『영어학개론』, 한국방송통신대학 출판부, 1987.

G.R. Driver, *Semitic Writing*, Oxford University Press, 1976.

CHarles L. Barber, *The Story of Language*, Pan Books, 1972.

Thomas Astle, *The Origin and Progress of writing*, London, 1784.

James H. Breasted, *The Conquest of Civilization*, Harper & Brothers, 1926.

# 한자, 역설의 패러다임*

김 근

## I. 서론

중국은 역사가 길고 지역이 넓은 만큼 매우 역설적인 문화를 갖고 있다. 그들의 일상문화를 들여다보면 터무니없이 감성적인 것이 있는가하면 동시에 더없이 이성적인 것이 혼재해 있는 것이 사실이다. 그들이 자랑스럽게 표방하는 중용의 덕이라는 것은 아마 이러한 역설적 문화의 산물인 것으로 판단된다. 물론 사람이 사는 곳이라면 어디든지 역설이 없는 곳은 없겠지만, 여기서 말하고자 하는 역설은 일상에서 삶의 자연스러운 하나의 형태로 받아들여지는 문화적 현상을 가리킨다.

그렇다면 중국에서 이 역설의 문화는 어떻게 형성된 것인가? 모든 문화현상은 하나의 구조를 갖고 있고, 이 구조는 언어로부터 비롯된다. 중국의 경우 지역이 워낙 광대하다보니 언어가 커버하지 못하는 부분을 문자가 상당 부분 감당해왔다. 따라서 중국인들의 무의식에

---

* 이 글은 2009년 11월 21일에 연세대학교 인문학연구원의 국제학술대회에서 발표한 것으로서 국제학술대회의 주제(문자와 인문학)에 맞추기 위해 연세대학교 인문학연구원과의 협의 하에 필자의 저서 『한자의 역설』(삼인, 2009)에서 일부를 발췌하여 수정·작성한 것이다.

문자, 즉 한자라는 기표가 문화를 형성해내는 데에 큰 작용을 수행했을 것이라는 가설을 세울 수 있다. 본고는 바로 이 가설로부터 시작해서 역설의 패러다임을 추출해내고, 아울러 앞의 가설이 하나의 명제가 될 수 있음을 입증하고자 한다.

## II. 한자의 구성

한자는 단어(word)를 표기하는 표어(表語)문자이다. 따라서 단어의 의미뿐만 아니라 발음까지도 표기한다. 그런데 여기서 우리가 주의해야 할 점은 의미란 어떤 고정된 영역을 가진 것이 아니라는 사실이다. 즉 의미란 기표들을 어떻게 배치하느냐, 다시 말해서 연쇄시키느냐에 따라 수시로 달라진다. 뿐만 아니라 기표 연쇄가 일어나는 순간 의미는 나타났다가 금세 사라져 버리기까지 하는 무정형의 감각적 인식이다. 이 감각적 인식을 표상하기 위하여 한자는 표음 및 표의 기능을 수행한다.

### 1. 표음(表音)을 위한 구성

육서(六書) 가운데서 표음 기능을 하도록 조자(造字)된 것은 형성이다. 형성의 구조는 표의부와 표음부로 이루어졌다. 일반적으로 전자는 변(偏)으로, 후자는 방(旁)으로 각각 부른다. 형성의 구조를 분석해보면 고대 중국인들이 사물을 어떤 방식으로 인식했는지를 짐작할 수 있다. 『순자』 「정명(正名)편」에 보면 사물의 이름을 짓는 대원칙에 대하여 서술하면서 사물을 다음과 같이 분석한다.

> 사물에는 형태는 같으나 장소가 다른 것이 있고, 형태는 다르나 장소는 같은 것으로 구별할 수 있다(物有同狀而異所, 異狀以同所者, 可別也.).

이 말을 다시 설명하면 이러하다. 즉 고대 그리스에서 아리스토텔레스가 모든 사물을 형상과 질료라는 개념으로 추상화해서 인식하려 했던 것처럼 순자는 세상의 모든 사물을 두 가지 측면에서 파악하였다. 그것이 위에 인용한 '상(狀)'과 '소(所)'인데, '상'이란 글자 그대로 형태를 가리키고, '소'란 형태가 자리 잡는 장소를 가리킨다. 다시 말해서 실체가 존재로 인식되기 위해서는 형태라는 추상체와 이 추상체가 구체화되는 장소가 있어야 한다는 뜻이다. 형태란 실체의 본질을 드러나게 해준다는 의미에서 속성이라고 바꿔 말해도 무방할 것이다.

사물들을 관찰해보면 형태, 곧 속성은 유사한데 실질은 다른 사물이 있고, 실질은 같은 사물인데 형태는 전혀 다른 경우를 볼 수 있다. 이를테면, 나무의 줄기와 사람의 등뼈는 사물의 중심 기둥이라는 추상적 형태로는 같지만 실질은 전혀 다른 사물이다. 이것을 순자는 '중심 기둥'이라는 속성이 나무와 사람이라는 각각의 장소에서 구체화돼 나타남으로써 서로 다른 두 개의 실체가 되었다고 본 것이다. 이와는 반대로 '명태'라고 하는 같은 물고기를 놓고서 얼린 것은 '동태'로, 말린 것은 '북어'로 각각 부른다면, 이는 형태는 다르지만 실질은 같은 사물이 된다. 이것을 순자는 속성은 각기 다르나 존재의 장소인 실체는 같은 것이라고 정의하였던 것이다.

순자의 이러한 사물보기는 한자의 구성에 그대로 드러나 있다. 이는 순자만의 독특한 인식은 아니고 고대로부터 현대에 이르는 중국인들의 보편적 관념이라는 점에서 한자가 만들어낸 구조적인 인식이라는 사실을 입증할 수 있다. 그렇다면 한자의 어떤 구조가 중국인들에게 이런 인식을 심어주게 되었는가? 우리는 그 대표적인 구조를 한자의 대부분을 만들어낸 형성에서 찾아볼 수 있다.

형성은 표의부(변)와 표음부(방)로 이루어졌다. 일반인들은 흔히 표의부인 변은 한자의 의미를, 표음부인 방은 한자의 발음을 각각 나타낸다고 알고 있다. 그러나 앞서 말한 바처럼 한자는 단어를 표기하는 글자이므로 발음과 함께 의미도 표상한다는 점을 잊어서는 안 된다. 존재 자체가 의미는 아니므로 사물은 의미화 과정을 통해 표상되어야 비로소 의미로 인식된다. 고대 중국에서는 앞서 설명한 바와 같이 형태(속성)와 장소라는 두 가지 요소가 결합하여 의미가 만들어진다. 이 두 가지 요소가 문자에 반영된 것이 바로 방과 변으로서 전자는 형태를, 후자는 장소를 각각 지시하면서 의미를 표상한다.

예를 들면, '복 복(福)'자는 표의부가 '보일 시(示)'이고 표음부가 '가득 찰 핍(畐)'으로 이루어진 형성자이다. 그렇다면 '핍'자는 복의 형태, 곧 속성이 되고 '시'자는 그 복이 실체로 존재하는 구체적 장소가 된다는 말인데, 이것을 어떻게 이해해야할 것인가? 우선 '핍'자의 자형을 분석하면 이것은 가마솥처럼 가운데가 불룩하고 입은 큰 술항아리 모양이다. 그래서 독음도 '가마솥 부(釜)'와 같은 계열에 속한다. 옛날에는 제사를 지내고 나면 신에게서 복을 많이 받았다는 징표로서 술을 나누어 받아서 이 항아리에 가득 담아두었다. 따라서 '핍'자가 표상하는 형태는 '나눠받아 가득 채우다'가 된다. 이 형태는 앞서 말한 바대로 추상적인 속성이므로 이것이 실체로 인식되려면 구체적인 발현 장소가 있어야 하는데, 그것이 바로 '시(示)'자이다. '시'자는 한자에서 주로 신·하늘·제사 등 종교적인 의미를 표상한다. 따라서 '나눠받아 가득 채우다'라는 추상적 속성이 제사라는 장소에서 발현된 것이므로 전체적으로 표상된 의미는 '제사에서 나눠받은 넘치는 복'이 되는 것이다. 만일 이 속성이 집안에서 일어난다면 집을 의미하는 '집 면(宀)'자를 변(표의부)으로 하여 '집안에 나눠받아 넘치는 복', 즉 '부유할 부(富)'자가 만들어진다.

그런데 이 속성은 추상적이기 때문에 모든 글자에서 '나눠받아 가득 채우다'로 나타나는 것은 아니고, 경우에 따라서 일부만 나오거나 또는 약간 변형된 형태로 나오기도 한다. 이를테면, '부(副)'자는 '칼 도(刂, 또는 刀)'를 변으로 하고 있는데, 여기서 방(표음부)은 '나누다'라는 속성으로 나타나, '칼로 쪼개 나누어진 몫'이 되는데, 이 몫은 원래 것보다 작으므로 '버금'이란 뜻이 되는 것이다. '바퀴살 폭(輻)'자는 '수레 거(車)'를 변으로 하고 있는데, 이때도 방인 '핍'자가 갖는 속성은 '나누다'가 된다. 즉 바퀴살은 나무를 가지런히 쪼개 나누어서 만든 것이기 때문에 표상되는 의미는 '수레 중에서 쪼개 나누어 만들어진 물건', 즉 '바퀴살'이 되는 것이다.

이와는 반대로 '가득 채우다'라는 변형으로 나타나는 경우도 있다. '너비 폭(幅)'자는 '수건 건(巾)'자를 변으로 하고 있는데, 이는 베틀에서 갓 짜냈기 때문에 폭이 꽉 차 있어 좌우에 나머지가 없는 상태를 의미한다. '닥칠 핍(逼)'자는 '뛰어넘을 착(辶, 또는 辵)'을 변으로 하고 있는데 이는 '좇아다니며 숨이 가득 차도록 다그치다'라는 뜻을 표상한다.

사물이나 개념을 구체적인 존재의 장소를 나타내는 변과 추상적 속성을 나타내는 방으로 나누어본 위의 예를 도표로 정리해보면 다음과 같다.

| 변 | 방 | 형성자 |
|---|---|---|
| 宀(집) | 畐(가득 채움) | 富(부유함) |
| 示(보이다) | 畐 | 福(복) |
| 刀(자르다) | 畐 | 副(가른 반쪽) |
| 車(수레) | 畐 | 輻(바퀴살) |
| 巾(베) | 畐 | 幅(전폭) |
| 辵(뛰다) | 畐 | 逼(다그치다) |

## 2. 표의(表意)를 위한 구성

한자는 단어를 표기하는 표어문자이므로 단어의 독음(자음)과 의미(자의)를 동시에 나타낸다. 앞에서는 표음 기능의 구조를 설명하였으므로, 여기서는 표의 기능의 구조를 설명하고자 한다.

표의 기능은 한자에만 있는 독특한 기능인데, 이것이 가능한 것은 한자의 구성에 이미지가 개입돼있기 때문이다. 아이콘이나 로고가 특별하게 읽는 방법이 없어도 그 지시하는 의미를 스스로 말해주고 있는 것처럼 이미지 역시 스스로 의미를 표상한다. 오늘날의 한자는 지시물과의 동기가 높았던 필의(筆意)로부터 동기가 낮은 필세로 발전하여 상당 부분 부호화되긴 했지만 이미지의 속성은 여전히 잔류해 있어서 관성적으로 그 기능을 수행한다.

앞서 설명한 바와 같이 의미란 고정된 것이 아니라, 기표들의 배치, 즉 연쇄에 따라 수시로 달라지는 일종의 환영(幻影)적인 감각이다. 그러므로 아무리 논리성을 강구하더라도 근본적인 모호성을 떨쳐버릴 수 없다. 아무리 정확하게 쓴 계약서라도 나중에 분쟁의 씨앗이 되는 것을 일상생활에서 종종 볼 수 있다는 사실이 이를 입증한다. 이것은 음성은 인식론적으로 의미를 생성하는 반면, 문자는 존재론적으로 의미를 만들어내기 때문이다. 음성이 생성하는 의미도 존재론적인 측면이 없는 것은 아니다. 그러나 화자와 청자가 현존하는 현장에서는 서로가 지시물을 정확히 가리킬 수 있고 또한 확인할 수 있다고 믿기 때문에 언어 기호가 보여주는 대로 의미가 생겨나고 또 인식하게 되는 것이다. 그래서 음성언어가 생성하는 의미는 인식론적이다. 반면에 문자는 시각적 기호이므로 일단 이미지가 음성처럼 사라지지 않고 '거기에' 있다. '거기에' 있다는 말은 문자 이미지의 존재가 수많은 의미를 말하거나 아니면 말할 준비가 돼있다는 뜻에 다름 아니다. 더욱이 한자의 경우는 이미지를 통해서 직접적으로 의미를 말하는 기능이 있으므로 그 이미지가 구체적으로 무엇을 지시하는지는 사실상 모호하다. 그래서 문자로 쓴 계약서가 나중에 다른 말을 하게 되는 것이다.

아무튼 사라지는 음성언어가 아니라 '거기에' 있는 한자 안의 이미지는 그 자체가 존재로서 주체(사용자)들에게 적절한 의미를 그때그때마다 생성시켜 준다. 의미가 생성됐다면 이것은 엄밀한 의미에서 새로운 의미일 테고 새로운 의미라면 응당 새로운 글자를 만들어 표상하는 것이 원칙이다(전주를 상기하기 바람). 그러나 글자를 더 만들지 않고 '거기에' 있던 글자를 그대로 빌려서 표기하다 보니까 결과적으로는 부가적인 의미가 파생된 것처럼 보이게 된다. 이것이 육서 중의 가차(假借)의 본질이다. 좀 복잡하게 설명을 했는데, 이것을 실제 한자에서 예를 들어보기로 하자.

'근심 우(憂)'자를 전서로는 ''로 쓰는데, 이는 사람이 탈을 쓰고 너울너울 춤추는 모양의 이미지를 가진 글자이다. 이것이 음소문자라면 다른 기표의 도움을 받아야(정확히는 지시를 받아야) 의미가 결정되겠지만, 자체가 춤추는 사람을 그린 이미지로 존재하므로 다른 기표의 지시 없이도 스스로 의미를 생성한다. 우선 이미지는 지시 대상이 '춤추는 광대'임을 말해준다. 그러므로 이 글자의 본래 의미는 '광대'로부터 시작했음을 알 수 있다.

가차는 새로운 개념이 생겨도 새로이 글자를 만들지 않고 기존의 글자에 기대서 표상하는 방법이다. 그러다 보면 하나의 글자에 여러 의미 항들이 다수 존재하게 되므로 자주 혼동을 가져오는 경우가 생겼다. 그래서 나중에는 따로 글자를 만들어 종종 독립하기도 하는데, 이 '우'자의 경우가 그러하다. 즉 다음에 이어서 설명하겠지만, '우'자에 가차 의미가 늘어나 혼란스러워지자 본래 의미인 '광대'는 따로 글자를 만들어 독립하게 되었으니 이 글자가 바로 '배우 우(優)'자이다. 이렇게 새로운 글자가 파생된 것을 전주라 부른다는 것은 앞서 설명한 바와 같다.

'우(憂)'자의 이미지가 '춤추는 광대'라면, 거기에는 광대가 춤출 때 입는 품이 넓은 의상이 존재할 것이다. 품이 넓다는 것은 넉넉함을 뜻하고, 넉넉함은 곧 '우수(優秀)함'을 의미한다. 그래서 '우'자가 '우수하다'라는 의미를 대신 표상하게 된 것이다. 이 의미는 파생된 '우(優)'자에도 그대로 반영돼있다.

춤추는 광대의 이미지에는 또한 광대의 부드러운 춤사위가 존재한다. 춤사위가 부드럽기 위해서는 온몸의 힘을 빼서 축 늘어지게 만들어야 한다. 그래서 '우'자와 '부드러울 유(柔)'자의 자음이 같은 것이니, 이는 두 글자의 형태, 즉 속성이 같다는 것을 알 수 있다. 여기서 다 나아가 몸이 축 늘어진 사람은 근심에 찬 사람의 모습이므로 '우'자는 다시 '근심하다'라는 의미에 글자를 발려주게 된 것이다.

이상에서 본 바와 같이 '춤추는 광대'라는 이미지의 존재로부터 생성된 의미들은 새로운 글자들을 따로 만들지 않고 모두가 본래의 글자인 '우(憂)'자를 빌려 쓰고 있다. 따라서 '우'자에 ① 춤추는 광대, ② 우수하다, ② 근심하다 등의 의미 항들이 추가돼온 것처럼 보인다. 이것이 가차가 발생하게 된 과정이자, 한자가 표의를 위해 갖고 있는 메커니즘인 것이다.

## III. 한자의 계열화와 사물의 조직화

앞에서 우리는 한자가 청각 이미지와 시각 이미지를 통해서 파생과 의미의 확장하는 방식을 알아보았다. 이 방식을 수형도(樹型圖)로 그려보면 다음과 같이 가지치기가 그물처럼 뻗어나가고 있음을 볼 수 있다.

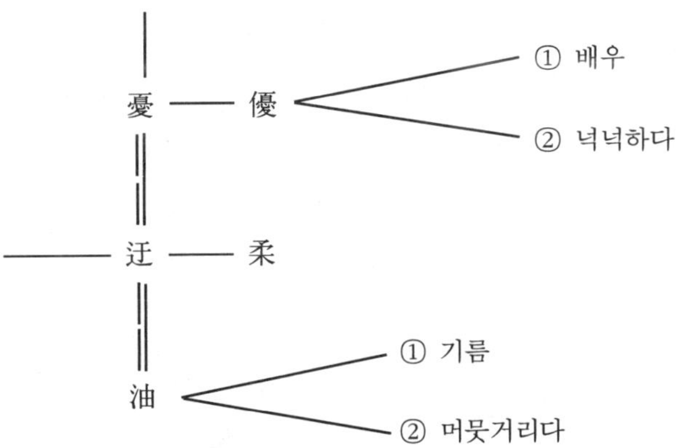


이 그림에서 보면, 우선 '우(憂)'자가 '우(優)'자를 파생시키면 이 '우(優)'자는 다시 ① 배우, ② 넉넉하다 등의 의미를 대체 표기하면서 부가적인 의미 항을 파생시킨다. 다시 '우(憂)'자의 독음에는 '축 늘어지다', '부드럽다'라는 속성이 내포돼있으므로 '부드러울 유(柔)'자와 어음(형태)상으로 연결된다. 이 '유'자는 같은 독음의 '기름 유(油)'자와 다시 관련을 갖는다. '유(油)'자의 어음 속성에는 '부드럽다'가 있으므로 '기름'이라는 의미 외에 '머뭇거리다'는 대체 의미 항을 파생시킨다. 왜냐하면 성격이 부드러운 사람은 단호한 결정을 내리지 못하기 때문이다. 다른 한편으로 '유'자는 다시 '멀 우(迂)'자와 파생 관계를 갖는데, 이는 두 글자의 어음이 '직설적이지 않다'는 속성을 공유하기 때문이다. 여기서는 지면 관계상 '우(憂)'·'우(優)'·'유(柔)'·'유(油)'·'우(迂)' 등 몇 글자에만 국한하여 파생관계를 그려보았지만, 각 글자들은 이런 방식으로 상하좌우로 가지치기를 해나가 나중에는 한자 전체를 그물처럼 엮을 수 있다.

이와 같이 파생과 의미의 확장은 궁극적으로 소리(자음)를 따라 이루어지는 것을 확인하였는데, 이 사실은 곧 한자의 의미체계가 중국어(한어)의 음운(시니피앙)체계의 질서대로 짜여 있음을 의미한다. 위의 수형도는 파생과 확장의 모습을 일부분만을 보여준 것이지만 전체 한자들은 이런 식으로 연결되어 그물망을 조직하고 있다. 원칙적으로 하나의 한자는 하나의 단어를 표기하고, 하나의 단어는 곧 하나의 사물을 지시하므로 한자들이 그물망을 조직하고 있다는 것은 곧 모든 사물들이 하나의 질서체계로 조직돼있음을 시사한다.

아무튼 이렇게 만들어진 사물들은 자연히 한어의 음운체계에 따라서 계열화하게 돼있다. 따라서 사물의 개체화는 계열화를 통해서 궁극적으로 사물들을 하나의 구조적인 틀 속에 편입시켜 전체적인 조직을 구성한다. 개체화가 역설적으로 전체화의 도구가 되는 셈인데, 이는 레비스트로스가 고유명사의 제조는 개체의 독립성을 말소하는 것이라고 설파한 경구로써도 증명된다.

우리는 이름이야말로 유일무이한 자신을 표상하는 나만의 기호라고 생각한다. 오로지 나만의 것이어야 하므로 이름을 지을 때 어떻게든 다른 사람의 이름과 중복이 되지 않게 하려 한다. 어쩌다 같은 이름을 가진 사람을 만나면 기분이 별로 유쾌하지 않은 것은 이 때문이다. 그러나 이름이 유일무이한 자신의 품성이나, 또는 지향하는 인품을 표상하는 것 같지만 이름을 분석해보면 이와는 거리가 있음을 알 수 있다.

예를 들어, '박이호(朴利浩)'라는 이름을 갖고서 분석해 보기로 하자. 우선 '박(朴)'은 성(姓)으로서 가문을 표상하는 것처럼 보이지만, 기실 김씨·이씨·최씨 등 다른 성씨들과 변별하는 기능을 수행할 뿐이다. 만일 '박'이 표상하기 위한 것이라면 그 표상의 내용이 도대체 무엇이란 말인가? 성이 '박'이라는 것은 '김씨'도 아니고, '이씨'도 아니고, '최씨'도 아니라는 말이다. '박(朴)'자가 '순박하다'라는 뜻이라 해서 박씨 성을 가진 사람을 순박함을 추구하는 가문 출신이라고 여기는 사람은 아무도 없다.

다음으로 이름의 마지막 글자인 '호(浩)'를 먼저 보자. '호'는 이 가문의 이른바 항렬(行列)을 지시하는데, 이는 박씨 가문 내의 종적 서열을 변별한다. 시간이 지남에 따라 가문의 계보나 지파가 많이 갈라지면 같은 가문 내에서도 듣도 보도 못한 낯선 사람이 생겨나기 마련이다. 이럴 경우 종적 서열을 추적할 길이 없어 위아래가 모호해질 것 같지만 그럴 염려가 없는 것이 이 항렬만 확인하면 누가 윗세대인지 누가 아랫세대인지 금세 알 수 있다. 이를테면 이 가문에서는 오행(五行)의 서열로 항렬을 제정하는 원칙을 정했는데, 만일 항렬이 '근(根)'인 사람을 만났다면 금세 자신이 서열상 윗세대라는 사실을 알게 된다. 왜냐하면 오행의 순환에서 물(水)은 나무(木)를 낳으므로 '물 수(水)'가 변으로 들어간 '호(浩)'자가 '나무 목(木)'을 변으로 하는 '근(根)'자보다 앞에 오기 때문이다. 그러므로 항렬자도 '나'를 표상하지 않는다.

그렇다면 가운데 글자인 '리(利)'는 어떤가? 박이호씨의 부친은 결혼하자마자 앞으로 낳을 자식들의 이름을 짓기 위한 원칙을 정했다. 그는 평소 동양철학의 기본 텍스트인 『주역』을 좋아하였으므로 그 첫 구절인 '원형리정(元亨利貞)'을 자식들의 이름에 차례로 넣기로 마음먹었던 것이다. 그는 마침 아들만 넷을 낳았으므로 첫째 아들은 원호(元浩), 둘째를 형호(亨浩), 셋째를 이호(利浩), 넷째를 정호(貞浩)라고 각각 이름을 지어 주었다. 우리가 예로 든 '박이호'씨는 말할 것도 없이 셋째 아들임을 쉽게 알 수 있다. 결국 두 번째 글자도 나를 표상하는 것이 아니라 친형제 사이의 서열을 변별하는 기능을 수행하는 것에 지나지 않았던 것이다.

이처럼 이름을 짓는 것은 '나'의 개체성을 등록하는 행위처럼 보이지만 기실 가족이라는 사회 조직 내에서 나의 위치만을 표상하는 좌표 기능밖에는 없는 것이다. 요즘은 예쁜 이름을 짓는다고 '하나'·'두나'·'세나' 등으로 부르기도 하지만 이것 역시 근본적으로 변별 기능을 벗어나지는 못 한다.

푸코는 일찍이 국가라는 '정치적 형식'의 효과는 '개별화하는 동시에 전체화'하는 데 있다고 설파하였다. 시민을 개별화하는 것이란 다름 아닌 시민 개개인에게 주민등록번호를 부여하는 일이다. 이 주민등록번호는 결코 중복되지 않는 것이기 때문에 시민을 개별화하는 것처럼 보이지만 개인을 일련번호의 상징체계를 통해서 국가 체제라는 틀에 편입시키는 행위이므로 기실 전체화가 된다. 고유번호가 역설적이게도 시민을 국민으로 만드는 것이다. 한자가 한어의 음운체계를 매개로 하여 사물에 질서를 부여하고 하나의 전체적인 틀로 엮는 것 역시 국가가 개인들에게 고유번호를 부여함으로써 국민의 일원으로 등록시키는 일과 같은 효과를 발생시킨다. 이처럼 이름과 번호를 부여하는 개별화는 궁극적으로 개인의 개체성과 독립성을 말소하는 행위가 된다. 이것이 바로 한자가 지배하는 권력의 본질이다.

이처럼 한자는 자신의 질서대로 사물을 창조하고 조직함으로써 세계를 대리·보충한다. 그러므로 중국을 비롯한 동아시아 사람들이 인식하고 사는 세계는 기실 한자가 재현(또는 표상)한 세계이고, 따라서 그 세계의 질서는 다름 아닌 한자의 질서를 뜻한다. 누군가가 한자를 체계적으로 정리했다면 그것은 세계를 재현했다는 말에 다름 아니다. '체계'라는 말이 객관성이 띠는 것처럼 보여서 재현이 아니라 기술(describe)했을 뿐이라고 반박할는지 모르지만, 어떠한 기술도 그것이 언어인 이상 자의성을 피할 수는 없다. 자의적으로 세계를 기술했다면 그것은 곧 권력이 아닌가? 앞에서 살펴보았듯이 허신은 부수(部首)라는 개념을 도입하여 한자를 체계적으로 정리하여 『설문』을 편찬했는데 이것이 중국 최초의 자전이라는 학술적 의미를 넘어 역사적 의미를 갖는 것은 물리적 힘이 아닌 문화적 역량으로써 견고한 세계관을 창조하여 통치의 틀을 만들어냈기 때문이다. 이 틀은 완성도가 너무 높아서 이후 중국이 정체성을 크게 도전 받지 않고 체제를 안정적으로 유지해오는 데에는 크게 기여했지만, 대신 다른 대안적 세계를 고안해내거나 또는 받아들이는 데에는 큰 걸림돌이 된 것도 사실이다. 왜냐하면 속성이니 이미지니 하는 것은 궁극적으로 감성에 기초한 사고이므로 사물을 분석적으로 보는 이성적 사고에는 취약하기 때문이다. 대안적 세계가 이미지로 구축된 세계를 밀어내고 대체하기란 거의 불가능에 가깝다고 말할 수 있다. 이른바 한자문화권에 거주하는 사람들은 이 사실을 직시할 필요가 있다.

## IV. 한자, 존재론적 사유의 모델

중국은 광활한 대륙을 통일적으로 통치하기 위해 관념적 틀인 이치를 중시하였다. 그런데 이치란 어디까지나 하나의 상징체계이기 때문에 극복할 수 없는 모순을 안고 있다. 상징이란 카오스에서 그물처럼 건져 올린 하나의 틀에 지나지 않기 때문에 이것이 전부는 아니다. 따라서 이 틀에서 빠져나간 부분들이 잉여의 상태로 상징 주위를 배회하다가 돌발 상황을 만들어 상징체계를 뒤흔들어 놓는다. 극히 일부에 지나지 않는 상징이 마치 전체인 양 지배하게 되면 언젠가는 이 거짓이 쌓여서 상징의 허구성이 스스로 드러나게 되는데, 이 시점에서 지양(止揚)이 일어나고 헤겔의 역전이 가능해지는 것이다. 이것이 모순의 본질이다. 이를테면, 자본주의 사회에서는 프롤레타리아트가, 프롤레타리아 독재에서는 부르주아지가 각각 잉여가 되어 모순을 발생시킨다. 이 모순이 결국은 혁명으로 발전하는 것이므로 하나의 체제가 안정을 유지하려면 이 모순을 어떻게든 완화시켜야 한다.

중국에는 역사의 흐름을 뒤바꿀 만큼 획기적인 혁명이 없었던 것이 사실이다. 혁명이 없었다는 것은 잉여가 세력화되지 않도록 모순을 적절히 흡수해왔다는 의미가 된다. 왜냐하면 혁명이란 일종의 역전현상으로서 이는 모순이 해결되지 않은 채로 충분히 쌓였을 때 일어나는 것이기 때문이다. 종교성을 강조하는 사회에서 이성적 사상이 싹트고, 이성적인 것을 추구하는 사회에서 종교적 경험을 하게 되는 것은 종교와 이성이 각각 해결하지 못하는 모순이 누적됐을 때 궁극적으로 봉착하는 결과 때문이 아니던가. 중국에서는 중용사상이란 게 있어서 역사가 극단으로 발전하지 않도록 최대한 연기시키는 기능을 수행하였는데, 기실 이것 때문에 중국의 문화는 그렇게 종교적이지도 또한 이성적이지도 않은 속성을 갖게 되었다고 볼 수 있다. 중용의 연기 기능은 기실 이러한 모순을 흡수해서 역사의 발전이 극단적으로 흐르는 것을 억제하는 기능에 다름 아니다. 중국인들이 중용이라는 지혜를 고안한 것은 바로 한자를 사용하는 가운데 터득한 결과라고 말해도 과언이 아니다. 한자의 어떤 면이 모순을 흡수하는 중용의 밑거름이 되었단 말인가?

앞서 설명한 바와 같이 이치란 우주만물을 움직이는 당위적이고도 투명한 도리처럼 보이지만 사실은 카오스로부터 체계적으로 건져진(또는 만들어진) 상징에 불과하다. 따라서 언제나 상징 주변에는 언제나 여기에 흡수되지 못하는 잉여의 부분들, 즉 모순이 배회하면서 상징체계에 역설이 발생할 수 있도록 위협한다. 앞서의 잉여부분이란 실재계를 지칭하는 것인데, 이는 상징계 밖에 있는 것이 아니라, 상징계 자체이면서도 단지 전부가 아님의 양태로 존재할 뿐이다. 앞에서 "극히 일부에 지나지 않는 상징이 마치 전체인 양 지배한다"고 쓴 말은 바로 이를 가리킨다. 이를테면, 일부 부유층에 유리한 법(법은 대표적인 상징체계이다)이 있다고 하자. 이 법의 혜택을 받는 사람은 상징체계에 속하게 되지만 그렇지 못한 사람은 잉여부분이 된다. 그렇다고 해서 잉여가 이 법에서 완전히 배제되는 것은 아니고 법의 주위에 배회하는 상태로 있으므로, 이 법은 전부를 커버하지 못한 채로 존재하는 실재계이자 상징체계가 되는 것이다. 그러니까 잉여의 부분이 커지면 상징체계가 부여하는 권력 관계에 실질적인 반전이 일어나게 되는데 이것이 바로 헤겔의 이른바 주인과 노예의 변증법이다. 권력은 실재계를 상징화하여 특정 계급이나 계층에게 유리한 체제로 고정시키고 싶겠지만 이는 근본적으로 불가능하다.

언어도 투명성을 확보하기 위한 논리적인 상징체계이다. 이러한 언어에 역설이 언제나 존재함을 잘 말해주는 예가 바로 저 유명한 크레타 섬 사람의 역설이라는 우화이다. 즉 어떤 크레타 사람이 "크레타 섬 사람들은 모두 거짓말쟁이다."라고 말했다면 이 사람의 말은 참일까 거짓일까? 이 사람이 참을 말했다면 이 명제는 거짓이 되고, 반대로 거짓을 말했다면 참이 된다.

이처럼 모든 상징체계는 역설이 불가피하다. 이치도 상징체계에 속하므로 이러한 역설의 딜레마를 피할 수 없을 텐데, 중국은 이치를 통치 이데올로기의 근간으로 삼았음에도 어떻게 역설을 피해올 수 있었단 말인가? 거칠게 결론부터 말하자면 그들은 역설을 배제하지 않고 안고 삶으로써 모순을 흡수하여왔는데, 그 중심에 한자 패러다임이 있었다.

한자가 잉여의 모순을 흡수할 수 있었던 패러다임의 구조는 이러하다. 한자도 상징체계이기 때문에 어쩔 수 없이 틀에서 배제되는 잉여가 만들어지기는 한다. 그러나 앞에서 살펴본 바와 같이 한자의 표의기능은 잉여를 완전히 배제하지 않고 체제 속의 존재로 인정함으로써 실재계를 커버하려 한다. 앞서의 '란(亂)'자를 다시 보면 '헝클어진 실타래와 두 손'이라는 상황은 '어지럽다'를 상징하기도 하고, '다스리다'를 상징하기도 한다. 어느 쪽을 표상하더라도 다른 쪽은 배제되지 않은 채 여전히 문자 속에 존재하면서 실재계로 기능하고 있는 것을 볼 수 있다. 이것이 바로 상징으로써 실재계를 커버하는 한자 패러다임인 것이다.

이러한 존재론적 사유를 가장 잘 드러낸 모델이 참위(讖緯)와 민간에서 그 뒤를 이은 측자술(測字術)이다. 이 측자술에서의 존재론적 사유는 잉여의 부분을 흡수하는 양상을 잘 보여준다. 명조(明朝) 말년의 다음 고사를 읽어보자.

> 명조 말년에 정치는 날로 어지러워지고 백성들의 삶은 날로 피폐해졌다. 농민폭동은 하루가 멀다 하고 일어나니 숭정(崇禎) 황제는 밤낮으로 좌불안석이었다. 하루는 황제를 모시는 환관이 미복(微服)을 하

고 민심을 살피러 저자로 나갔다. 길에서 측자로 점을 치는 어떤 점쟁이를 만나자 그는 '벗 우(友)'자를 내놓고는 이것으로 점을 쳐보라고 했더니, 점쟁이가 "무슨 일에 대해서 점을 쳐드릴까요?"라고 물었다. 환관이 "국사(國事)에 대해 쳐보시오."라고 하니, "이 글자는 안 좋은데요. 반란을 꾀하는 도적들이 이미 출현했습니다."라고 대답하였다. 환관이 깜짝 놀라 말을 바꾸기를 "아니요, 내가 원래 점치려던 것은 '우(友)'자가 아니라 '있을 유(有)'자였소." "그렇다면 이 글자는 더 나쁘군요. '유(有)'자는 '큰 대(大)'자에서 반이 떨어져나갔고, '밝을 명(明)'자에서 한쪽이 떨어져나갔으니, 대명(大明)이 이미 반쪽이 없어진 것 아닙니까? 이 글자는 망국의 조짐입니다." 다급한 나머지 환관은 다시 말을 바꿨다. "아니요, 아니요, 내가 말하려던 것은 '술그릇 유(酉)'자였소." 그랬더니 점쟁이는 무덤덤하게 "이 글자는 더더욱 안 좋아요. 천자는 지존(至尊)이신데, 지존의 머리는 이미 참수되고 다리도 잘렸군요."라고 말하는 것이었다. 환관은 더 이상 말을 잇지 못하고 돌아오는 수밖에 없었다.

점쟁이가 첫 번째로 내놓은 '우(友)'자를 보고 '반란을 꾀하는 도적들이 이미 출현했다'고 말한 것은 '우(友)'자가 '반(反)'자의 머리 위로 약간 돌출돼 나온 모양과 같기 때문이었다. 두 번째의 '유(有)'를 보고 대명이 반쯤 망했다고 말한 것은 '유'자가 '육달 월(月)'과 '오른손 우(又)'의 두 구성요소로 돼있는데, 둘 다 온전하지 않은 상태로 결합돼있는 모양을 하고 있기 때문이다. 세 번째의 '유(酉)'자도 '높을 존(尊)'자의 위아래가 모두 잘려나간 상태이므로 이렇게 대답한 것이다.

위의 고사를 통해서 측자술의 요체를 개괄하자면 문자에서 존재는 하지만 인식되지 않는 부분을 찾아내 해석하는 것이다. 점쟁이는 '우(友)'·'유(有)'·'유(酉)' 세 글자를 음성의 차원에서 보자면 모두 같은 음으로서 변별되지 않는다(그래서 환관이 불리하다고 판단되면 말을 바꿀 수 있었다.). 환관이 아무리 말을 바꾸어도 점쟁이가 항상 결론에 도달할 수 있었던 것은 문자 내의 한 점 한 획의 존재도 배제하지 않았기 때문에 가능하였다. 이를테면, '우(友)'자를 보고 '반란을 꾀하는 도적들이 이미 출현했다'고 풀이한 것은 '우(友)'와 '반(反)'의 유일한 차이인 '우'자 위의 작은 돌출점 하나의 존재에 근거한 것이다. 즉 문자의 존재를 음의 변별 기능에 의지하는 언어에 익숙한 주체로서는 전부 인식하기는 도저히 불가능하기 때문이다. 그래서 환관도 이 꼼수(?)를 더 이상 이기지 못할 것을 알고 포기하고 돌아갔을 것이다.

물론 이 고사는 후일에 지어낸 것이겠지만 여기서 중요한 것은 한자는 근본적으로 이미지를 근거로 소통하는 것이기 때문에 이를 사용하는 사람들은 자연스럽게 존재론적으로 사유한다는 사실이다. 존재론적으로 사유한다는 것은 보이지 않는 작은 돌출적 존재들, 즉 잉여 부분을 인식의 중심으로 이동시킬 수 있는 가능성을 보여준다. 이는 곧 잉여 존재의 입장에서는 상징의 안으로 포섭될 수 있다는 역설적인 희망이다. 그렇다면 굳이 극단에까지 가는 위험을 감수하지 않더라도 잉여는 영원한 부재를 면할 수 있다. 앞의 측자술의 예에서 보듯이 한 점 한 획의 인식되지 않던 존재가 이미 운명을 결정하였는데, 굳이 혁명의 위험 부담을 질 필요가 있겠는가? 이렇게 해서 자연스럽게 중용이 유지되는 결과가 발생한다.

혹자는 중국에 혁명이 부재했던 이유를 과거제도에 찾기도 하는데, 이 역시 같은 원리에 근거한다. 과거제도란 인재의 수급을 통해 체제의 정체성을 유지하는 상징체계이다. 즉 시험의 기준을 어떻게 정하느냐에 따라 인재의 성격이 결정되고 나아가 누가 체제의 중심이 되는가가 정해진다. 여기에도 물론 체제에 흡수되지 못하는 잉여

부분이 존재하게 되고, 뿐만 아니라 그 세력이 쌓여가면서 역전을 준비한다. 그럼에도 불구하고 이 세력은 축적되지 않았고 혁명도 일어나지 않았다. 그 이유는 과거제도가 아주 조금씩이긴 하지만 지속적으로 잉여를 상징체계 안으로 흡수해왔으므로 중용의 상태가 유지됐기 때문이다. 권력이 아무리 부패했어도 바늘구멍만한 등용의 길은 언제나 열려있었다는 사실이 중요하다. 우리나라의 '암행어사 박문수'와 같은 민담에서도 볼 수 있듯이, 부패한 관료사회를 척결할 수 있는 유일한 방법이란 역설적이게도 별로 공정해 보이지 않는 과거제도를 통해서 유능한 평민출신의 인재, 즉 잉여부분이 상징체계 안으로 들어가 합법적으로 해결하는 것이다. 이렇게 하면 잉여부분에게는 희망이 생기면서도 체제는 여전히 흔들리지 않는 이점이 있다.

중국의 이러한 역사적 현상은 그들이 존재론적인 사유에 익숙해 있기 때문에 잉여적 존재를 상징 밖으로 배제하지 않음으로써 가능한 것이었다. 즉 상징체계에 포섭되지 않은 잉여부분을 그냥 무시해도 되는 존재가 아니라는 것을 이미 알고 있었다는 말이다. 상징체계를 폐쇄하고 잉여적 존재를 착취의 대상으로 삼았을 때 혁명은 일어나게 돼있는 것이다. 과거제도가 귀족들 사이에서만 유통되는 폐쇄적인 제도였다면 오늘날의 중국은 없었을 것이다. 궁극적으로 엘리트가 지배자가 되는 이 불합리한 제도가 몇 백년간 유지돼온 것은 이 때문이다.

이처럼 모순과 역설에 적응할 줄 아는 존재론적인 사유 방식은 중국문화에 전반적인 성격으로 전이돼있다. 이러한 성격은 이루 다 헤아릴 수 없을 정도로 많지만 여기서는 몇 가지 대표적인 것을 뽑아서 소개해보기로 한다.

## 1. 적벽대전(赤壁大戰)에서의 동남풍은 우연이었나?

『삼국지연의(三國志演義)』에서의 백미(百媚)를 꼽으라 하면 단연 적벽대전일 것이다. 이것이 백미인 이유는 보잘 것 없는 주유(周瑜)와 유비(劉備)의 연합군이 조조의 백만 대군을 무찌른 극적 반전 때문이다. 다시 말해서 한조(漢朝)라는 정통 왕권을 등에 업은 실세 승상 조조의 입장에서 보면 오나라와 촉나라는 잉여적 존재에 지나지 않지만, 이 보잘 것 없는 존재가 역전을 야기했다는 역설이 잉여적 존재인 대중들을 열광케 했다는 말이다. 이 역전 드라마의 중심에 제갈량(諸葛亮)과 동남풍이 있었던 것이다.

헌제(獻帝) 건안(建安)13년(208)에 조조는 대군을 이끌고 오나라 손권 토벌에 나섰다. 오나라로 들어가려면 장강을 건너야 하는데, 그는 도강 장소로 적벽을 선택하였다. 따라서 이 적벽 도강 작전은 조조에게나 손권에게 모두 승패의 중요한 기로가 되었고, 여기서의 목숨을 건 일전은 피할 수 없는 운명이 될 수밖에 없었다. 그런데 바다처럼 드넓은 장강에는 언제나 높은 풍랑이 일고 있어 승선의 경험이 별로 없는 북방에서 온 조조의 군대는 배 멀미로 인하여 사기가 땅에 떨어져 있었다. 이때 주유의 밀지를 받고 침투한 봉추(鳳雛)선생 방통(龐統)이 이른바 연환계(連環計)를 진언하였다. 연환계란 배와 배를 전부 연결한 다음 그 위에 갑판을 얹어놓아 넓은 공간을 확보하는 계책이다. 이렇게 하면 배가 안정되어 병사들이 배 멀미에 시달리지 않고 육지에서처럼 활동할 수 있는 이점이 생긴다. 추측컨대 이것이 아마 세계 최초로 만들어진 항공모함의 추형(雛形)이 아닌가 싶다. 조조가 훌륭한 계책이라 여기고 당장 시행할 것을 명하자, 정욱(程昱)이라는 참모가 의문을 제기하였다. "좋은 계책이기는 하온데, 만일 적이 화공으로 치면 아군은 꼼짝없이 전부 타죽을 텐데요." 그러자 조조가 껄껄 웃으며 정욱을 타이른다. “이보시게, 나도 그 생각을 안 한 게 아니네. 지금 때가 어느 땐가? 동짓달이 아닌가? 동짓달이면 서북쪽에 음기가 극성해서 서북풍이 가장 강하게 부는 때인데, 저들이 미치지 않고서야 자신들이 타죽으려고 화공을 하겠나?”

이보다 앞서 주유의 진영에서도 같은 논의가 있었다. 비교도 안 되는 적은 병력으로써 대군을 대적하려면 화공밖에 없다는 제갈량의 계책에 대하여 모든 참모들이 반대하고 나섰다. 북서풍이 강하게 부는 동짓달에 화공을 하면 오히려 우리가 당한다는 것이 주된 이유였다. 이에 제갈량은 다음과 같이 화공이 가능한 이유를 설명한다. “지금은 때가 동지인데, 동지는 64괘 중 복(復)괘에 해당합니다. 복괘는 여섯 개의 효(爻)중에서 다섯 개가 음효(陰爻)이고 한 개가 양효(陽爻)입니다. 따라서 아직은 음기가 성하기 때문에 서북풍이 불긴 하지만 이제 양기가 막 움트기 시작한 터이므로 가끔은 동남풍이 불기도 합니다. 우리는 이때를 기다려 화공으로 치는 것입니다.”

제갈량의 주장을 구체적으로 설명하면 이러하다. 우리가 논리적으로 생각하면 동지는 음기의 최극단이므로 64괘의 순서 중에서 곤(坤)괘(坤下坤上)에 해당할 것이라고 생각하기 쉽다. 그러나 실제 동지는 복(復)괘(震下坤上)이다. ‘물극필반(物極必反)’, 즉 사물은 극에 달하면 반드시 되돌아간다는 순환론에 기반을 둔 64괘의 순서에서 보자면, 사물의 극이란 이미 또 다른 시작을 내포하고 있는 상태를 말한다. 그래서 복괘를 보면 맨 밑에 양기가 하나 인식되지 않는 상태로 숨어있는 것이다. 그러니까 복괘인 동지는 실제로는 극단에 처해있지만 또 다른 양기로의 시작을 잉태하고 있다는 점에서 음기의 극인 곤괘를 이미 지나쳐 있는 상태가 되는 셈이다. 그럼에도 불구하고 양기의 존재는 너무나 미미하여 이를 감각케 하기에는 역부족이므로, 복괘의 동지는 여전히 음기가 성한 시기로 인식하게 된다.

제갈량은 바로 이 드러나지 않는 잉여적 존재를 감각하고 수용한 반면, 조조는 이를 부재로 치부하고 무시하였다. 난세를 다스리고 대륙을 통일해야겠다는 영웅적 이상에 사로잡힌 조조로서는 체제라는 상징체계에 충실하기 위해 잉여적 존재를 무시하는 것은 어쩌면 당연한 것일지도 모르겠다. 그러나 결과는 역설적이게도 적벽대전의 역전패로 끝났다.

## 2. 역설의 예술

잉여적 존재는 꼭 정치적으로만 의미를 갖는 것은 아니다. 일상에서도 인식하지 못하는 존재는 많이 있다. 두보의 절구(絶句) 「강남에서 이구년(李龜年)을 만나다(江南逢李龜年)」를 읽어보자.

> 기왕(岐王)의 저택에서 심심치 않게 보았었고
> 최구(崔九)의 대청 앞에서 몇 번 듣기도 했었지.
> 강남의 풍경이 가장 좋은 이때
> 꽃이 지는 이 시절에 다시 그대를 만났구려.
> (岐王宅裏尋常見
> 崔九堂前幾度聞
> 正是江南好風景
> 落花時節又逢君)

이구년은 당 현종 시기에 활동하던 소리꾼으로서 현종에게 특별한 대우를 받을 만큼 유명하였다. 그는 궁궐과 장안 귀족들의 호화로운 집에서만 초대 받아 연주했었지만 안사의 난 때문에 강남으로 피난을 가서 유랑생활을 하는 신세가 되었다. 그러던 중 두보를 만난 것인데, 한시 비평가들은 이 시에서 두보는 지난날의 영화와 현재의 퇴락을 현저히 대비함으로써 무한한 감개와 비애를 표현하였다고 평한다. 기실 앞의 두 구절은 귀족들이 만들어낸 인위적으로 화려한 아름다움이었다. 따라서 소멸의 운명을 피할 수 없어 이제는 기억으로만 남아있지만 자연은 사라지지 않고 언제까지나 아름다움을 반복한다. 두보의 표현으로는 강남은 오히려 낙화시절에 더욱 아름다운 풍경을 만들어낸다고 한다. 이러한 대비 속에서 부귀영화는 더욱 덧없이 느껴진다.

이구년의 감동적인 소리는 그 덧없는 영화 속에 어울리는 것이 아니었다. 기실 그곳은 그가 있어야할 자리가 아니었다. 자신의 자리가 아닌 곳에 있었을 때 그의 소리는 그저 귀족들의 무료함을 달래는 오락에 지나지 않았다. 왜냐하면 그 소리의 진정한 존재는 인위적 화려함에 가려서 소리 밖의 잉여로 배제됐었기 때문이다. 귀족들이 오락으로만 듣던 소리에서 잉여가 된 감응의 존재를 듣지 못할 것은 당연하다. 그런데 이제 그의 소리는 옛날의 영화를 다 버리고 자연의 아름다움 속에서, 그것도 낙화시절에 만났으니 화려한 꽃잎을 다 떨어뜨림으로써 이전의 잉여적 존재가 진정한 모습으로 제 자리를 찾아오게 된 것이다. 더 이상 오락이 아닌 진정한 그의 소리를 만났으니 이 사건이 강남의 가장 좋은 시절이 아니고 무엇이겠는가? 인생무상의 비애와 감회만 갖고서는 이 시가 두시(杜詩) 중의 압권으로 읽혀오지 않았을 것이다.

## V. 결론

중국 문화는 참으로 독특하면서도 그 영향력이 지대하였다. 이것이 도대체 어떤 배경에서 형성되었을까하는 의문으로부터 이 과제는 시작되었다. 우리는 이 배경의 중심에서 한자를 보았고 한자의 속성과 기능이 곧 그들 문화의 원형으로 작용해왔음을 확인할 수 있었다. 중국이라는 큰 나라를 유지시켜온 변하지 않는 관념적 틀이 있다면 그것은 삼강오륜의 윤리로 요약되는 유교봉건주의일 것이다. 이 질서의 요체는 태양과 같이 완벽하면서도 변치 않는 상징적 존재를 체제의 정점에 설정하는 일이다. 그리고 그 아래에 세상의 모든 것을 체계적으로 귀속시키면 사회는 안정적으로 유지·운영된다. 그러려면 이 체제가 당위적일 수밖에 없다는 헤게모니를 가져야 하는데, 이를 위해서는 그렇게 믿게 만들 합리성이 전제돼야 한다. 여기에 한자의 이미지 속성과 조자(造字) 구조는 이 합리성을 제공하는 데에 매우 중요한 도구가 된다. 그래서 한대 이후 청대에 이르기까지 한자학(또는 문자학)은 권력이 중시해온 학문분야로 자리매김해왔다. 왜냐하면 한자학은 사물의 질서를 세움으로써 권력을 당연한 행위로 규정해주기 때문이다.

그렇다면 한자학은 어떤 방식으로 권력의 이데올로기를 정당화하는가? 그것은 궁극적으로 체제의 정점에 있는 자, 곧 황제의 것을 말함으로써 가능하였다. 황제의 것이란 니체가 말한바 '고상한 것'(the virtuous)으로서 이를 구별하기 위해서는 타자의 역할을 하는 '상(常)것'이 필요한데, 이 상것은 체계와 구조 속에서 비로소 재현된다. 그러니까 고상한 것의 구별이란 허위 형식에 지나지 않지만 권력이 헤게모니가 되기 위해서는 어쩔 수 없이 거쳐야 하는 표상행위인 것이다. "'고상한 것은 필수불가결하다'라고 말하는 것은 곧 '경찰은 필수불가결하다'라는 말과 같다"라는 니체의 통찰은 이와 맥이 닿는 말이리라. 왜냐하면 한자학의 산물인 자서(字書) 속의 체계가 내면화되면서 고상한 것이 당연한 형이상학으로 받아들여짐과

아울러 피지배자 개개인이 그 체계를 통하여 자신의 위치를 알게 되므로 누구도 황제의 권력에 도전하려 하지 않을 것이기 때문이다. 이것이 알튀세가 말하는 이른바 호명(interpellation)이니, 호명은 바로 이데올로기에 다름 아니다.

한자를 잘 알면 세계가 한자의 체계대로 관념을 형성한다. 따라서 한자를 배운 사람들이 이 세계에 매우 용이하게 적응하여 권력체제의 일원으로 동참할 수 있다. 중국에서는 역대 과거제도에서 고급관리인 진사과를 선발할 때 글쓰기로 본 것은 이 때문이다. 그래서 중국의 역대 정치인들은 모두 문인이나 시인이었다. 설사 정치에 참여하지 않았다 하더라도 한자를 잘 알아 이를 잘 구사할 줄 안다면 문화 권력을 갖게 되는데, 바로 이런 배경에서 나온 것이다.

한자가 세계를 구성하고, 또 운영되는 이치를 만들어내는 데 유리하다 하더라도 이것만 갖고서는 헤게모니를 갖기에 부족하다. 왜냐하면 아무리 훌륭한 상징체계라 하더라도 개인이 잉여로 배제되는 한계를 피할 수는 없기 때문이다. 따라서 이데올로기의 상징체계 밖으로 내버려지더라도 앞으로 '나' 개인에게 자리가 주어질 수 있다는 희망이 있어야 현재의 체제를 인정하고 살아갈 수 있는 것인데, 이 희망이 바로 역설이다. 한자가 역설을 수용하고 있듯이 중국의 민중들도 역설을 받아들이고 또 구경하면서 살아왔던 것이다. 이것이 그들의 문화이자 역사다.

이 역설을 이해하지 못하는 외국인들이 중국에 살면서 겪는 어려움은 잘 알려진 사실이다. 한자의 존재론적인 의미작용이 비즈니스나 일상생활에서 불쑥불쑥 튀어나오므로 이 때문에 적지 않은 갈등과 심지어는 분쟁까지도 발생한다. 그래서 1990년대 중반 중국과의 교역이 본격적으로 진행되기 시작할 무렵, 한국무역협회(KOTRA)는 중국에 진출할 사업자들에게 몇 가지 주의사항을 주지시킨 바 있는

데, 그 중의 하나가 중국의 사업자와 계약서를 쓸 때에는 반드시 영어로 작성하라는 말이 있었다. 즉 한자가 갖고 있는 이 존재론적 의미작용에서 비롯되는 역설을 경계하라는 말이었다. 어떤 이는 이를 중국인들의 '꼼수'라고 폄훼하지만 반드시 '꼼수'만은 아닌 것이 언어를 매개로 하는 우리의 의사소통 체계에 근본적인 오류와 허점이 존재한다는 진실이 문화와 문화가 만나는 지점에서 노출된 것일 뿐이기 때문이다.

# '髩(빈)'자에 관한 고찰 -속자(俗字)의 연원과 그 전파

마쓰오카 에지(Matsuoka Eiji)

## I. 서론 - '속자'가 가리키는 것

'속자'라고 하는 말은 원래 『안씨가훈(顔氏家訓)』卷十九雜藝篇(권십구잡예편)에

> 진(晉)·송(宋) 이래로 글씨를 잘 쓰는 사람이 많았다. 그래서 당시의 풍속은 서로 점점 그들의 글씨를 숭상하게 되었다. 모든 서적의 글자는 단정하여 가히 볼만하였고, 속자가 없지 않았지만 큰 흠이 되지 않았다(晉宋以來, 多能書者, 故其時俗, 遞相染尙, 所有部帙, 楷正可觀, 不無俗字, 非爲大損.).

라고 되어 있으니, '정자(正字)'에 대하여 '속세간에서 유행하는 규범에 맞지 않는 문자'를 말하였다. 작자인 안지추(顔之推: 531-602?)는 六朝(육조) 말기의 학자이며, 唐代(당대)에 『오경정의(五經正義)』『광류정속(匡謬正俗)』을 저술한 안사고(顔師古: 581-645)의 조부이다. 안사고는 당대 貞觀(정관: 627-649)년간에 경서 중의 문자를 바로잡고, 글자체에 대해서 기록한 『자양(字樣)』一卷을 편찬하였다고 한다.

그러나 안사고의 조카인 안원손(顔元孫: ?-714)이 『자양』을 교정하고 증보하여 『간록자서(干祿字書)』一卷을 편찬하게 되자, 『자양』은 산일되고 말았다. 『간록자서』는 약 800자를 평·상·거·입의 사성으로 나누고, 또 206韻에 의하여 배열하였으며, 자형에 의하여 정·속·통의 삼체에 의하여 분류되어 있다. 즉 '정체'는 경서나 역사서 및 과거의 답안에 사용할 수 있는 올바른 해서의 자형을 말한다. '속체'는 통행되는 자형과 점획이 약간 다른 것을 말하며 계약문서나 문장의 초안, 호적대장, 처방전 등에 사용된다. '통체'는 정체의 편방의 일부를 생략한 것으로 편지나 관공서의 문서, 판결문 등에 사용된다.[1]

『간록자서』에서 말하는 '속체'는 『안씨가훈』에서 말하는 '속자'와 거의 같은 것으로 보아도 무방할 것이다. 그 이후로도 '속자'와 '속체'는 대체로 통용되어 왔으며, 이러한 생각은 오늘날까지도 계속되고 있다. 현대에는 그 정의에 대하여 『현대한어사전(現代漢語詞典)』 제5판(2005년, 商務印書館)의 '속자(俗字)' 항목에, "속체(俗體)의 글자이다. 통속적으로 유행하여 자체가 규범에 맞지 않는 한자를 가리킨다(p.1300)."라고 나와 있어서 그 의미가 변하지 않았음을 알 수 있다.

일본에서는 어떤가 하면, 『일본국어대사전(日本國語大辭典)』제6권(1974년, 小學館)의 '속자' 항목에,

> 속세간에서 통용되는 문자. 정자체(正字體)는 아니지만 세상에서 보통 사용되는 한자. '恥'에 대하여 '耻', '隙'에 대하여 '隟'과 같은 종류(p.1065).

라고 되어 있어서 '속체'와 '통체'를 합하여 말하고 있는 것처럼 생각

된다. 속체의 문자는 앞에서 언급한 당대 안원손(顔元孫)의『간록자서(干祿字書)』나 왕인구(王仁昫)의『간류보결절운(刊謬補缺切韻)』등에 많이 보이는데, 엄밀한 정의는 없고 "정체의 글자가 아닌 민간에 통용되는 자형"이라고 하는 느슨한 정의뿐이다. '正字' 또는 '正體'의 문자 그 자체가 시대나 정치 환경에 의하여 변천하는 것이기 때문에 그에 대응하는 '속자'도 그에 따라 변화한다고 생각하여도 좋다.

다만 그 속자가 언제, 어떻게 생겨나서 그것이 어떻게 보급되고 전파되었는지를 하나하나 규명하는 것은 그렇게 용이한 일이 아니다. 여기에서는 '鬢'의 속자로 간주되는 '髩'자를 예로 들어, 근세로부터 근대에 이르기까지의 중국, 일본, 그리고 한국의 학술과 문화의 상호 교섭 문제에 대하여 생각해보고자 한다.

## II. '鬢'의 속자인 '髩'

중국 육조시대의 시인으로 유명한 도연명(陶淵明)의 작품을 각 시대의 판본과 寫本(사본)을 비교하면서 읽으면 텍스트에 따라서 '鬢'의 속자인 '髩'이 몇 개 보인다. 가령「한정부(閑情賦)」의 "원재발이위택, 쇄현빈어퇴견(願在髮而爲澤, 刷玄鬢於頹肩)"에서 '鬢'은 에도시대의 화각본(和刻本: 일본에서 인쇄한 판본)에는 '髩'으로 되어 있다(〈도판 1〉).

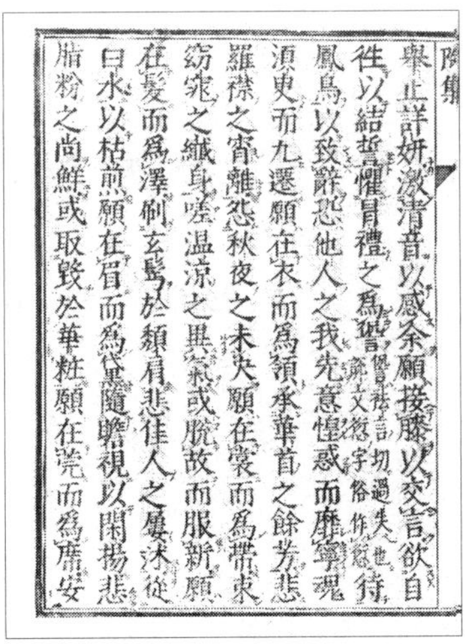
陶集
舉止詳妍激清音以感余願接膝以交言欲自
往以結誓懼冒禮之爲諐 待
鳳鳥以致辭恐他人之我先意惶惑而靡寧魂
須臾而九遷願在衣而爲領承華首之餘芳悲
羅襟之宵離怨秋夜之未央願在裳而爲帶束
窈窕之纖身嗟溫涼之異氣或脫故而服新願
在髮而爲澤刷玄髩於頹肩悲佳人之屢沐從
白水以枯煎願在眉而爲黛隨瞻視以閑揚悲
脂粉之尚鮮或取毀於華粧願在莞而爲席安

〈도판 1〉

이 텍스트(菊池耕齋点 『陶淵明集』)는 판권장에 에도시대 메레키(明曆)3년(1657)에 교토 다케무라 이치베(京都武村市兵衛)가 明 천계(天啓)2년(1623)에 인쇄된 판본을 복각(覆刻: 일단 새겨진 판본에 종이를 덧 씌워서 글자를 복사하여 그대로 같은 자형으로 새기는 것)한 것을 바탕으로, 호레키(宝曆)11년(1761)에 교쇼도 메도기야 소하치(向松堂めどぎ屋宗八)가 다시 간행하였다고 기록되어 있는데, 실제로는 명판(明版)을 직접 복각한 것이 아니고 에도시대 발행된 많은 책이 그러하듯이 명판을 바탕으로 한 조선 활자판에 훈점(訓点)을 더하여 그것을 중각(重刻)한 것이라고 한다. 따라서 이 '髩'이 과연 명판에 의한 것인지, 아니면 조선활자판에 의한 것인지, 그렇지 않으면 일본의 속자인지, 금방 판단하기는 어렵다. 조선 활자판에 대한 연구가 진전됨에 따라 더욱 흥미로운 사실도 발견할 수 있는 가능성이 있다. 현재로서는 생략할 수밖에 없는데, 이것은 역으로 생각해보면 동아시아 근세에 있어서 학문과 문화의 전파를 반영하는 것으로서 매우 흥미로운 문제이다.

## III. 『도연명집』의 '鬢'의 용례

그러면 이 '髩'은 전체 작품 중 여기에만 나타나는 것일까? 또 이 텍스트에서만 볼 수 있는 것일까? 다음은 『도연명집』 전체에 있어서의 '鬢' 또는 '髩'자의 용례를 대표적인 텍스트를 중심으로 살펴보기로 하자.

작품 중에 '鬢' 또는 '髩'자가 사용된 곳은 다음의 5 용례이다. 먼저 曾集刻本을 비롯하여 『도연명집』(이하 때로는 생략하여 『도집』이라고 부름)의 주요한 판본을 바탕으로 상세한 교감을 행한 루

친리(逯欽立) 校注 『도연명집』(中華書局, 1979년, 이하 때로는 『逯本』이라고 생략함)을 보면,

① 顧慚華鬢, 負影隻立(命子)
② 歲月相催逼, 鬢邊早已白(飮酒 15)
③ 白髮被兩鬢, 肌膚不復實(責子)
④ 弱質與運頹, 玄鬢早已白(雜詩 7)
⑤ 願在髮而爲澤, 刷玄鬢於頹肩(閑情賦)

으로 되어 있다.2) 그런데 이상의 다섯 군데에는 문자의 같고 다름이 표시되어있지 않다. 이것만을 보면 '髩'으로 되어있는 텍스트는 하나도 없는 것이 된다. 또한 근래 간행된 위앤싱페이(袁行霈)『陶淵明集箋注(도연명집전주)』(2003년, 中華書國)는 여러 판본의 문자를 상세하게 교감한 노작인데 여기에도 역시 표시되어있지 않다.

확실히 『逯本』에서는 위에서 소개한 화각본에 대하여 언급하고 있지 않기 때문에 어쩌면 보지 않았을 것으로 생각되는데, 실은 『逯本』이 일러두기에서 사용하였다고 말하는 텍스트에도 '髩'자는 나타난다.

먼저 『逯本』에서 맨 처음에 들고 있는,

A) 『曾集刻本』, 남송 紹熙3년(1192) 刊, 淸光緖紀元影刻本(〈도판 2〉)을 보면 다음과 같이 모두 '鬢'자로 되어 있다. 이로부터 『逯本』은 다른 텍스트에 보이는 '髩'자를 무시하였다고 생각된다.

① ② ③ ④ ⑤

〈도판 2〉『曾集刻本』

다음 그 밖의 계통의 텍스트에서는 송대의 소동파蘇東坡에 의한 것으로 간주되는 '소사본(蘇寫本)'의 대표로서,

B) 노전방소사본(魯銓仿蘇寫本)『도연명집』, 가경(嘉慶)12(1807)년 간행(毛氏汲古閣重刊宋本). 〈도판 3〉을 보면, 다음과 같이 '髩'이 전혀 보이지 않고 모두 '鬢'으로 되어 있다. 즉 여기에서는 송대에서부터 사용된 속자체라고는 생각하기 어렵다.

① ② ③ ④ ⑤

〈도판 3〉 노전방소사본(魯銓仿蘇寫本)『도연명집』

또한,

C) 湯漢注『陶靖節先生詩』, 南宋咸淳(1265-1274) 전후 간행.[3]
〈도판 4〉에서도,

① ② ③ ④ ⑤

없음

〈도판 4〉

이상과 같이 모두 '鬢'이며, '髩'은 보이지 않는다.

그러면 화각본 외에 다른 텍스트에서는 '髩'을 찾아볼 수 없을까? 그것은 근대 이후의 주석본이 가장 믿음직스럽다.

D) 陶澍集注『靖節先生集』, 光緒9(1883)년, 江蘇書局刊.

(〈도판 5〉)를 보면,

① ② ③ ④ ⑤

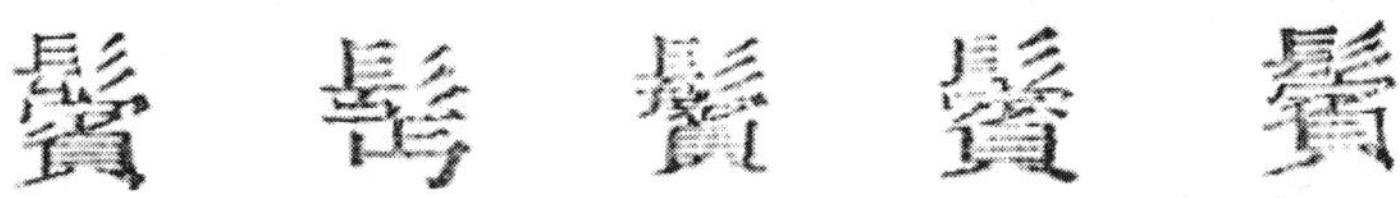

〈도판 5〉

라고 되어 있어서, ①③④⑤가 '鬢'이며, ②만 '髩'으로 되어있음을 알 수 있다. 陶澍의 서에 의하면, 李公煥本을 비롯하여 11종의 텍스트를 사용하여 교감하였다고 한다. 그렇다면 그가 의거한 것 중에 '髩'으로 되어 있는 것이 이미 있었다고 생각된다. 다만 '鬢'과 '髩'이 섞여있는 원인은, 逯欽立이 '鬢'과 '髩'을 완전히 같은 것으로 생각하였거나 또는 사소한 차이점으로 생각하여 무시한 것이라 할 수 있다.

## IV. 역대 자전(字典)의 수록 여부

여기에서는 역대 자전과 사전(辭典)에서 '髩'을 어떻게 다루고 있는지를 보기로 하자.

잘 알려진 다음 자전에는 '鬢'은 물론 수록되어 있지만, '髩'자는 모두 수록되어 있지 않다.

『설문해자(說文解字)』(기원 후 100년, 9353자)
『옥편(玉篇)』(543년, 22726자)
『간록자서(干祿字書)』(당, 측천무후 시대)
『광운(廣韻)』(1008년, 26194자)
『강희자전(康熙字典)』(1716년, 47043자)
『사원(辭源)』 초판(1915년, 1만여자)
『사해(辭海)』 초판(1937년)

그럼 자전과 사전에서는 언제부터 나타나기 시작했을까?

일본의 『대한화사전(大漢和辭典)』제12권(1959년, 大修館書店)의 p.640에는

> [髩] '鬢'의 속자. 『중화대자전(中華大字典)』: "髩, 鬢의 속자."

라고 나와 있는데, 근래 완성된 중국의 대자전(大字典)인 『한어대자전(漢語大字典)』 제7권(1990년, 四川·湖北辭書出版社)의 p.4519에는 '髩'자가 표제자로 되어 있고,

> '髩': '鬢'과 같다. 『中華大字典·髟部』: "髩은 鬢의 속자".

라고 되어 있어, 『中華大字典』을 최초의 근거로 한다. 또한 당대 백거이(白居易)의 「장한가(長恨歌)」로부터 인용한 용례 "雲鬂花顔金步搖, 芙蓉帳暖度春宵"를 싣고 있으며, "안(按): 한 판본에는 '雲鬢'으로 되어 있다"라고 하였다. 다만 이 「장한가」의 용례에 대해서는 뒤에서 검토하겠지만, 통상적인 백거이 시집이나 『백씨문집(白氏文集)』 등에는 보이지 않는다. 『한어대자전』은 도대체 어디에서 가져온 것일까?[4)]

먼저 최초로 인용된 『중화대자전(中華大字典)』의 경우를 고찰해 보기로 하자.

## V. 『중화대자전』과 그 편찬자, 루페이퀘이(陸費逵)

『중화대자전』(1915년, 中華書局)은, 신해혁명 후에 만들어진 최대의 한자자전이다. 그 '범례'에 의하면 청대 강희제 때 만들어진 『강희자전』을 기초로 하여, 그 오류를 정정하고, 또 '일본이 만든 글자' 등을 수록한 것으로 전체 글자 수는 『강희자전』에 미치지 못하지만(44908자 수록), 근거가 더욱 정확해졌다.

그 편찬자인 루페이퀘이(陸費逵)는 1886년에 태어나서 1941년에 서거하였다. 본적은 절강성(浙江省)인데 섬서성(陝西省) 한중(漢中)에서 태어나서 남창(南昌)에 있었던 웅씨영문숙(熊氏英文塾)의 일본어 전수과(專修科)를 졸업하였다. 1904년 18세 때 무창(武昌)으로 가서 신학계서점(新學界書店)을 창설한 후 일지회(日知會)에 참가하였다. 신문 「초보(楚報)」의 주필이 되지만 곧 그의 반정부적인 주장에 의하여 「초보」가 간행정지 당하자 상해로 피신하여, 1908년 상무인서관(商務印書館)에 들어가 편집 및 출판부장이 된다. 다음 1909년 『교육잡지(敎育雜誌)』를 창간하여 주필이 된다. 중화민국 성립후 1912년 상무인서관을 떠나 친우인 선즈팡(沈知方) 등과 함께 중화서국(中華書局)을 창설하였다. 1941년 홍콩에서 뇌일혈로 서거하였다.[5)]

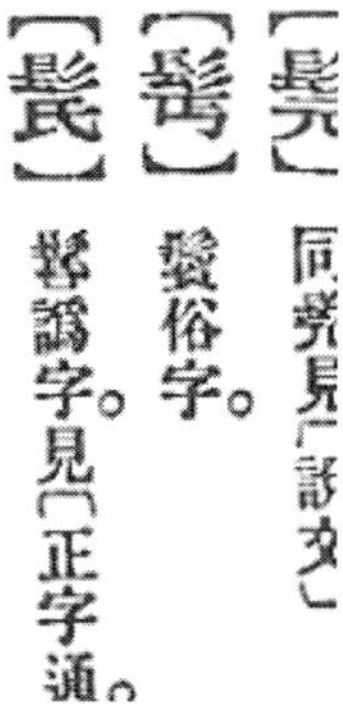


〈도판 6〉

이와 같은 이력으로부터 살펴보아도 일본의 한자 등에 조예가 깊었던 것을 알 수 있다. 현재 '髩'자는 『중화대자전』 술집(戌集), p.112에 수록되어 있다(〈도판 6〉).

다만 『중화대자전』 범례에는 "본 사전은 일본에서 만든 글자나 특별한 뜻을 모두 택하여 수록하고자 하였으니 넓고 새로운 지식에 의거하였다."라고 나와 있을 뿐으로 구체적으로 어디에서 이와 같은 속자를 수집하였는지는 기록하고 있지 않다. 혹은 『강희자전』 이후의 중국의 사전류에 이미 탑재되어 있었는지, 일본의 漢和字典 등으로부터 수집하였는지는 아직 명확하지 않다. 이미 언급하였듯이 『강희자전』이나 마찬가지로 1915년에 출판된 상무인서관의 『辭源』에는 이 자형은 수록되어 있지 않다. 그렇다면 일본의 한화자전으로부터 수집되었을 가능성은 있는 것일까?

## VI. 일본의 한화자전(漢和字典)

'한화자전(漢和字典)'이라는 이름을 내걸고 근대 일본에서 가장 먼저 출판된 한화자전은 『한화대자전(漢和大字典)』(三省堂, 1903년)인데, 이 책에서는 유감스럽게도 '髩'자가 보이지 않는다. 이 사전은 『강희자전(康熙字典)』에 충실한 규범자전을 목표로 하였으므로 '속자'를 수록하는 것에는 소극적이었을 것이다.

이에 반하여 일본어학자인 우에다 가즈토시(上田萬年), 사카에다 다케오(榮田猛緒) 등이 편찬한 『대자전(大字典)』(講談社, 1917년)에서는 '鬢'자의 밑에 이체자(異體字)로서 '髩'의 자형이 보인다(〈도판 7〉).

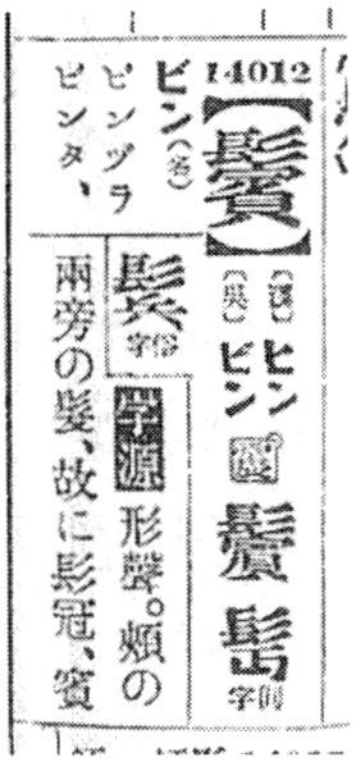

〈도판 7〉

발행년도를 살펴보면 『대자전』은 『중화대자전』보다 2년 뒤이므로, 『중화대자전』이 어디로부터 '髩'자를 채취하였는지는 여전히 명확하지 않다.

다만 일본에서는 이미 '髩'의 활자가 주조되었던 것은 근년 발행된 『명조체활자자형일람(明朝體活字字形一覽)(上)』(文化廳 편, 1999년)으로부터 알 수 있다(〈도판 8〉).

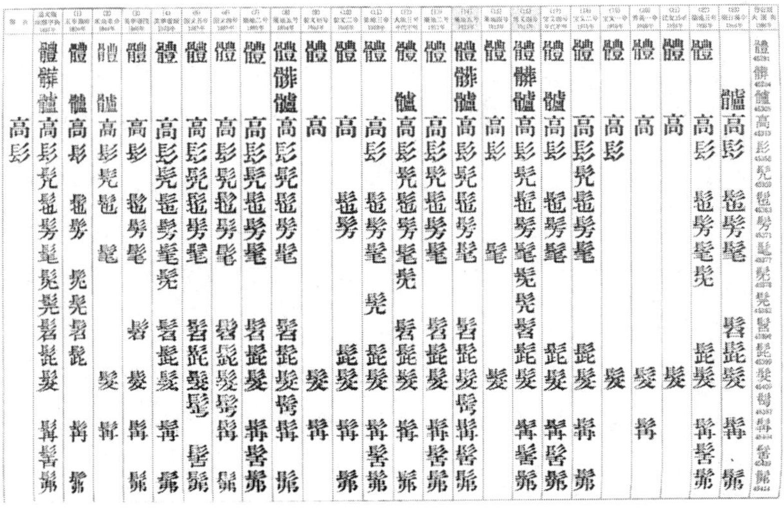

〈도판 8〉

이 책에 수록되어 있는 「5호활자총수목록(5號活字總數目錄)」(大阪國文社, 1887년, 『활판화형견본(活版花形見本)』에 수록)에 의하면, 1887년에 이미 이 글자의 활자가 주조되었다. 일본에서는 메이지 때에 이미 속자이기는 하지만 사회적으로 제법 널리 인지되어 있었는데, 『강희자전』에 근거하고 중국의 '정자' 의식이 강하였던 『한화대자전』에는 수록되지 않았다고 생각해도 좋을 것이다.

## VII. 에도시대의 사본

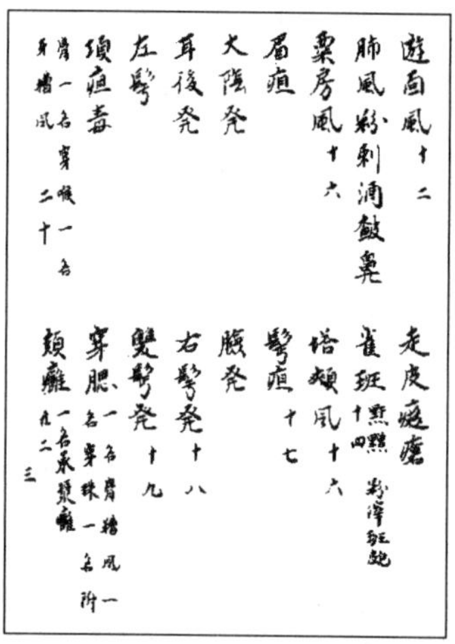

〈도판 9〉

그러면 메이지시대 이전에는 어떠하였나?

에도시대의 한방의학서에도 '鬓'과 '髩'자가 혼용되어 있는 예가 있다. 에도시대 초기의 한방의(漢方醫)인 나고야 겐이(名古屋玄醫: 1628-1696)가 저술한 『의방문여(醫方問余)』는, 현재 볼 수 있는 것은 안에이(安永)5년(1776)의 사본인데, 여기에는 '鬓', '髩', '鬂'이 혼용되어 있다(〈도판 9〉).

그 숫자는 '鬓' 3회, '髩' 17회, '鬂' 1회 출현하여, '髩'이 압도적으로 많다. 이러한 것을 보면 '髩'은 에도시대 말기 경에는 손으로 쓴 글씨로서는 널리 통용되었으며, '鬓'도 통용되고 있었음을 알 수 있다.

## VIII. 백거이 「장한가(長恨歌)」의 용례

다음으로는 위에서 『한어대자전(漢語大字典)』에 인용되었던 백거이 「장한가」의 용례로부터 생각해보기로 하자. 그것은 양귀비의 모습을 묘사한, "운빈화안금보요(雲鬢花顔金步搖), 부용장난도춘소(芙蓉帳暖度春宵)" 가운데의 '鬢'이다. 근년 간행된 『백거이집(白居易集)』(顧學頡 校點, 中華書局, 1979년)에는 역시 '鬢'으로 되어 있고, 注에서도 '髩'자는 보이지 않는다. 이 책은 기본적인 텍스트를 교감(校勘)한 것인데 '髩'자는 보이지 않는다(〈도판 10〉).

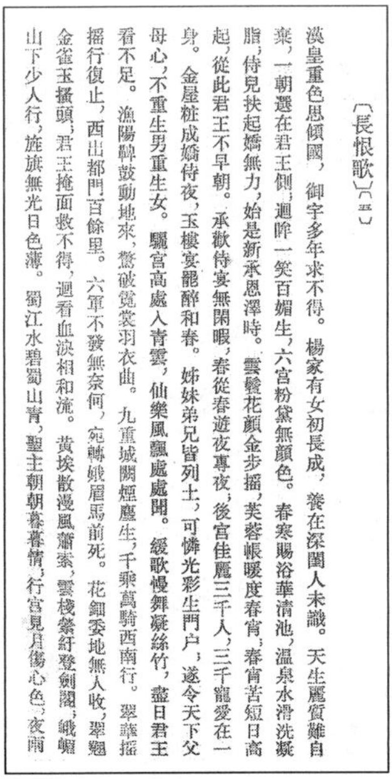
〔長恨歌〕

漢皇重色思傾國，御宇多年求不得。楊家有女初長成，養在深閨人未識。天生麗質難自棄，一朝選在君王側；迴眸一笑百媚生，六宮粉黛無顏色。春寒賜浴華清池，溫泉水滑洗凝脂；侍兒扶起嬌無力，始是新承恩澤時。雲鬢花顏金步搖，芙蓉帳暖度春宵；春宵苦短日高起，從此君王不早朝。承歡侍宴無閑暇，春從春遊夜專夜；後宮佳麗三千人，三千寵愛在一身。金屋粧成嬌侍夜，玉樓宴罷醉和春。姊妹弟兄皆列土，可憐光彩生門戶；遂令天下父母心，不重生男重生女。驪宮高處入青雲，仙樂風飄處處聞。緩歌慢舞凝絲竹，盡日君王看不足。漁陽鞞鼓動地來，驚破霓裳羽衣曲。九重城闕煙塵生，千乘萬騎西南行。翠華搖搖行復止，西出都門百餘里。六軍不發無奈何，宛轉蛾眉馬前死。花鈿委地無人收，翠翹金雀玉搔頭；君王掩面救不得，迴看血淚相和流。黃埃散漫風蕭索，雲棧縈紆登劍閣；峨嵋山下少人行，旌旗無光日色薄。蜀江水碧蜀山青，聖主朝朝暮暮情；行宮見月傷心色，夜雨

〈도판 10〉

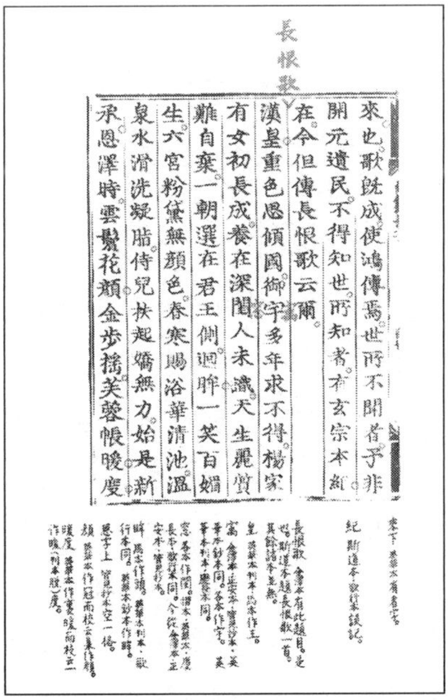
來也歌既成使鴻傳焉世所不聞者予非
開元遺民不得知世所知者有玄宗本紀
在今但傳長恨歌云爾

長恨歌

漢皇重色思傾國御宇多年求不得楊家
有女初長成養在深閨人未識天生麗質
難自棄一朝選在君王側迴眸一笑百媚
生六宮粉黛無顏色春寒賜浴華清池溫
泉水滑洗凝脂侍兒扶起嬌無力始是新
承恩澤時雲鬢花顏金步搖芙蓉帳暖度

〈도판 11〉

또한 『백씨문집(白氏文集)』의 본문에 대하여 대표적인 많은 텍스트를 교감한 『白氏文集』(京都大學人文科學研究所, 1971년)을 보아도 역시 '鬢'만 있으며, 교감한 내용을 보아도 특별한 것은 없다. 이 텍스트는 나와본(那波本)『白氏文集』(71권, 元和4년[1618년], 那波道圓活字印本, 陽明文庫藏)을 바탕으로 여러 판본을 교정한 것인데, 이 부분에는 '鬢'만 있을 뿐이므로, '髩'으로 된 다른 텍스트를 발견할 수 없었다는 셈이다(〈도판 11〉).

그러면『한어대자전(漢語大字典)』의 용례는 어디로부터 인용된 것일까?

## IX. 화각본(和刻本)『백씨장경집(白氏長慶集)』

위에서 '髩'의 예로서 화각본『도연명집』으로부터「한정부(閑情賦)」를 인용하였는데, 백거이에게도 화각본이 있다(〈도판 12〉). 그것은『백씨장경집』(明, 馬元調校本, 明曆3年[1657] 京都松栢堂林和泉掾覆明刊本)인데, 이것을 보면 확실하게 '髩'으로 되어 있다. 도연명의 경우와 마찬가지로 명판을 바탕으로 하여 일본에서 훈점(訓點)을 붙여서 복각한 것이다. 이 '髩'자는 원래 명판에 있었던 것인가, 아니면 일본에서 복각할 때 바뀐 것인가 금방 판단하기는 어렵지만, 화각본의 용례인 것은 틀림없다. 또한『북경도서관고적선본서목(北京圖書館古籍善本書目)』(書目文獻出版社, 1987년)에 의하면, 북경도서관에서 소장하고 있는『명만력삼십사년마원조각본(明萬曆三十四年馬元調刻本)』은 '한 면에 10행, 1행에 21자, 판심(版心)은 하얀색, 좌우의 테두리는 이중선(十行二十一字白口左右雙邊).'으로 판형은 완전히 똑같지만 유감스럽게도 이 부분을 아직 보지 못했다.

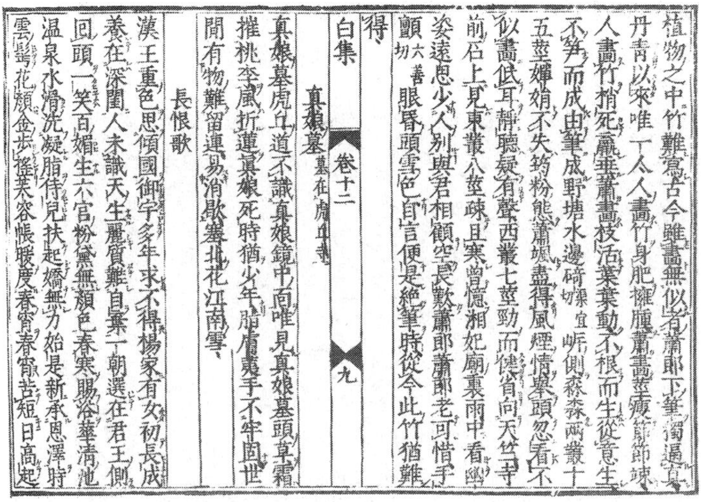

植物之中竹難寫古今雖畫無似者蕭郎下筆獨逼真丹青以來唯一人人畫竹身肥擁腫蕭畫莖瘦節節竦人畫竹梢死羸垂蕭畫枝活葉葉動不根而生從意生不笋而成由筆成野塘水邊碕渠宜切岸側森森兩叢十五莖嬋娟不失筠粉態蕭颯盡得風煙情舉頭忽看不似畫低耳靜聽疑有聲西叢七莖勁而健省向天竺寺前石上見東叢八莖疎且寒曾憶湘妃廟裏雨中看幽姿遠思少人別與君相顧空長歎蕭郎蕭郎老可惜手顫之善切眼昏頭雪色自言便是絕筆時從今此竹猶難得

白集　卷十二　九

真娘墓 墓在虎丘寺

真娘墓虎丘道不識真娘鏡中面唯見真娘墓頭草霜摧桃李風折蓮真娘死時猶少年脂膚荑手不牢固世間有物難留連難留連易消歇塞北花江南雪

長恨歌

漢王重色思傾國御宇多年求不得楊家有女初長成養在深閨人未識天生麗質難自棄一朝選在君王側回頭一笑百媚生六宮粉黛無顏色春寒賜浴華清池温泉水滑洗凝脂侍兒扶起嬌無力始是新承恩澤時雲鬂花顏金步搖芙蓉帳暖度春宵春宵苦短日高起

〈도판 12〉

## X. 중국에서 손으로 쓴 글자 - 『사고전서(四庫全書)』

하나 더 흥미로운 예가 있다. 그것은 청조의 건륭(乾隆)46년(1781년)에 완성된 『문연각본사고전서』의 『백씨장경집(白氏長慶集)』이다. 다음에 예로 든 것은 궁중에 보관되었던 문연각본(文淵閣本)인데, 해당 부분은 틀림없이 '鬂'으로 되어 있다(〈도판 13〉).

『사고전서』가 바탕으로 한 것은, 『사고전서총목제요(四庫全書總目提要)』(권 151, 集部四, 別集類四)에 의하면 '『백씨장경집』71권, 통행본'이라고 되어있다. 따라서 이 '鬂'자는 통행본에 그 자형으로 되어 있었는지, 『사고전서』를 베껴 쓴 사람이 그 자형으로 고쳤는지 알 수 없지만, 일부러 속자체로 고치는 것도 생각하기 어려운 일이므로 아마도 통행본에 그렇게 되어 있었다고 생각해도 좋을 것이다. 이와 같이 살펴보면 대체로 명말, 청초에는 판본이나 손으로 쓰는 글자로서 '髩'자가 사용되었음을 알 수 있다.

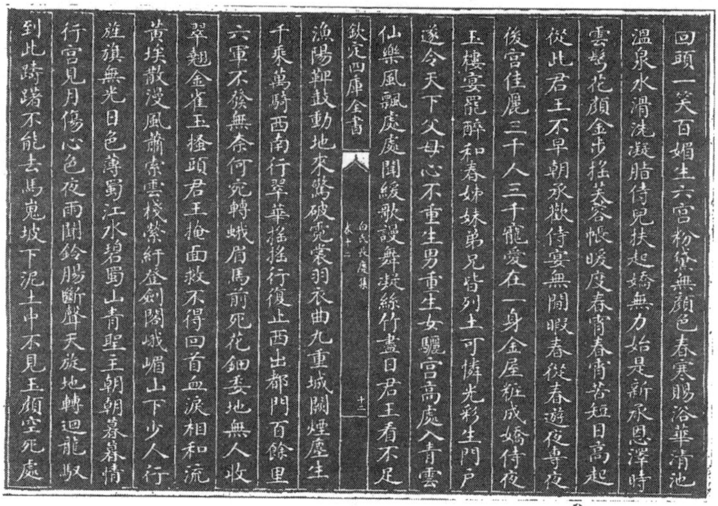
回頭一笑百媚生六宮粉黛無顏色春寒賜浴華清池
溫泉水滑洗凝脂侍兒扶起嬌無力始是新承恩澤時
雲髩花顏金步搖芙蓉帳暖度春宵春宵苦短日高起
從此君王不早朝承歡侍宴無閒暇春從春遊夜專夜
後宮佳麗三千人三千寵愛在一身金屋粧成嬌侍夜
玉樓宴罷醉和春姊妹弟兄皆列土可憐光彩生門戶
遂令天下父母心不重生男重生女驪宮高處入青雲
仙樂風飄處處聞緩歌謾舞凝絲竹盡日君王看不足
欽定四庫全書 白氏長慶集 卷十二 十三
漁陽鼙鼓動地來驚破霓裳羽衣曲九重城闕煙塵生
千乘萬騎西南行翠華搖搖行復止西出都門百餘里
六軍不發無奈何宛轉蛾眉馬前死花鈿委地無人收
翠翹金雀玉搔頭君王掩面救不得回首血淚相和流
黃埃散漫風蕭索雲棧縈紆登劍閣峨嵋山下少人行
旌旗無光日色薄蜀江水碧蜀山青聖主朝朝暮暮情
行宮見月傷心色夜雨聞鈴腸斷聲天旋地轉迴龍馭
到此躊躇不能去馬嵬坡下泥土中不見玉顏空死處

〈도판 13〉

## XI. 『송원이래속자보(宋元以來俗字譜)』

마지막으로 용례를 하나 더 보충하고자 한다. 그것은 유복(劉復), 유가서(劉家瑞)의 『宋元以來俗字譜』(中央研究員歷史言語研究所, 1930년)이다(〈도판 14〉). 여기에 인용된 『통속소설(通俗小說)』이라고 하는 것은 『경본고금통속소설(京本古今通俗小說)』로서 '강음무전손(江陰繆荃孫)(1915년)거영원초본(抛影元鈔本)'이라고 한다. 이것에 의하면 원대(元代)에 이미 이 자형이 존재하였다고 생각되는데 이 판본 자체에 문제가 적지 않기 때문에 여기에 참고로 예를 들지는 않겠다.[6]

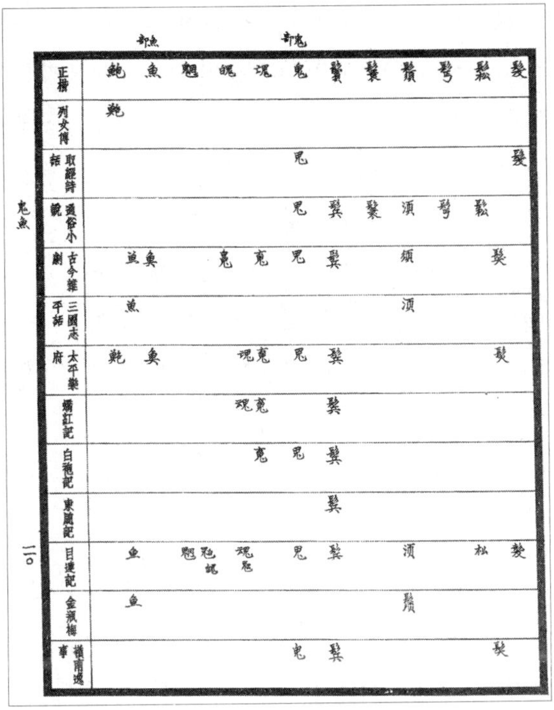

〈도판 14〉

# XII. 결론

지금까지 서술한 것을 대체로 정리해보면 다음과 같다.

1) 명대에는 이미 '鬂'자가 문헌상에 나타났는데, 규범적 자전인 『강희자전(康熙字典)』에는 '속자'로 간주되어 수록되어 있지 않다. 그러나 그 다음의 『사고전서(四庫全書)』에는 아마도 명대에 통행된 『도연명집』의 판본으로부터의 전사(轉寫)에 의한 것일 텐데 그 자형이 남아 있다.

2) 일본에서는 에도시대에 이미 이 자형이 사용되었으며, 메이지의 활자목록에도 수록되어 있다. 다만 그 자리매김은 어디까지나 '속자'이었지만, 사용자에게는 간략하고 편리하였으므로 '鬢'과 함께 사용되었다.

'속자'의 근원, 사용범위 등을 특정하는 것은 정자와 비교하여 매우 곤란한 일인데, 판본연구나 고대의 언어, 문학을 연구하는 데에 있어서도 중요한 가치를 지닌다. 앞으로 더욱 연구가 필요하다고 생각된다.

번역: 고인덕

1) 周祖謨, 「干祿字書」, 『中國大百科全書』 言語文字分册, p.87. 中國大百科全書出版社, 1988년.

2) 같은 책 「例言三」, pp.7-8.

3) 陳杏珍, 「影印宋本『陶靖節先生詩註』說明」, 中華書局影印, 1988년.

4) 『한어대자전』의 같은 페이지의 세 글자 다음에는 '髩'과 거의 같지만 '一'과 그 밑 부분의 사이가 벌어진 '髩'자가 있는데, 여기에서는 송대의 조보지(晁補之)의 「모어아(摸魚兒)」의 용례를 들고 있다. 그러나 이 용례는 唐圭璋編 『全宋詞』(p.554, 晁補之항목, 중화서국, 1965년)에서는 '鬢'으로 되어 있다. 『한어대자전』이 어느 판본에 의하여 이상과 같이 기술하고 있는지는 고증을 기대한다. 앞의 백거이 「장한가」의 예를 보더라도, 다만 출전(出典) 만을 기록하는 것은 속자에 대한 검증으로서는 불충분하다고 말하지 않을 수 없다.

5) 『商務印書館大事記』 1908년 항목, 1912년 항목, 商務印書館, 1987년.

6) 『경본통속소설(京本通俗小說)』에 대하여, 『中國古代小說百科全書』(중국대백과전서출판사, 1993년)의 『경본통속소설』의 항목(p.229)에서 蘇進은 이 책이 繆荃孫에 의한 위서라고 생각하여 그 증거를 상세하게 논하고 있다. 역으로 생각해보면 이 자형이 사용된 것 자체가 오히려 명, 청 시대의 텍스트인 것을 암시해주고 있다고 할 수 있다.

# 한글의 사회문화사적 함의

김 하 수

## I. 서론

제도 학문으로서의 언어학을 연구하는 사람들에게는 무척 오래 지켜온 철칙이 있다. 그것은 곧 언어를 연구하면서 문자에 빠지지 말라는 것이다. 그 까닭은 문자는 오로지 언어를 표기하는 도구에 지나지 않기 때문이라는 것이었다. 따라서 언어가 아닌 문자가 논점에 등장하는 것을 무척 꺼려왔으며 특히 맞춤법과 같은 문제는 학문이 아닌 실용 기술처럼 멀리하려는 경향이 매우 강했다.

사실 오늘날의 뭇 문자들은 특정한 언어와 관련을 짓지 않은 경우란 찾아보기 어려운 것이 사실이다. 또 웬만한 과거의 역사 속에서도 대개의 문자는 특정한 언어를 반영하고 있다. 그런 점에서 본다면 사실 문자의 피동성, 도구로서의 한계, 반영체가 가지는 비본질적 성격 등을 수긍하지 않기도 어렵다. 그러나 문자를 보는 눈을 점점 넓혀 볼 것 같으면 적지 않은 경우에 언어의 한계 혹은 장벽을 뛰어넘어 버리는 장면을 목격하게 된다. 예를 들어 숫자를 볼 것 같으면, 비록 숫자도 문자냐 하는 의문은 일단 젖혀두고, 언어를 반영한다기보다는 형식논리를 반영하고 있다. 또 언어보다는 +, −, =, ∞ 등의 다른 논리 기호의 도움을 많이 받는다. 물론 그렇다고 해서 언어에 완전히 등을 대고 있는 것은 아니다.

그러나 문자의 발생론적 접근을 해 보면 문자에는 언어가 아닌 다른 것의 그늘이 훨씬 더 짙다. 그것은 바로 '이야기'이다. 다음의 그림은 북아메리카 슈피리어 호숫가의 바위에 새겨진 것으로서 옛날 원주민들의 이야기가 들어있다. 문자연구의 선두주자였던 미국의 겔브(Gelb)(1952, 1963, p30)에 나오는 자주 인용되는 그림이다.

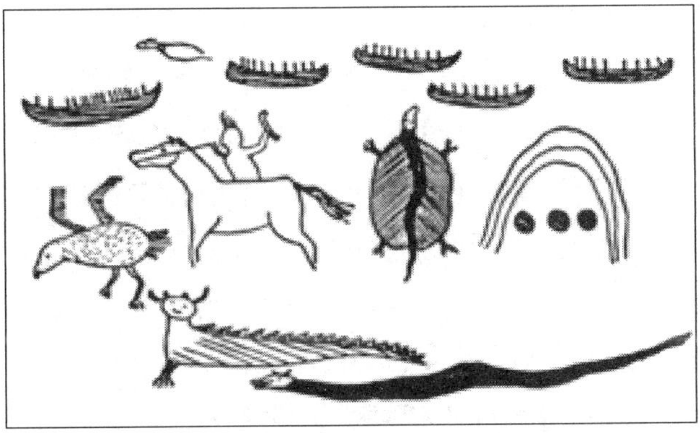

〈그림 1〉 미시간에서 발견된 인디언 바위 그림
〈Gelb, A Study of Writing, Chicago. 1952, 1963〉에서 재인용

겔브(Gelb)는 그 내용을 다음과 같이 설명한다. 맨 위의 배 다섯 척은 이 그림을 그린 집단의 원정을 나타낸다. 그리고 그 배 위에 그려진 짧은 세로금은 배에 탄 쉰한 명의 병사를 뜻한다. 제일 위쪽에 그려진 물새 모양의 상징은 이들을 거느리고 나가는 추장 키쉬케나무세('왕어부')를 나타낸다. 이들은 오른쪽 중간에 그려진 세 개의 태양이 가리키듯이 사흘 동안, 세 줄의 굽은 궁형이 보여 주듯 하늘의 거룩함에 힘입어, 그 왼쪽 거북이가 상징하듯이 다행히 혹은 행복하게도, 가운데 말타고 가는 사람이 보여 주듯이 무척 빨리, 왼쪽에 보이는 독수리처럼 아주 용감하게, 아래쪽의 표범과 뱀

이 드러내듯이 힘차고 영리하게 원정을 수행할 것을 염원하고 기원하는 것을 보여 준다고 한다. 이 그림과 그 해석에서는 일체의 음운 구조, 어휘, 통사 구조가 드러나지 않는다. 다시 말해 언어의 반영이라기보다는 그들이 전하고 싶은 혹은 공동으로 기억하고 싶은 '이야기'이다.

언어학 연구자 가운데 특히 한국어를 연구하는 사람들의 다수는 한국어와 '한글'에 대해 보편적 접근보다는 특수한 접근을 즐기곤 한다. 곧 보편적인 문자의 역사보다는 남다른 특수한 역사로서의 한글의 역사를 염두에 둔다는 말이다. 물론 모든 문자가 나름의 특수성이 있듯이 한글도 특수성을 지니고는 있다. 그러나 그 특수성은 보편의 틀 안에서 설명이 가능해야 할 것이다. 그것을 제대로 설명하지 못하면 어쩔 수 없이 '세종'을 영웅화할 수밖에 없는 것이다. 또 한국학을 다양한 전공자들이 접근하기 어렵게 만드는 해자의 구실을 하게 만들고 있다.

이 연구에서는 문자학이 언어학에 대해 가지는 독자적 발전 과정을 전제로 할 것이다. 그리고 그 보편적 발전의 틀 안에서 한글이 가지는 보편적 의미와 함의를 지적해 보고자 한다.

## II. 문자를 보는 눈

문자의 종류가 다양하듯이 문자에 대해서 생각하는 방식도 무척 다양하다. 특히 학술적으로도 다양하게 펼쳐지는 그 연구 성과들을 보면 하나의 통합적인 학문으로서의 '문자학'보다는 다양한 분야에서 천착하는 다양한 문제 제기들이 혼합되어 있는 듯한 느낌을 받는다.

문자를 보는 눈의 대표적인 성과를 자랑하는 분야는 '문자의 고고학'이다. 사용자가 사라진 수많은 옛날의 문자들을 해독해내는 작업으로 흥미로운 성과를 많이 올렸고, 또한 역사학과 역사언어학에 끼친 영향이 무척 크다.[1)] 현재 논의되는 모든 문자학 연구의 가장 밑바탕이 되는 연구들이다. 그러나 아무래도 언어사와 문화사로 치우친 면이 많아 독자적 연구 분야라기보다는 고언어학 및 문화사의 하위 분야인 듯한 인상을 강하게 준다.

두 번째는 첫 번째의 성과와 연관되는 것이지만 '문자의 분류학'이라고 볼 수 있다. 각 문자의 계통과 언어와의 구조적 연계 등에 많은 관심을 보여 주고 있으며, 사실 문자의 고고학의 산물인 동시에 그 성과의 덕으로 이루게 된 영역이다.[2)]

세 번째로는 '문자의 형태학'이라고 볼 수 있을 텐데, 문자를 구성하는 개개의 형태에 대한 관심이다. 주로 고대 상형문자와 일부 설형문자에 대해서 연구하면서 얻은 산물들이다. 동양의 갑골문자, 그리고 한국과 일본의 각필 등이 이에 속한다고 볼 수 있다. 개별문자에 대한 연구 성과들은 매우 풍부한 반면에 각 개별문자에 대한 연구 성과가 '문자학적으로' 통합되어 있지 않은 한계를 보여 준다.

네 번째로는 최근에 정보기술의 발전에 따라 문자를 정보기술의 기본 단위로 재해석, 재가공하는 과정에서 나타난, 주로 공학기술적, 그리고 언어정보적 관심이다. 곧 '문자의 정보기술'이다. 아직 일천한 성과밖에 없지만 정보기술의 발전에서 가장 큰 도움을 받을 수 있다.

다섯 번째는 일반 인문학도들과 좀 멀리 떨어진 분야에서 활발하게 진행되고 있는 것으로 일종의 '문자 미학'이라고 할 수 있는 문자 디자인 개발이다. 정보기술에서의 폰트 개발, 그리고 산업디자인적인 활용에 많은 관심을 받고 있는 것 같다.

또 하나는 사회적, 교육학적 접근을 하고 있는 분야를 손꼽을 수 있다. 바로 문맹퇴치에 관한 부분이며 '문자의 교육학'이라고도 할 수 있을 것이다. 한때 문맹퇴치와 사회 해방이라는 주제 아래 제3세계 문제에 대해 많은 연구가 이루어졌으나[3] 근간에 제3세계 문제가 많이 퇴색되는 과정에서 여러 사람들의 관심사에서 멀어져 버렸다. 그러나 문자 인식과 인지 과정의 연관성은 그리 쉽게 사라지지는 않을 것이다.

언어와 매우 깊은 관계를 가지고 있는 분야는 맞춤법에 대한 연구이다. 안타깝게도 이 분야에 대한 연구는 생각보다 빈곤한 편이다. 앞머리에서 말한 것처럼 대부분의 언어학자들이 문자는 언어에 종속적인 것이라고만 단순화시켰고 따라서 문자를 연구할 것이 아니라 언어를 연구해야 한다는 무척 오래된 전설 같은 명제에 얽매어 있는 동안 문자연구에 대한 이들의 공헌이 제일 허약할 수밖에 없었다. 그러나 분절적 언어 형태를 보여 주는 문자, 통사적 현상을 드러내는 문장 부호, 새로운 어휘와 개념을 발생시키는 약어와 약자의 사용과 같은 다양한 문자 현상은 언어학자들의 적극적인 참여를 기다리는 중요한 미개척지라고 생각한다. 문자는 결코 발음 기호 상태로만 존재해 오지는 않았다.

마지막으로 꼭 꼽아야 할 것은 '문자의 사회문화적 이해'이다. 문자는 누가 왜 썼는지, 어떤 성과나 결과를 가져왔는지, 문자와 언어 그리고 각종 소통 행위에 어떤 현상이 생기고 있는지를 찾아보는 일종의 종합 인문학이며 굳이 명칭을 부여한다면 '문자의 인문학'이라고 하고 싶다.[4]

결국 이 모든 영역에서의 연구 성과가 '문자학'이라는 하나의 지붕 아래 모여 구조적으로 다양한 하위 개념과 소영역을 형성해 줄 것인지 아니면 이 모든 것이 각자 서로 다른 관심사로 흩어져 버릴지 속단할 수는 없다. 내가 보기에는 '문자의 인문학', 즉 문자에 대한 사회문화적 이해를 얼마나 깊게 하느냐에 따라 과거에 기호학이 그랬던 것처럼 하나의 대안적 인문학으로 기대를 모을 수 있지 않을까 한다.

## III. 문자와 언어

앞에서 말한 바처럼 많은 언어학도들은 문자를 언어의 소도구로 생각해 왔다. 그러나 언어의 고고학에서 이룬 성과들을 살펴보면 문자는 발생론적으로 언어와 관련을 맺는 경우가 오히려 드물다. 문자의 발생과 밀접한 관련을 맺고 있는 각종 암각화와 그 상징들은 하나의 '이야기'를 전해줄지언정 절대로 언어로 해체 혹은 재구성되지 않는다. 다시 말해서 문자가 언어와 불가결한 관계를 맺고 있다고 말할 수 있는 것은 일정한 문자 표현이 매번 같은 언어로 해석될 때만이 가능하다. 그러나 아메리카 원주민들의 상징 그림이나 문자는 어디까지나 그 이야기의 줄거리가 전해질 뿐 동일한 언어 표현으로 재생산되지 않는다. 그런 점에서 발생 초기의 문자는 분명히 언어에 대해서 종속적이 아니고 독립적이었던 것 같다.

그렇다면 문자의 형태가 어느 정도 갖추어진 상형문자의 시기에는 언어와 문자가 불가결한 관계가 되었을까? 물론 이 문제에 대해서도 확실한 답변을 할 수는 없다. 대체로 추론해서 말을 한다면 상형문자의 초기에도 언어와 문자의 거리는 상당했을 것 같고 서서히 어휘부부터, 그러면서 나중에는 문법부에 이르기까지 문자는 언어를 반영하게 되었을 것 같다. 그러나 흥미롭게도 언어의 비분절음이 문자에 반영되는 일은 드문 것 같다. 중세 한국어의 성조 표시 방점이나 현대 프랑스어의 악상 기호가 이에 해당한다. 대개는 어휘부, 그리고 그 다음에는 문법부가 반영되며, 이 문법부에는 중세기의 유럽에서 문장부호가 가세하게 된다.

문자와 언어가 필수불가결한 관계를 맺게 되는 것은 문자가 '소리'를 드러내면서부터이다. 곧 언어 형태가 문자에 반영되면서부터 문자는 곧 언어의 그림자 구실을 하게 된다. 문자가 말의 소리를 드러내기 시작한 것은 상형문자의 두음 사용(acronym)과 레부스(rebus)의 이용에서 비롯된 것으로 보인다. 동양의 한자는 육서(六書) 가운데 형성(形聲) 부분이 뜻글자의 표음화 과정을 잘 보여 주고 있다. 이렇게 말소리의 음운, 더 나아가 형태를 드러내기 시작하면서 문자는 이야기 전달에서 언어의 복사물로 점점 그 성격을 달리하게 되었다.

어떻든 페니키아에서까지도 모음문자가 없던 메소포타미아 설형문자의 후예는 어떻게 해서 그리스에 가서 모음문자를 가지게 되었는지 그 이유와 원인이 불확실하다. 아마도 그리스의 문학, 곧 서사시와 같은 운문의 발전이 일정한 기여를 하지 않았을까 하는 추론만 해 보게 된다. 반면에 동양에서는 춘추 시대를 거치면서 점점 문자가 언어의 구조와 일치되어 온 것 같다. 물론 한자는 표의문자이기 때문에 과연 한자가 언어와 동일시될 수 있겠는가 하는 의문은 여전히 남는다. 의미부를 나타내는 데는 더할 수 없이 유용하지만 언어(중국어의 경우도)의 형태를 살아있는 그대로 그려낼 수 있는지에 대해서는 충분히 신뢰할 수 없다.

## IV. 문자와 사회

문자는 태생적으로 사회적 산물이었다. 오히려 언어와의 연계는 부차적이었다. 우리가 일반적으로 '문자'라는 개념으로 표현하는 대상물들은 사실 역사적으로 그 속성을 부단히 변화해 온 것이다. 예를 들어 중국의 갑골문자는 '신과의 대화'를 위해 사용되었다.[5] 신에게 무언가를 여쭈어 보고 그 응답을 듣던 기호이다. 그리고 진시황의 송덕비에서는 신과의 문답이 아니라 신에게 보고를 하는 일반적인 용도이고 그 후계자 호해(胡亥)의 석문은 권력자와 피지배자의 대화로 그 시대적 성격이 급변하고 있음을 보여 준다. 그러나 중국의 금문에 이르면 마치 조상과 후손의 소통 수단인 것처럼 그 속성이 바뀐다. 당연히 문자의 모양도 달라진다.

이집트의 상형문자는 '죽음 이후의 세계와 영원한 소통'을 하기 위해 사용되었다. 그러다가 점점 조상과 후손의 대화로 그 성격이 바뀌어 갔고, 뒤에는 정치와 외교 문서에 사용이 되었다. 그런가 하면 메소포타미아의 설형문자는 훨씬 인간적이었다. 장사꾼의 필요에 의해서 만들어진 물표들이 그 증거물이다. 아마 문자의 역사 속에서 인간의 삶을 그대로 새겨 놓은 가장 대표적인 문자가 설형문자가 아닌가 한다. 그러나 이 설형문자도 곧 정치적인 용도, 다시 말해서 전제군주 혹은 큰 권력자가 자신의 힘을 과시하는 용도로 사용된다. 베히스툰의 비문이나 함무라비 법전이 이를 보여 주었고, 다른 지역의 또 다른 문자이지만 인도의 마우리아 왕조의 아쇼카 비문에 사용된 브라흐미문자와 카로슈티문자 역시 같은 용도로 널리 사용되었음을 보여 준다.

그러나 그 다음 시기로 계승되며 발전하는 문자는 '교육과 학문'에 이바지한 문자들이다. 그 이전의 문자가 권력과 통치의 기능, 종교적 기능, 장사할 때의 수단에서부터 교육과 학문(사실 이 두 영역의 구분은 과거로 올라갈수록 불분명했다.)의 수단으로 그 쓰임새를 넓혀 간 문자가 훗날 더 많은 역사적 기회를 가지게 된 것이다. 그리스의 학문 발전은 대부분 '스승과 제자의 대화' 방식을 이용하고 있다. 동양에서도 공자나 맹자 모두 제자들과의 대화가 당시 교육과 학문이 담론적 형식이었음을 보여 준다. 심지어 예수와 부처도 개인적 저술을 이용하지 못하고 제자들과의 대화만을 남겼다. 이런 내용들이 경전으로 정착한 것은 먼 훗날 해당 종교가 제도와 기관을 획득하는 단계에 이르러서야 가능했다. 이러한 내용을 전승하기 위해서 기억과 구술이라는 수단이 일차적이었을 것이다. 그러나 무엇보다도 그리스 철학자들이나 인도의 종교인들, 그리고 중국의 제자백가들 모두가 '대화'로 학문을 하고 제자를 길렀다는 점에 주목할 필요가 있다. 이 과정에서 구체적으로 살아있는 언어를 되도록 그대로 계승할 필요가 있었을 것이고, 더 나아가 언어를 더욱 더 완전하게 표기할 수 있는 문자가 필요했을 것이며 당연히 모음문자의 사용이나 새로운 자모의 사용이나 분화처럼 '문자의 언어화'가 가속되었을 것이다.

문자가 가장 유용했던 분야는 법률과 행정, 그리고 종교 분야이었을 가능성이 높다. 인간의 행위를 규정하고 통제하는 기능을 했기 때문에 그 준거틀로서 언어를 문자화하여 기록을 해 두면 두고두고 유용했을 것이다. 따라서 각종 종교 경전과 법률 및 율령들이 우선적으로 명문화된다.

문자와 사회의 관계를 가장 잘 보여 주는 것이 바로 필기 재료와 필기도구이다. 필기 재료는 돌, 진흙, 파피루스, 천, 양가죽, 나뭇잎, 종이 등의 다양한 종류가 있는데 해당 시대마다 필요한 쓰임새 및 주어진 조건 속에서 가장 유용한 것을 사용한 것 같다. 돌은 가장 영구적인 필기 재료이다. 그렇기 때문에 영구성이 중요한 권력의 선언이나 종교적 고백 등의 표기에 매우 적절했다. 반면에 장사할 때는 빨리 쓰고 빨리 지울 수 있는 진흙이 아주 유용했을 것이다. 파피루스나 천, 가죽, 나뭇잎 등은 영구성은 매우 떨어지지만 신속성, 생산성 등은 훨씬 나았다.

필기도구는 해당 시대와 해당 사회의 물질 경제의 영향 안에 놓여 있을 수밖에 없다. 갈대줄기, 깃털, 대나무, 붓 등은 해당 시대와 사회가 어떤 물질적 생산 양식을 가졌는지 하는 것을 보여 준다. 오늘날의 가장 대표적인 필기도구는 활자와 컴퓨터를 이용한 전자적 필기구인 자판이라고 볼 수 있다. 필기도구의 문제는 문자의 역사가 이성과 인지의 역사만이 아니라 물질의 역사도 동반하고 있음을 보여 준다.

## V. 역사 속에서의 한글

일반적으로 한글의 창제는 매우 독특한 역사적 성격을 가지고 있다고 인정들을 한다. 대부분의 해석은 한 시기의 걸출한 통치자가 천재적인 능력으로 매우 편리하고 과학적인 문자를 만들어 냈다는 정도의 언술이다. 그러나 이렇게 안일한 찬사 속에는 전문가들이 진지하게 물음을 제기해야 할 많은 부분을 묻어 버리게 하는 독소가 있다.

먼저 창제 의도 문제인데 그 문제는 이 글의 성격과는 거리가 멀다. 단지 지적하고 싶은 것은 문자 창제의 주역이었던 세종의 행위를 가장 먼저 '정치적'으로 해석해야 한다는 것이다. 다시 말해 한글 창제는 세종의 정치적 결단과 정치적 수행이었지 결코 낭만적 행위로 전설화되어서는 안 된다는 것이다.

한글은 역사적으로 어떤 기능을 했는가에 따라 일정한 시대 구분이 시도되었었다. 방종현은 한글의 역사를 "정음시대 - 언문시대 - 국문시대 - 한글시대"로 나누어 그 명칭이 한글의 사회문화적 속성이 어떻게 바뀌어 왔는지를 비유적으로 암시하는 방식을 썼다. 이해하기는 퍽 쉬우나 사회문화적 함의보다는 그 명칭의 상징과 가리킴에만 시선이 집중될 가능성이 있다. 그리고 한글의 발전 과정에는 명칭에 반영되지 않은 면도 숨어 있다고 본다.

최현배는 조금 더 구체적으로 "창제시기 – 정착시기 – 변동시기 – 간편화 시기 – 각성시기 – 대성시기"로 구분한다. 방종현보다 훨씬 더 사회사적인 의미를 강조했다. 그러나 이것 역시 당시의 세상을 오로지 '문자'를 중심에 놓고 본 결과이다. 문자 사용자의 성격과 문자의 쓰임새가 빠져 있다.[6)]

이런 것을 보완하기 위해 그 사용자 집단을 염두에 두면서 분석해 보면 한글은 다음과 같은 상이한 사용자 집단을 역사적으로 포섭해 왔다는 것을 알 수 있다. 곧 "관변지식인 중심 – 주변부지식인 중심 – 중간지식인 중심 – 신흥지식인 중심 – 일반 대중 중심"으로 볼 수 있다는 것이다. 약 500년 남짓한 한글 사용 문서를 분석한 연구에도 이러한 '흐름'은 분명해 보인다.[7)] 곧 문자는 위에서부터 아래로 흘러내려온 것이다. 이것은 이집트 상형문자가 신성문자에서 신관문자로, 그리고 민중문자로 발전해 간 것에서도 암시를 받을 수 있다. 또 한자의 발전에서도 뚜렷이 나타난다. 곧 한글은 지나간 500년 동안 묻혀 있거나 괄시를 받았다고만 볼 것이 아니라 권력의 핵심부에서 만들어져 가장 대중적인 문자가 되어 온 '역사'였다는 것이다. 그리고 이것이 문자의 역사에서 보이는 보편적 현상이라는 것이다.

두 번째로 보아야 할 것은 한글의 필기도구에 대한 것이다. 한글은 다른 문자와는 달리 태생적으로 활자에 적응되어 있다. 다시 말해서 세상의 온갖 문자가 가지고 있는 '선사시대'가 잘 안 보인다. 그냥 태어나자마자 '활자'라는 당시에는 가장 발전한 첨단 필기도구에 적응되면서 문자라기보다는 기하학적 도형에 가까운 이응자와 히읗자도 만들어졌다. 따라서 한글은 서예의 전통이 약하다. 곧 미학적인 면에 결손이 보인다는 것이다. 이러한 것이 아직도 한글의 서체, 글꼴의 어수선함, 빈곤함으로 나타나고 있다.

한글만의 문제는 아니지만 동아시아적 상황의 특수성은 두 문자의 사용 및 세 문자 사용의 현상이 매우 심하다는 것이다. 한국과 일본에서는 자신들의 문자와 한자 및 알파벳이 동시에 사용되고 중국의 경우는 한자와 알파벳이 역시 하나의 문서에 동시 출현하는 현상은 우리 동아시아 사람들에게는 매우 익숙한 광경이지만 서유럽이나 북미 사람들에게는, 그곳에서 나온 문자학 관련 문헌에서 이 부분을 대단히 자주 지적하는 것을 보면, 매우 이국적 정취로 보이는 것 같다.[8] 이것은 해당 문자가 담당해야 할 언어를 표기하는 데에 '자기 완결성'을 보여 주지 못한다는 문제가 분명히 있다. 또 다른 면에서 접근한다면 동아시아는 표현 대상으로서의 모든 사물이 '언어적인 부분'만이 아니라 그 이상, 다시 말해서 동아시아 사람들은 문자를 통해 '언어'만을 드러내고자 하는 것이 아니라 언어와 또 다른 상징(색채나 형상 혹은 이국적 요소로 나타나는 비언어적 요소 등)이 나타내는 더 많은 사회문화적 함의에 대한 욕구가 강하지 않은가 하는 물음도 없지 않다.

결론적으로 한글은 매우 짧은 역사 속에서 문자의 일반 역사에서 나타난 사회문화적 함의, 요소를 대부분 가졌다는 것이다. 특히 짧은 시간 안에 사회적 지배층에서 밑바닥까지 내려온 그 속도감은 주목할 만하다. 아마도 그 이전 시기에 있었던 '차자 표기의 경험'이 매우 유리한 조건을 만들어 주지 않았을까 한다.

그렇지만 필기도구와의 관계는 일정한 역사적 한계를 가지고 있다. 또 다른 한글의 역사적 한계도 있다. 그 맞춤법이 아직 '역사화'되지 못한 점은 의식적 노력으로 넘기 어려운 벽이다. 이것은 문자 교육에 대한 사회적 비용이 매우 많이 든다는 의미도 가지고 있다. 결국 한글은 아직도 '미완의 역사'와 '미완의 미래'를 가지고 있음을 보여 준다고 생각한다. 흥미로운 것은 이 어린 문자가 자신의 적은 나이 안에 문자의 창제, 개혁, 언어와의 관계, 자형의 변천, 인접 문자와의 관계, 창제자와 사용자 집단의 사회사적 변화 등의 무궁무진한 '넓은 의미의 문자학적 요소들'을 풍부하게 품고 있다는 점이다.

## ▌참고문헌

국어사연구회, 국어사 연구, 서울: 태학사, 1997.

권종성, 문자학 개요, 평양: 과학, 백과사전출판사, 1987.

김윤경, 조선문자급어학사, 1938.

다케다 마사야(武田雅哉), 창힐들의 향연, 토쿄: 치쿠마 쇼보(筑摩書房), 1998, (한국어 판, 서은숙 옮김, 창힐의 향연, 서울: 이산, 2004).

예술의 전당, (한글 반포와 쿠텐베르크 금속활자 발면 550주년 기념) 문자의 세계전 안내 소책자, 1996.

오사마 쇼지(大島正二), 한자와 중국인-문화사를 해독한다, 토쿄: 이와나미 쇼텐(岩波書店), 2003, (한국어 판, 장원철 옮김, 한자에 도전한 중국, 서울: 산처럼, 2002).

임용기 & 홍윤표(편), 국어사 연구 어디까지 와 있는가, 서울: 태학사, 2006.

진위담(진위담), 甲骨文簡論, 上海 古籍出版社, 1987, 1999. (한국어 판, 이규갑 외, 甲骨文導論, 서울: 학고방, 2002).

최현배, 고친 한글갈, 서울: 정음사, 1940, 1970.

홍윤표, 한글 자료의 성격과 해제, 실린데: 국어사연구회, 1997, 97-138pp.

———, 국어사 연구를 위한 전자자료 구축의 현황과 과제, 태학사, 실린데: 임용기 & 홍윤표(편), 2006, 87-143pp.

후지에다 아키라(藤枝晃) 文字の 文化史, 동경: 岩波, 1971, (한국어판, 오미영 옮김, 문자의 문화사, 박이정, 2006).

Coulmas, Florian & Ehlich, Konrad, *Writing in Focus*, Amsterdam: Mouton, 1983.

Coulmas, Florian, *Encyclopedia of Writing Systems*, Oxford: Blackwell, 1996, 1999.

Ehlich, Konrad, *Development of Writing as Social Problem Solving*, 실린데: Coulmas, Florian & Ehlich, Konrad, 1983, pp.99-129.

Gelb, I. J., *A Study of Writing*, Chicago, 1952, 1963.

Goody, Jack, *Literacy in Traditional Societies*, Cambridge: Cambridge, 1968.

——, *The Interface between the written and the oral*, Cambridge: Cambridge University Press, 1987.

University Press(독일어 판, Schlaffer, Heinz, *Entstehung und Folgen der Schriftkultur*, Frankfurt a/M: Suhrkamp, 1981, 1986.)

Faulmann, Carl, *Geschichte der Schrift*, Augsburg: Augustus Verlag, 1880, 1990.

Haarmann, Harald, *Universalgeschichte der Schrift*, Frankfurt a/M: Campus, 1990.

Harris, Roy, *The Origin of Writing*, London: Duckworth, 1986.

Ong, Walter. J., *Orality and Literacy*, London: Routledge & Kegan Paul, 1982, (한국어 판, 이기우, 임명진 옮김, 구술문화와 문자문화, 서울: 문예출판사).

Jedliçka, Alois, *Die Schriftssprache in der heutigen Kommunikation*, Leipzig: VEB Verlag, 1974, 독일어 판 1978.

Nakanish, Akira(1975), *Sekai no Moji Kyoto: Shokado*, (영어 판(1990), *Writing Systems of the World*, North Clarendon, Vt.: Tuttle Publishing.

Robinson, Andrew, *The Story of Writing – Alphabets, Hieroglyphs & Pictograms*, London: Thames & Hudson Ltd, 1995. (한국어 판, 박재욱 옮김, 문자이야기, 서울: 사계절, 2003).

Sampson, Geoffrey, *Writing System*, London: Hutchinson, 1985, (한국어 판, 신상순 옮김, 세계의 문자체계, 서울 한국문화사, 2000).

Scribner, Sylvia & Cole, Michael, *The Psychology of Literacy*, Cambridge, Ma.: Harvard University Press, 1981.

Strobel-Köhl, Michaela, *Die Diskussion um die "ideale" Orthographie*, Tübingen: Gunter Narr Verlag, 1994.

Stubbs, Michael, *Language and literacy*, London: Routledge & Kegan Paul, 1980.

---

1) 이 영역은 Haarmann(1990)의 연구서가 가장 화려한 내용을 담고 있다. 고전적인 것은 Gelb, I. J.(1952, 1963)를 들 수 있다.
2) Gelb, I. J.(1952, 1963)와 Sampson(1985)이 참고할 만하다.
3) 브라질의 신학자 파울로 프레이리의 업적이 가장 독보적이라고 본다.
4) Ong(1982)과 Ehlich(1983)의 논의가 중요하다. Goody(1968) 및 (1977)에서는 literacy를 중심으로 하는 인식에 좋은 도움을 준다. 또 비교적 가볍게 접근할 수 있는 것이 다케다 마사야(武田雅哉)(1998), 오사마 쇼지(大島正二)(2003) 등이다.
5) 후지에다 아키라(藤枝晃)(1971) 참조.
6) 이 부분은 내가 1994년 10월 21일 연세대학교 국학연구원에서 발표한 "최현배의 '한글의 투쟁'" 내용을 조금 확장한 것이다.
7) 이에 대한 분석은 홍윤표(1997)와 홍윤표(2006)에 매우 잘 나타나고 있다.
8) 예를 들면 Robinson(1995)에서는 일본의 문자 상황이 무척 번잡스럽다는 것을 보여 주는 12장에서 우리 한국인들에게도 무척 낯익은 세 문자 사용을 기이하다는 듯이 묘사한다.

# 문자와 독서의 안티노미 – 데리다와 드 만의 경우

이 창 남

## I. 문자와 독서의 하모니?

독서는 문자를 매개로 이루어진다. 그러나 이 매개의 메커니즘을 자세히 들여다보면, 독서는 문자를 매개로 불가능해지기도 한다. 독서와 문자 사이의 조응적 관계가 성립하는 만큼 이율배반적 관계도 독서의 과정에는 내재하고 있다. 현대의 문자 이론과 독서 이론을 토대로 보면 독서와 문자 사이의 조응적 관계는 그 양자 사이의 이율배반적 관계의 한 잠정적인 순간일지도 모른다. 이러한 추론을 가능하게 하는 독서와 문자의 상호관계에 대한 메커니즘을 본고는 주로 폴 드 만과 데리다의 논의를 통해서 검토해 보고자 한다. 이 두 이론가는 문자와 독서의 이론가라고 말해도 좋을 정도로 '문자'와 '독서'는 그들 이론의 심층적 주제가 되고 있다. 또 이들은 문자와 독서, 문자와 책의 안티노미에 대한 인식을 축 해석학적 독서이론을 탈구성하고, 전통적인 책의 이념을 해체한다. 이러한 안티노미의 주요계기들을 본고에서 주로 살펴보고자 한다.

## II. 문자 - 단어 - 문장

독서는 일상적으로 책을 읽는 행위이다. 책은 문자로 구성되어 있고, 독서하는 일은 문자나 문자들의 규칙적 배열을 실질적, 상상적 혹은 정신적인 사태와 연계시키는 작업이다. 말하자면 지시체와 지시대상 사이의 일정한 관계를 설정함으로써 독서(해석)는 이루어진다. 이러한 독서의 과정 속에는 문자의 집합체로서 텍스트가 일정한 규칙에 따라 배열되고, 그것을 규정하는 저자의 의도나 현실의 생생한 사태도 문자의 등 뒤에 있는 것으로 전제된다. 잘 알려진 데리다의 비판처럼 문자는 목소리와 현존의 보조물로 인식되어왔고, 오늘날에도 인식되고 있다. 이러한 전통 속에서 "아리스토텔레스, 루소 그리고 헤겔은 문자를 '기호의 기호'라고 말했다."[1] 이러한 지적에 따르면 문자기호는 소리기호의 부수적 표기를 위한 것으로 간주되었으며, 그런 만큼 진리로부터 소리기호보다 한 단계 더 멀리 떨어진 것으로 인식되어왔다.

문자는 소리기호를 대신하는 존재로, 그리고 더 나아가서 실재 현존의 보충적이며 보족적인 존재로서 독서의 과정에 개입하는 것으로 인식되어왔다. 책에 쓰여진 문자언어의 이면에는 저자가 있고, 또 그 문자언어들로 기술되고 있는 사태의 생생한 현존이 있다. 혹은 설사 실재하지 않는 사태가 기술되고 있다고 할지라도 저자의 혹은 시대의 '정신'이라는 현존을 문자언어는 대리보충하고 있는 것이다. 데리다는 물론 시각적 기표인 'f'와 청각적 기표인 '에프' 사이에 아무런 유사성이 없는 것처럼, 문자를 소리의 보충물로 인식하는 전통적 태도를 부정하고 있고, 문자 이면에 있다고 간주되는 사물과 사태의 현존은 바로 그 '대체'를 통해서 무한히 지연된다고 주장한 바 있다. 이는 드 만도 일부 공유하는 측면인데, 그에 따르면 기호와 현상을 동일시하는 전통적 크래틸리즘은 오래된 과거의 의미론이며, 지시를 언어의 기능이 아니라 직관으로 간주하는 것, 말하자면 "언어적 현실과 자연적 현실의 혼동"[2]은 일종의 이데올로기이다. 기호학적 관점에서 이데올로기는 지시체를 곧바로 현존과 등치시키는 태도이다. 지시체 속에 지시대상은 현존하지 않는다. 데리다의 말로 바꾸면 지시 속에 지시대상의 현존은 지연된다. 이와 같이 지시성 속에 사물이나 사태의 현존을 부정한다는 점에서 데리다와 드 만은 논점을 공유하고 있다. 데리다의 예를 통해 베닝턴은 거기서 드러나는 지시성에 대한 통찰을 다음과 같이 요약한다. "지시가 지시한다고 가정되는 지시대상은 지시성 혹은 지시함 자체의 사실 이외의 아무것도 아니다."[3]

드 만과 데리다가 설정하는 이러한 관점을 독서의 신비를 풀어가는 측면에서 전유할 수 있다. 그럴 것이 독서는 곧 지시의 과정이기 때문이다. 지시 속에 지시된 것이 현존하지 않듯이, 지시체인 문자와 지시의 정립이라고 할 수 있는 독서 사이에는 일정한 안티노미가 형성되고 있다. 그것은 우선 문자가 지닌 이중적인 속성에 기인한다. 문자는 자기 지시적이면서 동시에 타자적인 대상을 지시한다. 여기서 자기 지시적이라는 것은 그 자체 외부의 어떠한 대상과 필연적인 연계성을 지니지 않는 폐쇄적 구조를 지닌다는 것이다. 그러한 폐쇄적 구조를 지닌 문자가 과연 어떻게 내부의 폐쇄성을 벗어나 외부의 대상에 대한 '지시'가 가능해지는 것일지. 이러한 지시는 대상의 현존을 통해서가 아니라 데리다가 소쉬르를 통해서 논증하듯이 문자체계의 차이를 통해서 이루어진다. 몇 개의 문자가 결합하여 어떤 대상을 지칭하는 경우, 이 대상과 문자들의 집합 사이에는 아무런 유사성도 존재하지 않는다. 소위 '차이'의 메커니즘으로 문자는 그 자체와는 전혀 무관한 대상을 지시하는 것이다. 소리기호가 청각적 차이를 통해서 지시의 기능을 수행한다면, 문자는 시각적 표기의 차이를 통해서 지시의 기능을 수행한다. 그러나 이 시각적이고 청각적인 차이는 어떤 단일한 대상을 지칭하더라도 어떤 유사성이나 현존성 때문에 그 '지시'가 성립하는 것은 아니다. 바로 여기서 문자와 독서의 이율배반적 관계가 시작된다고 할 수 있다.

문자가 자기지시적인 한, 외부대상에 대한 문자의 지시적 관계는 임의적일 수밖에 없다. 그리고 마치 fish라는 단어의 f, i, s, h가 제각각 fish라는 단어의 의미와 독립적인 물질성을 지니고 있는 만큼 '물고기'라는 의미는 이러한 개개 독립적인 문자의 결합이 만드는 의미의 효과라고 할 수 있다. 이 의미는 또한 네 개 문자의 결합을 통해서 fish와는 다른 배열 구조를 지닌 flower나 fishing과의 차이가 만들어내는 효과이지 fish 자체의 본질을 구성하는 것은 아니다. 문자 배열 구조의 상이성은 그 단어가 다른 대상을 지칭하게 한다고 할 수 있다. 따라서 문자가 지닌 차이의 체계와 사물들의 체계는 각기 상이한 체계들로 존재하면서 서로를 지시하고 있는 이율배반적 상황을 내장하고 있는 것이다. 말하자면 문자는 문자 기표의 체계 안에서 기능하고, 사물들은 사물들의 존재 안에서 기능한다. 이 양자 사이에는 필연적인 매개관계가 존재하지 않음에도 지시는 어떻게든 이루어지고 있다. 독서의 신비는 불가능한 일이 가능해지는 이 '어떻게든' 속에 있다.

이를 해명하기 위해 관건이 되는 일은 문자와 지시대상 혹은 사태 사이의 "연관이 없는 연관", "지시대상이 없는 지시"의 이율배반적인 구조를 설명하는 일이다. 이러한 이율배반을 인식하지 못하거나 간과하는 경우 즉 '책상이라는 말과 책상이라는 사물 사이의 심연을 말소'[4]시키는 태도들은 데리다와 드 만이 소위 로고스 중심주의라는 이름으로 비판한 바 있다. 이들에 따르면 문자와 대상의 관계를 정립하는 독서라는 사태는 그 양자의 동일성을 통해서, 혹은 직관이나 예지를 통해서 이루어지는 것이 아니다. 오히려 지시는 언어 자체의 차이의 기능을 통해서 이루어진다. 그리고 이 차이를 통해서 환기되는 것은 사물이나 사태의 현존이 아니라, 그것들의 가상이다. 맥퀼런은 문자의 물질성을 논하면서 "fish를 통해서 우리는 물고기 자체를 경험하는 것도 아니고, f, i, sh라는 철자들을 그에 연관시키지도 않는다. 우리는 "물고기라는 비유의 총체적 가상을 경험하는 것이다"[5]고 말하고 있다.

문자는 차이를 통해서 서로 다른 사태를 서로 다르게 지시하고, 지시되는 대상은 그러한 차이의 심연 속에 언듯 비치는 어떤 사물이거나 사태의 이미지이다. fish와 fishing 사이에는 몇 개의 다른 철자를 통해 차이가 난다. ing가 있고 없고의 차이 속에 '고기'와 '낚시'는 분리되고 서로 다른 것을 지칭하는 것으로 의미화의 분별화가 이루어진다. 그것이 어떠한 낚시이고, 왜 낚시이며, 상상적 낚시인지 실제 사태인지는 다른 문자 기표들의 차이작용을 통해서 구체화되어야 한다. 그렇다면 보다 더 복잡한 차이의 연쇄를 통해서 우리는 어떤 독서를 수행하게 되는 것인데, 독서되는 그 사태는 하나의 문장 속에서 혹은 더 큰 문맥의 관계 속에 놓이면서 구체화된다. 그럼에도 불구하고 어떤 완결적인 의미를 확보했다기보다는 많은 차이들을 통한 변별화 속에서 사태는 의미화의 규정성과 비규정성 사이의 유동적인 지대가 형성된다.

나는 낚시하러 간다. I go fishing 나는 낚시하러 갈거다. I will go fishing과 같이 will을 통해서 또 다른 의미화의 분별이 발생한다고 가정해보자. 철자와 단어의 관계 즉 개개 철자가 한 개의 단어 전체와 아무런 의미론적 연관이 없는 것처럼, 개개 단어들은 전체 문장의 의미의 구성요소로서의 의미만을 지닐 뿐 전체 문장의 '총체적 의미'와는 거리가 있다. 이는 일종의 독서의 과정이라고도 할 수 있는 번역의 과정에서 쉽게 확인될 수 있는데, 폴 드 만은 벤야민이 「번역자의 과제」에서 횔덜린의 단어 대 단어 번역을 통해서 전체 의미가 완전히 사라지는 현상을 설명했던 예를 통해 단어와 문장 사이의 상호 독립성을 지적하고 있다. "단어 대 단어로 옮겨놓은 그 번역은 의미를 완전히 소거시킨다. 그리하여 의미와 단어 사이의 일정한 이질적인 서로의 독립성이 드러나는 것이다."[6]

철자와 단어의 관계, 단어와 문장의 관계는 이와 같이 상호 독립적이면서 어떤 기능적 문맥을 가진다. 그 기능들은 그 자체와 무관한 더 큰 총체를 형성하는데, 그 문맥의 전체 의미는 또한 개별 문장의 의미와 다른 것이기도 하다. 이러한 과정은 거의 무한하다고 하겠다. 이 과정은 철자와 단어, 단어와 문장, 문장과 문맥 사이의 관계에서만 나타나는 것은 아니다. 여기에 해석자도 개입한다. 정확하게 말해서 독서의 과정에서 해석자가 가지고 있는 기호도 중첩된다. 퍼스의 해석자 이론에 따르면 문자와 대상과 해석자라는 삼각 구도 속에서 해석자는 독서(해석)를 통해 제 3의 기표를 만들어낸다. 말하자면 독서는 텍스트가 일정한 기표의 사슬 속에 만들어 내고 있는 기표를 의미화하는 과정이라기보다는 그 자체 다시 한 번 기표를 창출해내는 과정이다.

> "기호의 해석은 퍼스에게서는 의미가 아니라 또 다른 기호이다. [...] 그리고 이는 같은 방식으로 무한히 지속되는 과정이다. 퍼스는 이 과정을 "한 기호가 다른 기호를" 배태하는 순수한 수사학이라고 불렀다."[7]

사물이나 사태 자체는 이와 같이 한 기표가 또 다른 기표를 생성시키는 중첩적 구조 속에서 침묵한다. 문자기호는 해석을 통해서 다른 기호로 번역되고 재생산된다. 문자가 차이의 체계인 만큼 이러한 중첩적 기호의 기호를 통해서 형성되는 것은 보다 복합적인 체계의 그물망이다. 데리다가 텍스트를 "흔적의 연쇄고리들과 체계들"[8])이라고 규정하는 것은 그 차이의 체계와 연쇄 속에 대상이 현존하는 것이 아니라, 대상의 흔적만이 남기 때문이다. 여기서 '흔적'이란 대상의 '현존'보다는 '부재'에 무게가 실려 있다. 데리다에 따르면 텍스트는 존재의 흔적이지 존재의 현상은 아니다. 따라서 독서를 통해서 텍스트의 망 속에 소위 현존한다고 가정된 지시대상(사물자체)이 걸려드는 것은 아니다. 단지 그 망을 통해서 변별화의 과정이 더욱 세분화되고, 이를 총체화하는 의미화의 효과가 일시적으로 나타난다. 그리고 기표의 연쇄는 계속되는 것이다.

독서의 과정은 이와 같이 어떤 유동적인 기호의 복합적 교차 속에서 이루어지는 과정이다. 독서를 통해서 '뭔가' 얻게 된다는 생각은 독서를 통해서 사태나 사물의 현존을 체험한다는 생각에 근거한다. 그러나 이러한 생각을 다시 한 번 숙고해본다면, 독서의 과정을 통해 대상의 지식이나 예지나 표상 등이 문자들의 차이의 메커니즘을 통해서 일종의 효과로서 환기되는 것일 뿐이다. 그것은 대상을 갖는 것과는 다른 어떤 과정이며, 문자를 통해서 차별화되고 변별화되는 과정 속에서 하나의 통일적인 인상이나 이미지, 기억 등이 흔적의 효과로 그 기표망의 세분화 속에 정렬, 재정렬 되는 것으로 인식할 수 있다. 그것은 정확히 말하자면 습득이라기보다는 구성과 탈구성의 과정인 것이다.

이러한 구성과 탈구성, 정렬과 재정렬의 과정을 일종의 독서의 과정이라고 생각한다면, 독서는 사물세계의 질서와는 다른 구조 속에서 구성되고 해체되는 문자와 텍스트의 메커니즘에 따라 이루어진다고 하겠다. 이 메커니즘의 공간적인 특성은 기표들 간의 '차이'로서 거론될 수 있고, 시간적인 차이는 데리다의 용어인 '차연'의 연기로 설명할 수 있다. 우선 차이를 설명하며 데리다는 이렇게 말한다. "철자들의 가치는 순전히 부정적이고 차이적이다. 그리하여 같은 사람이 t라는 철자를 t, $\tau$ , t와 같은 변형태로 쓸 수 있다. 본질적인 유일한 것은 이 기호가 필체에서 l, d 등과 혼동되지 않는다는 것이다."[9]. 그리고 문자의 시간적 구조와 관련하여 드 만에게 "시간은 진리가 스스로와 합치하지 못하는 무능"[10]이듯, 데리다에게 차연의 연기는 곧 사물의 현존과 문자 메커니즘 사이의 심연이자 간극을 내포하고 있다. 따라서 문자 메커니즘의 공간적 '차이'와 시간적 '연기'는 불완전한 독서, 완결될 수 없는 의미화의 과정을 표현하는 것이라고 할 수 있다.

데리다의 논의는 루소, 소쉬르, 헤겔, 레비스트로스 등의 학적 담론들과의 쟁점으로 이루어진다. 따라서 철학적이고 사변적으로 읽힌다. 조금 쉽게 문자와 독서의 안티노미의 차원에서 정리하자면, 책상이라는 물 자체의 현존은 책상이라는 기표와 무관하다. 그리고 책상을 책상으로 알게 하는 것은 책상과 책상 아닌 것 사이의 기표적 차이에서 비롯된다. 책상이 책상이 되는 것은 바로 그와 같은 '제도적' 문자 메커니즘의 작동이 개입하기 때문이지 사물로서 책상이 개입하는 것은 아니다. 사물들은 기표의 차이들이 만들어 내는 심연 속에서 침묵하고 있고, 이 차이의 유희는 차연(차이와 연기)이라는 작동원리에 따라 이루어진다. 차연은 소리기표보다 더욱 근원적이지만 전통적 의미의 근원이나 토대라고 불릴 수 없는 언어의 메커니즘이다. 여기서 언어(랑그)는 더 이상 소리표상과 동일시되는 어떤 구어와 무관하다. 그것은 일종의 형식이며, 데리다가 소쉬르를 빌어 강조하듯이 "일종의 문자언어"[11]에 비교할 수 있다.

이 형식의 차이와 분화 속에 기표의 그물망이 만들어진다면, 의미는 그 안에서 일정하게 안정적으로 형성되는 것은 아니다. 오히려 우리가 '의미'라고 부르는 것은 기표들의 차이 속에 부유하고 있는 어떤 가상적 존재이다. 드 만이 "비유적 대체의 총체화하는 힘"[12]으로 정의하고 있는 "의미"는 이 불안정한 차이의 유희 속에서 부유하고 있다. 실재적 존재 자체는 칸트적 의미의 물 자체로서 현상의 저편에서 침묵하고 있듯이, 데리다와 드 만에게서 지시대상인 사물은 그 차이의 유희 속에 들어서지 못하고, 영원히 격리되어있다. 이것은 바로 어떤 불가지의 사물의 체계와 가시적인 기표의 질서가 완전히 상이한 체계이기 때문이다. 이 체계의 상이성은 곧바로 문자와 독서의 안티노미를 형성하고, 독서의 아포리를 생성시키는 근원이 된다.

## III. 문법과 수사

개별문자와 단어, 문장들의 기능적 운용의 메커니즘을 우리는 문법이라고 부른다. 문자는 개별문자 자체로 기능하기보다는 다른 문자와 결합하고, 문장을 구성한다. 한 개 단어의 의미도 주변 문장 구성성분의 의미에 따라서 차이를 이룬다. 문장을 구성하기 위해서는 문법이 개입하고, 문법과 의미 사이의 일정한 관계가 성립될 필요가 있다. 데리다는 문법을 일종의 "장기놀이"[13]로 규정하는 소쉬르의 정의를 수용하여, "유희"로 파악하고 있다. 여기서 유희는 그 자체의 법칙에 따라 움직이는 어떤 형식들의 구성과 탈구성의 과정이다. 폴 드 만은 문법을 주체의 의도와 무관하게 작동하는 기계적이고 구조적인 법칙으로 파악하고 있다. 그에 따르면 "한 텍스트가 문법적인 정도만큼, 그것은 일종의 논리적 코드이거나 기계이다."[14] 또 그는 기계적인 문법과 이와 더불어 성립한다고 가정되는 의미 사이의 관계도 조응하지 않은 이율배반적 관계가 있음을 지적하고 있다.

개개 단어와 단어의 연결 방식이 의미형성에 직접적인 영향을 주고, 의미를 바꾸거나 새롭게 만들 수 있다는 사실은 언어사용자라면 누구나 알고 있는 일이다. 발화자의 의도는 문장의 구조에 직접적인 영향을 미치는 것이 사실이다. 물론 여기서 고려되어야 할 것은 그 의도를 통해서 문장에 영향을 미치기 위해서는 문장을 구성하는 객관적인 문법을 매개로 해야 한다는 것이다. 바로 이 매개를 위해서는 문법 자체의 자기완결적 구조의 운동을 따라야 한다. 따라서 발화자의 의도와 문법의 구성을 동일시할 수는 없다. 따라서 드 만은 텍스트를 구성하는 요인 가운데 문법은 기계적 메커니즘이며, 여기에 수사적 의도가 개입하는 것으로 인식하고 있다. 즉 문법만으로 의미가 구성되는 것은 아니다. 드 만은 문법이 만들어내는 문장의 '문자그대로의 의미'에 덧붙여 그와 완전히 별개의 의미를 만들 수 있는 '수사적 의미'를 고려해야 한다고 지적하고 있다.

가령 드 만이 들고 있는 예 가운데 미국 코미디 주인공 아치 벙커와 그의 아내 사이의 대화를 생각해 볼 수 있다. 아내는 볼링화의 끈을 위로 묶을지 아래로 묶을지 아치 벙커에게 묻는다. 그에 대해 벙커는 "무슨 차이가 있나?"라고 답한다. 그 질문을 '문자 그대로' 해석한 아내는 '차이'를 설명하기 위해 애쓴다. 그러나 아치 벙커가 말하고자 한 수사적 의미는 '아무런 차이가 없다'는 것이다.[15] 이 예를 통해서 알 수 있듯이 동일한 문장이 완전히 상이한 의미를 내포할 수 있다. 이러한 차이는 '문자 그대로의 의미'와 '수사적 의미' 사이의 차이로, '술정적 진술'과 '수행적 진술' 사이의 차이로, 그리고 더 나아가서는 '문법'과 '수사'의 대립적 교착으로 동일한 한 문장 속에 상이한 의미화의 계기들이 충돌함을 드러낸다. 문법과 수사

사이의 이율배반적 교착이 나타나는 장소가 드 만에게 곧바로 ‘텍스트’이다. 즉 텍스트는 “문법 영역과 형상 영역 사이의 상반되는 간섭”[16)]이 이루어지는 장소인 것이다.

텍스트는 기계적인 규칙인 문법에 따라 구성된다. 그러나 그 문법 자체는 드 만에게 일종의 술정적인 진술로서 형상적인 측면(수사적인 측면)과 교차된다. 여기서 언어의 형상적 측면은 일종의 수사로서 수행적인 언술행위이며, 언어학에서는 이를 “발화수반적인 언술행위”라고 칭하고 있다. 앞서 아치 벙커의 예와 같이 한 문장의 의미는 문장의 문법적인 규칙만으로 결정되지 않는다. 거기에 수사적인 혹은 수행적인 함의가 덧붙여지는 것이다. 이러한 언술행위를 우리는 무수히 많이 발견할 수 있다. 고백, 약속, 계약 등 수많은 발화상황들은 그 자체의 담화상황 속에 늘 수사적인 함의를 담고 있다. 한 문장 속의 이러한 문법과 수사 사이의 이율배반적 교착을 드 만은 다음과 같이 설명하고 있다.

> “문법과 지시적 의미가 분리되는 경우를 가리켜 형상 차원의 언어라고 한다. 이 차원에서 어휘적으로도 문법적으로도 동일한(소위 하나가 다른 것의 인용이고 그 역이기도 한) 두 발화가 문맥과 무관하게 전적으로 상이한 두 의미를 가질 수 있다는 사실을 고려할 수 있다”[17)]

이와 같이 이원적으로 분화되는 문장의 의미론에 기초하여 드 만은 텍스트를 다음과 같이 두 가지로 규정하고 있다.

> “요컨대 한편 텍스트는 발생적이고, 끝없이 열려 있는 비(非)지시적 문법체계이다. 다른 한편, 텍스트는 그 존재를 빚지고 있는 문법코드를 파괴하는 선험적 의미화에 의해 닫힌 형상체계이기도 하다.”[18)]

언어행위 이론을 주창하는 이론가들 가운데 '문법'과 '수사'의 관계를 조응적 관계로 보는 경우도 없지 않지만, 드 만에게 이 양자는 충돌하는 지점이 된다. 텍스트는 드 만의 위와 같은 정의에 따르면 상충하는 두 가지 체계의 모순 속에 존재한다. 한편 텍스트는 기계처럼 주체의 의도를 벗어나는 어떤 자기 발생적, 자기 확장적 메커니즘이다. 다른 한편 수사는 의도를 수반하고 있다. 이 의도를 통해서 텍스트의 의미화의 종결을 시도하지만, 수사는 텍스트의 기계적 자가 운동과 교착되면서, 그 자체의 의미로 읽히지 않는 착란을 필연적으로 수반하게 된다.

'문법적 의미'와 '수사적 의미' 이율배반적 관계에 따라 의미화 혹은 독서의 과정은 늘 비결정적인 상태로 머물며, 의미의 착란을 유발하기도 한다. 텍스트들이 자체적으로 가지고 있는 그러한 구조적 모순으로 인해 언제나 필연적으로 모호함과 비결정성을 지닐 수밖에 없지만, 독서는 이루어진다. 독서의 불가능성에 대한 드 만의 테제는 독서가 이루어지지 않는다는 의미가 아니라 근본적으로 검토할 때, 독서는 총체화되거나 완결될 수 없는 구조 위에서 이루어지고 있다는 것이다. 이는 드 만에게 문법과 수사로 대별되는 텍스트의 이중적 체계에 기인하고 있다. 이 체계들은 또한 이율배반적인 관계에 있다.

## IV. 지시성의 알레고리

이러한 텍스트의 형성조건들을 고려할 때 한 텍스트의 의미의 통일성은 가능하지 않다. 드 만에 따르면 텍스트는 뭔가 이야기하고 있으면서 동시에 자기 지시적으로 그 이야기의 불가능성을 이야기하고 있다. 왜냐하면 텍스트의 문법적 질서와 수사적 의미는 서로 합치되지 못하고, 심지어 서로를 파기하기도 하기 때문이다. 이는 바로 텍스트 자체의 자기 해체적 과정이라고 할 수 있다.

실제로 동일한 텍스트에 대한 수많은 상이한 독서들은 각기 자기 완결성을 주장하고 있지만, 서로의 완결성을 훼손할 수 있을 정도로 상이하기도 하다는 사실은 경험적으로 쉽게 확인된다. 이러한 일상적 현상은 독서를 불가능하게 하는 텍스트적 조건의 반증이기도 한 것이다. 텍스트나 이데올로기의 독서 속에 나타나는 이러한 정황은 텍스트와 독서의 이율배반적 관계를 드러내며, 이를 총칭해서 알레고리적이라고 할 수 있을 것이다.

알레고리는 어원적으로 allos + aorein 달리 말함, 다른 것을 말하는 것이다.[19] 이러한 알레고리는 문자 그대로의 의미와 구분되는 어떤 다른 의미를 고유한 의미로 지시하는 것으로 알려져 있다. 알레고리 속의 이러한 이원적 분열은 모든 텍스트적 사태 속에 나타나는 분열과 무관하지 않다. 실체를 결여한 "환영적 가상"[20]이며, 관습적 엠블렘의 반복으로 기호체계 바깥의 사물보다는 선행하는 기호를 지시하는 것으로 전통적으로 파악되어온 알레고리는 현대적 의미의 의미론에서 볼 때 오히려 문자와 독서의 이율배반적 관계를 더욱 적실하게 드러내는 예로 부각된다.

"스스로부터 소외된 기호"로 특징 지워지는 알레고리는 지시대상과의 관계에서 "퉁명스러움"(벤야민)을 내장하고 있고, 이는 곧바로 문자언어와 의미 사이의 관계 메커니즘과 유사한 측면이라고 할 수 있다.[21] 더욱이 문자언어가 데리다에 의해 "언어를 포괄하는 그 무엇"[22]으로 설정된다고 할 때, 문자의 알레고리적 성격은 언어 일반의 알레고리적 특성으로 확대해서 이해될 수 있다. 소위 문자의 독서 이론은 언어 일반에 대한 메타이론이 될 수 있는 것이다. 알레고리적 의미의 이 메타이론이 갖는 특징적 측면은 마이클 페인이 데리다의 『그라마톨로지』의 중점적 주제와 관련하여 세 가지로 정리하고 있는 "언어 안에서 일어나는 분열"[23]과도 무관하지 않아 보인다. 즉

> "모든 텍스트는 한 가지 이상을 말하고, 자신이 말하고자 하는 것 이상을 말하며, 자신이 말하는 동시에 그렇게 하는 동안 자신이 말하고자 하는 것을 훼손시킨다. 둘째 텍스트에 작용하는 것은 현존에 대한 욕망인 동시에 그 욕망의 충족가능성에 대한 좌절감〔...〕이다. 〔...〕 셋째 텍스트에 작용하는 것은 말과 그 말이 의미하고자 하는 것 사이의 거리 (또는 자의적 관계) 및 이와 동시에 의미화의 반향 혹은 범람 현상이다. 의미를 통제하거나, 규정하거나, 현존하도록 하는 대신, 말은 의미화의 범람 속에 묻히게 된다."[24]

일종의 알레고리적 정황과 유사한 이러한 의미론적 난점은 "언어 안에서 일어나는" 이 분열을 예시한다. 문자들의 그물망 속에 대상이 현존하지 않는 한, 지시성의 욕망은 늘 충족되지 못하고, 텍스트의 의미는 불안정한 유동성 속에 머물 수밖에 없다. 그러한 불충족과 불안정 속에서 의미의 잉여와 결핍이 나타난다. 설사 우리가 데리다와 드 만의 동일성을 검토하려는 작업을 수행하고 있지 않다하더라도, 여기서 분명해지는 알레고리적인 것과 데리다가 주제화하는 "언어 안의 분열"이 많은 부분 상응한다는 사실이다. 알레고리의 의미 다원성, 현존 부재성, 의미의 결핍과 과잉 사이의 변주 등은 벤야민도 『독일 비극의 기원』, 『아케이트 프로젝트』 등에서 일부 지적하고 있지만, 드 만에게서 일종의 완결적인 독서의 불가능성을 유발하는 핵심적 요인으로 나타난다.

가령 드 만이 들고 있는 예들 가운데 루소의 초기 작품인 「나르시스」에서 나르시스는 초상화 속에서 자신을 읽는다. 그러나 그 초상화는 나도, 내가 아닌 것도 아닌 그 사이의 의미화 속에서 나의 잉여를 혹은 나의 결핍을 만들어 내면서 부유한다.[25] 초상화에 대한 나르시스의 독서처럼, 문자 속에 의미는 부유하고 그 독서는 불확정적인 상태에서 현존 대신 의미의 잉여와 결핍을 만들어낸다. 이러한 의미의 유동적 다원화의 가능성은 확정적이고 완결적인 독서와 안티노미를 이룬다. 이러한 정황은 문학 텍스트나 그림에만 국한되는 것이 아니다. 말하자면 그것은 드 만이 "지시성 자체"로 규정하고 있는[26] "언어"에 일반적으로 나타나는 알레고리적 정황인 것이다.

## V. 책의 종말과 독서의 해체

현대 언어학이 보여주는 문자와 의미의 메커니즘, 현대 문예학에서 거론되는 알레고리의 의미론 등은 문자와 독서의 이율배반을 드러내는 계기이다. 이를 통해 전통적인 독서가 지향해온 의미의 완결성은 오늘날 해체되는 것처럼 보인다. 마찬가지로 "세계는 책이다"라는 오래된 토포스도 와해되고 있다. 정확히 말해서 세계와 책의 동근원성, 사물과 기표 사이의 합일은 오늘날 극히 문제시되고 있다. 데리다는 제도적인 문자언어를 폄하해온 전통을 드러내면서, 동시에 목소리와 진리에 결합된 진실한 문자에 대한 관념이 병존해왔음을 지적한다. 이는 곧 책의 이념으로 전해져왔고 "책에 대한 관념은 기표가 담아내는 하나의 총체성, 유한하거나 무한한 그 총체성에 대한 관념"[27]을 형성했다. 기표의 이면에 "기의로 구성된 총체성이

보다 먼저 존재한다"[28]는 관념은 책의 해체와 함께 해체되고 있다. 문자 이전에 완결된 기의의 세계가 없는 것처럼, 완결된 책도 없으며, 완결된 독서도 없다. 이는 곧 책의 종말, 정확하게는 의미의 완결된 총체성으로서 책에 대한 전통적 이념의 종말에 대한 선언으로 이어지고 있다.

데리다가 "책의 종말"이라고 지적한 것은 이러한 완결된 의미화를 지칭하는 책의 해체를 시사하고 있다. 이러한 책의 죽음은 문자 메커니즘이 독서 및 지시와 이율배반적 관계 속에 있다는 사실이 드러나면서 명확해진다. 데리다에게 문자 메커니즘인 차연(différance) 속의 a가 마치 거대한 묘지인 피라미드 형상의 A로 묘사되는 것은 우연이 아니다. A는 "거대한 묘비(죽음)로 규정될 수밖에 없다. 차연 속에 있는 a는 들리지 않는다. 이것은 무덤처럼 조용하게 비밀스럽게 그리고 정중하게 죽어있다"[29]. 이 차연의 a는 e였을 때와 소리상 차이가 없으므로 데리다가 소리로부터 문자의 독립성을 주장하기 위해 도입하고 있는 것이기도 한데, 동시에 그러한 독립성은 문자를 지배해온 음성과 로고스의 현존의 형이상학을 파괴하는 단초이기도 하다. 따라서 차연 속의 a는 충만한 의미 총체성으로서 인식되어온 책의 죽음을 시사하며, 동시에 그로부터 풀려난 문자들의 삶을 시사한다. 드 만 역시 독서의 불가능성에 대한 그의 테제를 통해 전통적인 의미화의 총체성으로서 책, 현존의 형이상학에 침윤된 책의 이념의 불가능성을 지적하고 있다.

책의 몰락으로 문자 메커니즘은 드러나고, 독서는 해체된다. 데리다는 "우리가 텍스트를 책과 구분한다면, 그것으로 우리는 책의 몰락이, 이는 오늘날 모든 영역에서 고지되는데, 텍스트의 표면을 벌거벗겨 드러낸다고 말하려는 것이다."[30]고 한다. 바로 이 벌거벗은 텍스트와 문자의 메커니즘이 일정한 이율배반 속에서 책과 독서라는 총체성의 전통적 가상을 해체하는 핵심적 계기가 되고 있는 것이다. 물론 책은 앞으로도 계속 쓰여질 것이고, 독서도 여전히 이루어질 것이다. 다만 오늘날 데리다와 드 만을 위시한 후기 구조주의 문자/독서 이론이 문자와 독서의 안티노미를 부각시키면서 수행하는 책과 독서의 해체는 의미완결적 '책'이라는 가상이 만드는 거짓 위안과 이데올로기를 거절하는[31] 냉철한 "독서"에 대한 요청으로 고려할 수 있다. 그리고 그것은 기호학적 이데올로기 비판을 견뎌내는 유연하면서도, 견고한 "책"에 대한 알레고리로 읽힐 수 있다. 독서 불가능성을 주장하는 이들의 이론이 엄밀하고도 자세한 독서에 기초하는 것은 우연이 아니다. 또 독서의 아포리에 대한 이들의 지적은 또한 한걸음 더 나아가 삶에 대한 인식적, 윤리적 태도를 포함하고 있다. 그럴 것이 이들이 문자와 독서의 안티노미를 통해 지적하는 독서의 아포리는 곧 지시성의 그물망 속에 존재하는, 혹은 부재하지만 환기되는 '삶 자체'의 아포리이기도 하기 때문이다.

## 참고문헌

마이클 페인, 장경렬, 이소영, 고갑희 옮김, 『읽기이론/ 이론읽기』, (서울, 한신문화사, 1999).

마틴 맥퀼런, 이창남 옮김, 『폴 드 만과 탈구성적 텍스트』, (서울, 앨피, 2007).

자크 데리다, 김보현 편역, 『해체』, (서울, 문예출판사, 1996).

자크 데리다, 김웅권 옮김, 『그라마톨로지에 대하여』, (서울, 동문선, 2004).

폴 드 만, 이창남 옮김, 『독서의 알레고리』, (서울, 문학과 지성사, 2010).

Andrzej, Warminski, "Introduction: Allegories of Reference", in Paul de Man, *Aesthetic Ideolodgy* (Minneapolis/ London: University of Minnesota Press, 1996).

Geoffrey, Bennington, *Interrupting Derrida* (London: Routledge, 2000).

Jacques, Derrida, *Grammatologie*, übersetzt von Hans-Jörg Rheinberger und Hanns Zischler (Frankfurt am Main: Suhrkamp, 1974).

Paul, De Man, *The Resistence to theory* (Minneapolis/ London: University of Minnesota Press, 1986).

Paul, De Man, *Blindness & Insight* (London: Routledge, 1989).

Walter, Benjamin, "*Ursprung des deutschen Trauerspiels*", in Walter Benjamins Gesammelte Schriften I.1, Hrsg. v. Rolf Tiedemann und Hermann Schweppenhäuser (Frankfurt am Main: Suhrkamp, 1974).

1) 자크 데리다, 김웅권 옮김, 『그라마톨로지에 대하여』(서울, 동문선, 2004), 51.
2) Paul de Man, The Resistence to theory (Minneapolis/ London: University of Minnesota Press, 1986), 11.
3) Geoffrey Bennington, *Interrupting Derrida* (London: Routledge, 2000), 51.
4) 마틴 맥퀼런, 이창남 옮김, 『폴 드 만과 탈구성적 텍스트』(서울, 앨피, 2007), 158-159 참조.
5) 같은 책, 162-163.
6) Paul de Man, *The Resistence to theory*, 89.
7) 폴 드 만, 이창남 옮김, 『독서의 알레고리』(서울, 문학과 지성사, 2010), 22-23.
8) 자크 데리다, 『그라마톨로지에 대하여』, 121.
9) 같은 책, 100/Grammatologie, 91(데리다의 『그라마톨로지에 대하여』의 한국어판 번역은 필요한 경우 독일어 판 *Grammatologie*에 따라 수정하고, 그 페이지 수를 병기한다.)
10) 폴 드 만, 『독서의 알레고리』, 115.
11) 자크 데리다, 『그라마톨로지에 대하여』, 99.
12) Paul de Man, *The Resistence to theory*, 89.
13) 같은 책, 109.
14) 폴 드 만, 『독서의 알레고리』, 361.
15) 같은 책, 23.
16) 같은 책, 365.
17) 같은 책, 365.
18) 같은 책, 365.
19) Andrzej Warminski, "Introduction: Allegories of Reference", in Paul de Man, *Aesthetic Ideolodgy* (Minneapolis/ London: University of Minnesota Press, 1996), 18.
20) Coleridge, Z.n. Paul de Man, *Blindness & Insight* (London, Routledge, 1989), 192.
21) 벤야민은 관습이자 표현인 알레고리 속에서 일종의 문자와의 유사성을 지적하고 있다(vgl. W. Benjamin, "Ursprung des deutschen Trauerspiels", in Walter Benjamins Gesammelte Schriften I.1, Hrsg. v. Rolf Tiedemann und Hermann Schweppenhäuser(Frankfurt am Main: Suhrkamp, 1974, 351). 여기서도 기계적인 측면과 표현적인 측면 사이의 이율배반이 지적되고 있다. 벤야민의 개념인 표현 Ausdruck이 드 만적 의미의 '수사'와 동일시할 수 있을지 여부는 여기

서 다룰 수 없지만, 알레고리의 메커니즘과 문자 텍스트의 메커니즘이 지니는 유사성은 다시 한 번 확인할 수 있다.

22) 마이클 페인, 『읽기이론/ 이론읽기』, 160.

23) 같은 책, 163.

24) 같은 책, 163.

25) 폴 드 만, 『독서의 알레고리』, 221-237 참조.

26) 같은 책, 219.

27) 자크 데리다, 『그라마톨로지에 대하여』, 41.

28) 같은 책, 41.

29) 자크 데리다, 김보현 편역, 『해체』(서울, 문예출판사, 1996), 120.

30) 자크 데리다, 『그라마톨로지에 대하여』, 41. 이 부분 독일어판 번역은 다음과 같다. "Wenn wir den Text vom Buch abheben, dann wollen wir damit sagen, dass der Untergang des Buches, wie er sich heute in allen Bereichen ankündigt, die Oberfläche des Textes blosslegt"(Jacques Derrida, *Grammatologie*, übersetzt von Hans-Jörg Rheinberger und Hanns Zischler(Frankfurt am Main, Suhrkamp, 1974), 35).

31) 워민스키가 지적하듯 드 만의 초기 텍스트 이론은 후기 이데올로기 이론과 언급과 거의 유사하다(Warminski, introduction: Allegories of Reference, 18 참조).

# II. 문자와 예술

보들레르 이후의 시에 나타난 문자의 문채(文彩)

말라르메의 페이지 공간

21세기, 書藝의 世界化 可能性 試探

〈장끼전〉의 구비적 전승과 기록화 과정

# 보들레르 이후의 시에 나타난 문자의 문채(文彩)[1)]

## - "문자표기 수사학" -[2)]

엘렌 캉페뇰 카텔(Héléne Campaignolle Catel)

"문학에는 목소리, 서사시, 또는 시로 환원되지 않는 것이 있다. 그것은 형식의 놀이와 문자 표기된 표현의 실체 사이의 관계를 엄격히 따로 떼어놓아야만 파악될 수 있다."

(데리다, 『그라마톨로지』, 1967: 87)

랭보는 "나약한 자들이 알파벳 첫 글자에 대해 생각하기 시작할 것이고, 곧 광기에 빠지게 될 수도 있다."고 경고했다(Etiemble, 1973: 22에서 인용). **문자**가 텍스트의 기호학을 가능하게 하는데 기여한다고 생각하는 것은 사투르누스의 시인들에게서 숨겨진 단어의 흔적을 찾는 것만큼이나 모험이 아닐까? 이에 대한 대응책은 다음의 두 가지이다. 하나는 자료(보들레르 이후의 모더니티 자료) 분석에 바탕을 두어 분석 영역을 제한하는 것이다. 그리고 다른 하나는 작가들이 문자를 문자 그 자체로 향하게 하기 위해 사용하는 시학적 방법과 수사학적 방법을 강조하는 것이다. 문자의 형식 즉 글자체와 전혀 무관한 텍스트, 그리고 표의문자로 되돌아가기를 꿈꾸거나 더 나아가 문자를 왜곡해서 도안이나 그림기호로 만드는 텍스트(시인 퐁주 Ponge처럼 살구를 뜻하는 abricot의 'a'를 가지고 과일의 이미지로 만드는 것), 이 두 가지 텍스트의 중간에는 문자의 문채가 암시적이고 환상적인 그림자를 드러내는 텍스트가 자리 잡고 있다. 보들레르 이후의 모더니티 시대가 진행되는 동안 문자는 문학 텍스트에서 인지할 수 있는 자료로 바라보는 시각의 대상이 되었을 뿐만 아니라 언어적 질문의 장소이며 의미적 가치의 토대가 되었는데, 그렇게 된 조건을 밝히는 것이 바로 이 글의 목적이다.

## I. 문자기호의 표식

어떻게 문자를 나타내어 텍스트의 기능을 하는 장소로 만들 수 있을까? 어떤 과정에 의해 문자에 의미가 새겨질 수 있을까? 단어 안에 그 순서가 미리 정해지는 26개 글자라는 제한된 조합 안에서 하나가 선택되는 것인데, 그 문자를 나타내고 의미를 띠게 만드는 방법은 구속이 있기는 하지만 언어를 변화시키거나 텍스트를 변형시키는 것에 따라 많은 방법이 존재한다. 문자에 인지할 수 있는 개별 단위라는 지위, 즉 "몸"을 (다시) 부여하고 의미 작용을 하게 하는 가시성의 최소 단계와 이 가시성이 언어적 차원을 침범하는 상위 단계 사이의 불안정한 방정식, 그 중간 공간을 찾아내는 것은 시인이 도전해야 할 몫이다. 우리는 문자의 시적 기능을 밝혀주는 문채들, 즉 문체적이고 양적인 문채, 철자법상의 문채, 타이포그래피의 문채, 조형적 혹은 형상적인 문채, 메타 언어적 문채들을 차례로 검토하고자 한다. 문채에 대한 상세한 검토를 통해 문자를 보들레르 이후 시적 텍스트의 관여적 단위[3]로 보는 우리의 가설을 시험할 수 있을 것이다.

### 1. 양적/문체적 문채: 문자의 현존과 부재

1849년에 포(Poe)는 팜플렛 작가인 한 작중인물을 창조해냈는데,

이 인물은 '한 기사 전체'를 알파벳 'o'자 없이 쓰려고 하다가 나중에는 반대로 텍스트를 'o'자로 가득 채우기로 결심한다. 『실종』(페렉(Perec), 1969)은 알파벳 글자 E의 부재를 통해 유사한 제약의 유희를 드러낸다. 문자의 이러한 수사학적 표식은 양적인 요소와 수학적인 엄밀한 제약을 토대로 하는 것인데, 특정 문자를 사용하지 않고 글을 쓰는 **리포그램**(lipogramme)과 **반복**이라는 특징을 드러낸다. 이 두 가지는 문자가 뭔가를 말하는 것으로 보이게 하려는 똑같은 강박관념의 양면을 이루는 것이다. 문학사의 주변 장르인 리포그램(페렉, 『리포그램의 역사』, 1973 참조)은 제쳐두고, 뚜렷한 '현존'에 관심을 기울여 주된 반복, 위치가 정해진 반복, 체계적인 반복을 구분해보자. 그리고 하나의 어휘소에 속해있는 문자들이 반복되는 경우는 따로 떼어 살펴보도록 하자.

■ 축소된 혹은 한정된 부분에 대한 주된 반복

두운 반복의 특성은 오랫동안 모방적이었는데(18세기 극작가 피스(Piis)로부터 20세기 시인 클로델(Claudel)에 이르기까지) 20세기 초부터 언어의 유희가 그 성격을 드러내면서 보다 실험적인 특성을 띠게 되었다.

1894 – Jarry: «Ma main mince mord la mer de moire mauve …» (La régularité de la châsse, 60)

1923 – Desnos: «Mords le mors de la mort Maure silencieux» (*L'Aumonyme*)

1925 – Aragon: «Jamais la boule en buis ne pourra retomber/ Sur le bout de bois blanc du bilboquet » (1966: 44)

1938 – Eluard: «Feston: Ce feston, paraît-il, c'était moi. Des grappes de raisin, des bluets, des tulipes, un fruit jaune entre deux feuilles vertes, des touffes de plumes blanches au milieu d'une étoile bien étalée et un tout petit bout de feston. J'étais fier, fier à m'en faire craquer les vertèbres.» («Juste milieu», *Minotaure*)[4)]

■ 위치가 정해진 반복

두운법은 "모든 단어가 같은 이니셜로 시작되는"(Zumthor, 1975: 26) 중세의 '팡토그람(pantogramme)'에서처럼 위치의 제약을 따를 수 있다. 팡토그람의 성격을 지닌 반복에 대한 현대의 예들은 다음과 같다.

1919 – Birot: «sous les sous les sons sont saouls suçons» («La joie des sept couleurs»)

1937 – Eluard는 다다이즘 시인 차라(Tzara)의 작품(*Grains et issues*)에서 "이어지는 여섯 개의 단어가 p로 시작한다: principes, profondeurs, par, publique, probabilités, préférant."라고 지적한다. («Premières vues anciennes»)

1950 – Queneau: «la mousse et la moue et la morve et la mort» (O.C.: 209)

1966 – Perec: «tout à la fois pantois, perplexe, piteux, podagre et presque putréfié» (17)

이러한 반복의 문채들은 주로 유희적이거나 모방적인 기능을 하고, 문자에 부여되는 의미적 가치는 미미한 것에 불과하다.

■ 체계적인 반복

현대의 많은 글들은 텍스트 전체에서 하나의 문자를 반복하기도 한다. 그것은 1939년 레리스(Leiris)에게서 볼 수 있는 것처럼(Ô «étOnnée, la bOuche mOlle s'arrOndit, gObe l'Obole de l'hOstie …») (Glossaire) 때로는 모방을 위한 이유 때문이기도 하고, 때로는 보다 유희적 혹은 실험적인 이유 때문이기도 하다. 다음에 제시한 크노, 페렉, 또는 슈브리에의 텍스트가 이에 해당되는 경우이다.

**1968 - Queneau**

«Limace pure et sans tache
dont la bave trace dans le dédale des bourraches
son espace tout en surface
limace vorace dont la fringale
ravage la salade automnale
limace âcre sagace
semblable aux sargasses humaines
limace brave qui perpétue ta race
vivace malgré la haine du campagnard
limace trissyllabe limace méconnue
il te faut donner un peu d'affection
pour que tu continues paisiblement ton chemin
et que sur ta face s'efface la trace de ton angoisse
et celle de ta bave aussi
sur les soucis » («*La limace*», 196-197)

**Perec, 1976 (151):**

«Tel un roi à Ys se noya rutilant,
Ile où Syrte noir l'y usa,
L'aryen soutire au lit son Yseult.
Air noyé. Nul oaristys au Tyrolien royaliste, nu
Ni sur ta yole. »

**Chevrier: Dégazage**

(quatorzain en z)
«ce métazoaire
comme un bonze
zen
ou un schizo
fait zzz
dans son bizarre
cache-nez-
mezzanine
qui se lézarde
zip!
car des barbouzes
font une razzia
sur sa gaze
pour le flouze »

기호의 문자표기 요소에 관계되건 또는 음성적 요소에 관계되건, 반복에서의 제약 원칙은 가장 작은 수준의 구성 단위로 언어를 분할하는 작업을 전제로 한다. '음소(phonème)'(Queneau, «La limace»)든, 페렉의 경우처럼 '문자소(graphème)'(Pellat, 1988)든, 또는 둘 다이든 (Chevrier) 말이다. 이러한 분할이 강조되면 문자 단위의 최소 기의를 끌어낼 수 있는데, 이는 문맥 안에서의 분석을 통해 결정되어야 한다.

■ 한 단어에 속한 문자들의 반복

만약 여러 개의 문자가 반복된다면, 숨겨진 한 '단어'를 음성적으로 혹은 문자표기상으로 드러내려는 **철자바꾸기**(Saussure, Kristeva)의 적용을 찾아보는 시도를 할 수 있다.(소쉬르가 "주제어(mot-thème)"라고 부른 것, 또는 "하이포그램"이나 "아나그램", Morier, 1961: 108 참조): "주제어의 요소들(나아가 하나의 문자)은 텍스트 전체에 퍼져있거나 한두 단어의 공간과 같은 작은 공간에 밀집되어 있다"(Kristeva, 1969: 114). 이때 핵심어를 이루는 문자들은 텍스트 안에서 놀라운 지위를 얻게 된다. 사용된 문자들이 시의 수신인을 가리키는 『미남 출석자와 미녀 결석자』(Perec, 1994)의 경우처럼 말이다.

서양의 시에서 흔히 볼 수 있는 현상인 **반복**은 여전히 부차적인 방법으로 남아있고, 알파벳 문자의 이용에 있어서 그다지 효율적이지 못하다. 반복은 대체로 모방의 가치를 지닌 문채로 이해되었다가 보다 유희적인 가치(Desnos)나 실험적인 가치(Oulipo)를 띠면서 더 많이 확산되었다.

## 2. 철자법상의 문채

현대의 문맥에서 철자법상의 문채(**어형변이**라는 포괄적인 용어로 지칭되는 것)는 소리나 문자의 첨가, 삭제 또는 도치에 의한 **단어의 변화**를 모두 포함한다(Duppiez, 1984). 시 텍스트에서 이러한 철자의 변화가 알파벳 문자에 반드시 의미적 가치를 지닌 것으로 인지할 수 있는 단위라는 위상을 부여하는 것은 아니다. 의미를 지니지 않는 방법이 대단히 많다.

### a. 의미를 지니지 않는 방법

우발적인 변형이 있을 수 있다. 예를 들어 철자상의 오류나 고어 표기 같은 것이다. 랭보가 rythme이라는 단어를 우연히 rhythme으로 바꿔 쓴 경우(「지옥의 계절」, O. C., 1972: 107)나 말라르메가 어원을 고려하여 hasard를 당시에도 여전히 허용되던 hazard로 바꿔 쓴 경우가 이에 해당된다. sire를 cyre로 바꿔 쓰는 경우처럼(Queneau, 1937: 21) 현학적인 어원에 관련된 문화적 변형의 예도 있다. 1937년부터 프랑스어 문어를 음성화하려는 의지를 가지고 있던 크노는 철자법상의 모든 특이성을 없애는 데까지 이른다. "새로운 프랑스어에 어떤 철자를 부여할지 선택하는 것이 (...) 문제이다. 최대한 음성적인 철자법이 필요할 듯하다 (...) Mézalor, mézalor, késkon nobtyin! Sa dvien incrouayab, pazordinèr, ranvèrsan, sa vouzaalor indsé drôldaspé dontonrvyin pa."(Queneau, 1965: 22) 작가이며 언어학자인 그의 계획에서는 문어의 자율적인 차원을 없애려는 욕망이 드러난다. "음성적 철자법의 채택은 필요불가결하다. 그것은 본질적인 것, 즉 문어에 대한 구어의 우위를 명백히 드러내기 때문이다. (...) 다시 한 번 말하는데, 철자법은 그저 나쁜 습관에 불과한 것이 아니다. 그것은 허영심이다."(Quneau, 1965: 24-25)

### b. 의미를 지닌 방법

철자법을 시적 의미의 잠재적인 보고로 만드는 다른 변형들도 있다. 말라르메가 1894년에 강조한 것이 바로 그것이다. "아주 솔직히 말하자면, 고대 마법서의 유산인 철자법은 본능적으로 문학으로서, 기입하는 방법을 따로 분리시킨다. 수단, 그 이상의 것! 원칙이다. 우리의 신체구조를 본뜬 문장의 굴곡과 호수와도 같은 이행시는 우리에게 통찰력과 교감의 개화를 도와준다."(「옥스포드와 캠브리지의 독서. 음악과 문자」, *La Revue blanche*, 1894년 4월) 이러한 철자법상의 변형의 기능은 적어도 세 가지로 구분할 수 있다.

■ 도상적인 가치

위고와 네르발로부터 퐁주에 이르기까지 도상적인 가치를 지닌 변화들이 상당히 존재한다.

1850 – 위고: "나는 abîme(심연)라는 단어의 옛 철자법 Y가 그립다. Y는 어원을 보여줄 뿐 아니라 단어를 통해 사물을 그려 보여주는 이중의 이점을 지닌 문자이기 때문이다: ABYME"(*Océan-faits et croyances* – «Critique», c.1850, p.162, Millet, 2002에서 인용)

1853 – 네르발 : "absyde, alphabeth, Amphytrite, cigne, palympstese, paroxisme, patronimique, rithmé"와 같은 특이한 표기를 하는데, 주로 y의 용법에 대해 이루어지는 것임을 알 수 있다. y는 빅토르 위고와 마찬가지로 네르발을 현혹시킨 문자인 듯하다(J. Bony, O. Ct. 2: 1329).

1952 – 퐁주: 언어 단위와 지시대상과의 유사성을 더 많이 창출하기 위해 단어의 문자들을 변화시킨다. "oiseau(새)라는 단어에는 **모든 모음**이 포함되어 있다. 아주 좋다. 그러나 유일한 자음인 s 대신에 나는 aile(날개)의 L을 선호하여 OILEAU라고 하고 싶다. 아니면 새 가슴뼈 모양의 V, 접은 날개 모양의 v, avis의 v를 택해 OIVEAU라고 하고 싶다. 대중은 zozio라고 말한다. s는 쉬고 있는 새의 옆모습과 흡사하다고 생각한다. 그리고 s의 양옆에 있는 oi와 eau는 가슴뼈를 둘러싸고 있는 기름기 많은 고깃덩이 같다."(*La rage de l'expression*, éd. cit.: 31)

■ 표현적 가치

플로베르의 hénaurme, 자리(Jarry)의 merdre, 바셰(Vaché)의 umour, 크노의 himpossible, 퐁주의 shinshère는 표현적 가치를 지닌 철자의 변화가 계승되는 사슬을 형성한다. 자주 반복되는 예는 문자 h에서 볼 수 있는데, 이 문자는 용법에 따라 강조, 풍자적인 거리두기, 이중 의미의 매체가 된다. 퐁주의 경우(Proêmes), h는 빈정대는 거리를 나타낼 수 있다. "내가 단호한 결심을 한 것은 특히(어쩌면) 답답한(patheuse) 이데올로기의 성향에 대한 반감 때문이었다."(1947: 186) 그리고 단호한 결심에 따른 시의 특징을 규정하기 위해 "이런 장르의 글의 결함은 내가 거기서 너무 진지하고 성실하게(shinssèhre) 보인다는 것이다..."(203)라고 한다. 크노에게서는 문자가 때때로 과장을 내포한다.

1967 - «Je meurs d'ennui hauprès de la fontaine»(*CLR*: 35).

1967 - «est-ce une fable? hallégorie?»(*CLR*, «Quai Saint-Bernard»: 85)

철자법상의 오류는 추가적인 의미를 제공하는데, 이것은 해석에 의해서만 밝혀질 수 있다.

■ 개념적 혹은 메타 시학적 가치

라캉과 데리다 이후로는 철자의 변형이 하나의 개념을 만들어내는 수단이 되기도 한다. i는 autruche를 autruiche로 변질시킨다(«Il suffirait qu'enrichissant d'une lettre sa dénomination proverbiale, nous en fassions la **politique de l'autruiche**, pour qu'en elle-même enfin elle trouve un nouveau sens pour toujours» Lacan, 1966: 17-18). a는 différence라는 단어를

> différance로 변질시키고 차별화한다(Derrida, 1967). 시인 자베스는 différance라는 단어에 삽입된 문자 a의 은밀한 수사학의 목적을 다음과 같이 묘사한다. "그런 식으로 différence라는 단어에서 일곱 번째 글자가 은밀하고 조용하게 알파벳 첫 글자로 바뀌었다. 이것은 텍스트가 달라지는데 충분했다."(Jabès, 1973: 63)

철자법상의 문채의 작용을 통해, 언어의 '구어적' 표현성을 지지하고 공언한 자리, 데스노스, 타르디외, 크노, 게라심 루카와 같은 시인들에게서는 '글쓰는 행위 그 자체'가 그들의 '법'으로 나타나고(Leiris, à propos de Quneau, 1981: 8) **쓰여진 문자**에 종종 은밀한 의미가 부여된다.

## 3. 타이포그래피의 문채

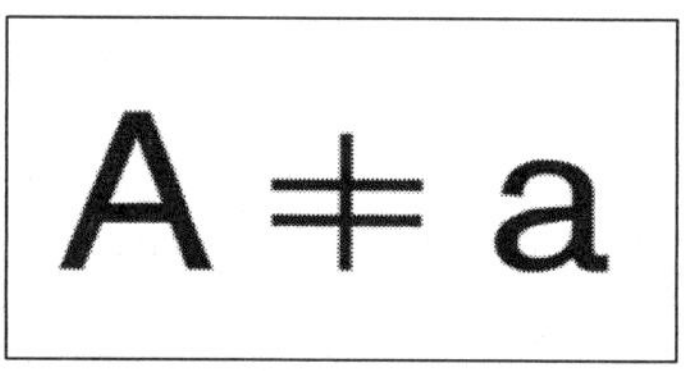


ULRICHS, t. 1970.

시인들은 몇 가지 기호로 '문자' 단위를 강조하면서 시적인 목적을 위해 타이포그래피의 차이를 사용해왔다. 니나 카타쉬(Nina Catach, 1988)에 의해 확립된 용어에 의하면, 문장을 나누는 구두 기호인 **문장기호**(우리가 사용하는 현대의 마침표, 세미콜론, 쉼표 등)와 단어의 독립성을 확보할 수 있게 해준 구두 기호(그리스인들의 이어쓰기로부터 현대에 이르러 단어 사이의 여백이 확립될 때까지)인 **단어기호**가 구분된다. 그러면 특별한 측면을 강조하면서 문자들을 따로 떼어놓고 강조하는 구두법 요소들에 대해서는 뭐라고 할 것인가? 논리를 확대시켜 이것을 **문자기호**라고 부르도록 하자. 타이포그래피의 측면에서는 다음과 같은 변수들, 즉 **대문자**

(활자 케이스의 위쪽)와 **소문자**(활자 케이스의 아래쪽), **로마체와 이탤릭체**, **문자의 크기**(활자의 크기 등급), 활자의 굵기를 구분할 것이다 (Duplan, 2007: 77 참조). 또한 손으로 쓴 문자(초서체)인지 인쇄된(타자기로 친) 문자인지, 그리고 언어적 측면에서는 독립적인 기호로 인용된 문자인지("문자 x"와 같은 유형) 아니면 한 단어 안에 통합된 문자인지("invisibl-ε"와 같은 유형) 주목하는 것도 중요할 것이다.

El Desdichado

Je suis le Ténébreux, – le Veuf, – l'Inconsolé,
Le Prince d'Aquitaine à la Tour abolie:
Ma seule *Étoile* est morte, – et mon luth constellé
Porte le *Soleil noir* de la *Mélancolie*.

Dans la nuit du Tombeau, Toi qui m'as consolé,
Rends-moi le Pausilippe et la mer d'Italie,
La *fleur* qui plaisait tant à mon cœur désolé,
Et la treille où le Pampre à la Rose s'allie.

Suis-je Amour ou Phœbus?... Lusignan ou Biron?
Mon front est rouge encor du baiser de la Reine;
J'ai rêvé dans la Grotte où nage la Sirène...

Et j'ai deux fois vainqueur traversé l'Achéron:
Modulant tour à tour sur la lyre d'Orphée
Les soupirs de la Sainte et les cris de la Fée.

### a. 대문자

■ 머리글자

시에서 대문자는 우선 머리글자에 사용되는데, 이는 낭만주의 시인이나 고답파 시인들에게서 흔히 볼 수 있는 것으로 비유적인 가치를 지니고 있다. 보들레르 이후 시대에는 서서히 사라진다. 상징주의자들에게서는 어느 정도 계속 나타나다가 나중에 아방가르드 이후에는 다소 거리를 두기 위한 용법으로 쓰이는 것을 볼 수 있다.

1819 – Lamartine: «Lorsque du Créateur la parole féconde / Dans une heure fatale eut enfanté le monde»(«Le Désespoir»)

1840 – Musset: «Faut-il donc que le vieux Destin / Ait une si jeune maîtresse?» («Chanson»)

1854 – Nerval «El Desdichado» (*Les Chimères*)

1857 – Baudelaire(*Fleurs du Mal*)는 대문자를 통해서 관념적인 것을 의인화한다(권태(Ennui), 창공(Azur) 등).

1862 – Leconte de Lisle («Le dernier souvenir»)
«Je descends d'heure en heure et d'année en année,
A travers le Muet, l'Immobile, le Noir.» (*Poèmes barbares*)

1864 – Mallarmé, 1864년도의 시 작품들(Azur 등).

1907 – Saint-Pol-Roux는 비유적인 대문자를 활용한다:
«Je suis le grand Semeur, le grand Semeur d'Idées
Qui ranime le Temps de son geste ingénu».

1970 – Prévert는 이차적인 방식을 인용한다: «Création(창조): 창조자가 신을 의미하는 것으로 여겨질 때는 대문자 C를 사용한다.»(*Imaginaires*)

1980 – Perec은 거리를 두는 방식으로 대문자를 사용한다:
«La pluie écarlate pénétrera la nuit centrale
Et ira au Tartare en Ta retraite éternelle
Capter Ta Pitié et T'appeler à renaître» («Le Pacte»)

이와 같이 라마르틴으로부터 페렉에 이르는 예들을 보면, 대문자가 비유를 나타내는 19세기 용법과 대문자 사용에 비판적인 거리가 개입되는 20세기 용법 사이에는 확실한 구분이 있는 듯하다. 하지만 대문자로 나타내는 것이 어휘소가 가리키는 실체와 관련하여 텍스트 외적인 의인화의 성격을 띤다면, 문자는 그 자체로 텍스트의 의미 있는 요소(페렉)가 될 수 있고 "이질성을 보여주는" 매체가 될 수 있다(Authier-Revuz, 1984).

■ 단어 내부의 대문자

20세기에는 단어 내부에 위치한 대문자와 함께 진정한 '문자기호'가 등장한다. 단어 내부에 있는 이러한 대문자들은 때때로 굵게 표시되기도 하는데, 의미적(운율적, 상징적, 조형적 등)인 중요성을 획득한다. 크노는 활자체 사용의 자유를 시적인 목적으로 활용한 애드거 앨런 포의 위상을 지적한 바 있다. 1849년부터 포는 「X-ing a Paragrab」라는 콩트의 말미에서 대문자 X를 다음과 같이 사용했다.

«Un autre dit, qu'en vérité, Bullet-head avait fait preuve d'une grande eXubérance dans la fantaisie. / Un troisième reconnut qu'il était eXcentrique, rien de plus. / Un quatrième s'en trouva réduit à conjecturer que c'était la façon qu'avait le Yankee d'eXprimer son eXaspération. / – Dites plutôt de donner un eXemple à la postérité, suggéra un cinquième.»

1916년에 상드라르는 『변질된 소네트(*Sonnets dénaturés*)』에 수록된 시, 「OpOetic」이라는 한 소네트의 제한된 범위에서 같은 유형의 방식을 사용했다. 같은 시대에, 비로(Birot, 1919, «La joie des sept couleurs»), 커밍스, 초현실주의자 데스노스와 아라공에게서는 문자들을 따로 떼어놓는 용법을 볼 수 있다. 『시의 운명(*Les destinées de la poésie*, 1925-1926: 99)』에서 아라공은 문자 E와 X에 대해 유사한 방법을 사용한다.

«Je crois qu'elle m'oublie
A la folie
J'attends qu'elle m'embrasse
Avec grâce
Mais si elle me trahit
Oui
Bien qu'aussi bellE qu'unE statuE
Je la tuE »
(«Scène de la vie cruelle»)

«La nature éternelle
Me réchauffe en ses seins
L'heure et ma ritournelle
Sont mes deux médEcins »
(«Falparsi», 108)

«Une caresse au bord du sang
Vacille encore et c'est l'aurore

Le sein nu
L'inconnu
Le Soleil
S'éveille

X »
(«L'enfer fait salle comble»)

모든 E를 대문자로 쓰는 것, 그리고 마지막 시에서 다른 방법(대문자 크기, 문자의 굵기)과 결합하여 문자 X를 따로 떼어놓는 것은 이 문자들에 특별한 가치를 부여한다. 레리스는 『어휘사전(Glossaire)』(1939)에서 몇몇 문자를 강조하기 위해 같은 방법을 사용한다. "Cible (aéRée, c'est un cRible.)", "Clef (l'F se dresse comme le château Fort qui garde le FieF. Nous sommes les serFs d'une bouCLE." 반면 시적인 목적에서 이탤릭체를 사용하는 것은 문자의 차원에서는 매우 드문 일이다.

## b. 여백, 분리, 분절

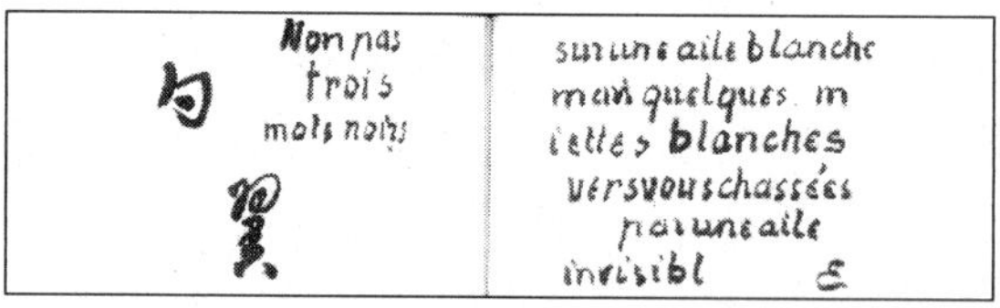


1870년대 말, 프랑스의 시적 운문은 산문으로 된 문학텍스트에서와 마찬가지로 점점 파편화된다. "에디슨 이후, 문장은 외부의 어떤 것과도 단절되지 않는다. 그러면 문장은 자신의 내부에 균열을 만들어내면서 외향성 혹은 내향성 폭발을 일으킨다. 문장이 제멋대로 늘어날 때, 문장을 내부에서 조각내는 것은 바로 구두기호이다."(Delay,

1987: 70) 클로델에게 있어서 문자를 따로 떼어놓는 방식은 1927년의 『부채를 위한 100가지 문장(*Cents phrases pour évantail*)』에서 절정을 이룬다. 위의 부채-시에서는 지면배치, 여백에 의한 문자소의 분리, 그리고 그리스 자모 엡실론(ε)의 필기체 기호를 선택하여 invisible이라는 단어의 문자 e를 강조하고 단어의 공간을 분할한다. 크노의 경우와 마찬가지로, 분절은 각운과 어우러져 몇몇 문자를 돋보이게 한다.

| | | |
|---|---|---|
| *Je*<br>*puise l'air*<br>*dans*<br>*un*<br>*pays*<br>*ficti*<br>*f* | « Faus-<br>t » | «(…) et les pêcheurs ne<br>trempaient pas deux f-<br>ois leur ligne dans le même<br>fleuve» |
| CLAUDEL (1927/1942) | QUENEAU (1963: 185) | QUENEAU (1966: 95) |

첫 번째 텍스트와 마지막 텍스트에서, 문자 f는 시간의 흐름과 연결되는 의미적 가치를 지닌다. 각운에서 마지막 문자를 따로 떼어놓는 것은 상징적인 유형의 "은밀한 수사학"(Castellani, 1990)에서 유래하는 것으로, 문자를 다의적인 조형적 의미를 지닌 그래픽 기호로 만든다.

### c. 문자의 공간화

문자가 단어에서 분리될 뿐만 아니라 '공간화'된다면, 다시 말해 지면에서 특수한 방식으로 배치된다면 추가적인 단계에 이르는데, 이는 문자에 추가적인 중요성을 부여해준다. 피에르-알베르 비로

IGLESIAS, 1969 in MATHIOS, 2009.

(1919), 아폴리네르(1918), 클로델(1927), 그리고 60년대에는 하우스만(Hausmann)과 구체시 시인들이나 크노(Contes et propos, 1981, «Alice en France», 1945)와 그의 울리포 문학 후계자들(Perec, 1976; Roubaud, 1967)의 몇몇 텍스트에서 찾아볼 수 있다.

대문자, 분절, 여백에 의해 형태적으로나 시각적으로 부각시키는 것은 문자 단위의 의미적 가치를 강조하는데 유리한 조건을 만들어준다. 문자소는 시 텍스트의 **구두법**과 **의미**가 드러나는 장소가 되는 것이다.

## 4. 조형적, 형상적, 도상적 문채

### a. 도상 장르의 문자로의 전이

문자의 도상 장르(알파벳 책, 대형장식 문자로 삽화를 넣은 책)는 서구의 시에서 알파벳 기호의 시각적 표기의 가치에 커다란 영향을 미쳤다. 이 점에 대해서는 마생(Massin, 1970)과 뒤플랑(Duplan, 2005)의 작품을 참조할 수 있을 것이다. 19세기의 몇몇 시적 작업은 그래픽 예술과 문학, 알파벳 책과 텍스트의 중간 지점에 위치한다. 보나르(Bonnard)가 창안하여 연감(年鑑)에 발표된 괴상한 알파벳(1901) 또는 발레리의 『알파벳』의 경우가 그러하다. 발레리의 이 작품은 1924년에 주문을 받아 인쇄업자 주(Jou)의 **대형 장식문자**를 토대로 작성된, 산문으로 된 시적 텍스트이다(오른쪽 삽화). 텍스트와 이미지가 만나는 지점에 위치한 다른 예들은 시인이나 작가들이 그린 문자들과 관련된 것이다. 알프레드 자리가 1894년의 작품 『모래 기념비의 순간들(*Minutes du sable mémorial*)』의 권두화를 위해 그린 Y 문자나 아르토가 작품집 『앞잡이와 탄원(*Suppôt et supplications*)』(1945-47)에 삽입한 Tau 문자가 이에 해당된다.

Lettrine de Louis Jou.

X nom du secret[1], appellation de la chose inconnue, je te vois inscrit dans les cieux. Bételgeuse, Bellatrix, Rigel, Kappa, quatre sommets de l'X écartelé sur cette nuit si pure et populeuse. Au centre de l'immense figure, Alnilam, Alnitak, Mintaka sont les joyaux du nœud qui attache les membres de la lettre imaginaire[2]. Un signe de l'algèbre brille et palpite sur la ceinture de notre monde. Mon front se presse au verre qui me sépare des ténèbres, et le frisson du froid qui

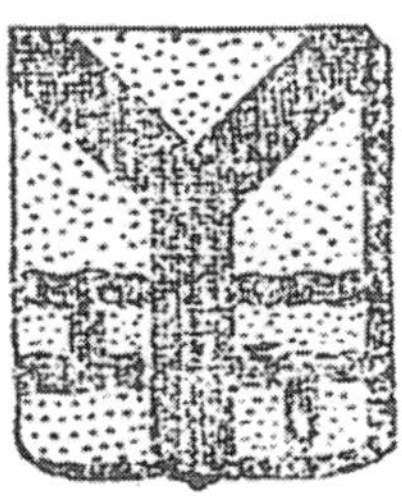

1894-Jarry

1945-Artaud

마지막으로 그림문자 차원에서 텍스트에서 이미지로 연결되는 또 다른 경우는 삽화와 시가 혼합된 작품집에서 나타난다. 예를 들어 1936-1937년에 엘뤼아르는 1936년에 맨 레이(Man Ray)가 그린 그림을 토대로 「연필은 어디에서 만들어지는가」라는 제목의 텍스트를 썼다. 이 텍스트 전체는 작품집 『자유로운 손(*Les mains libres*)』에 수록되어 있다.

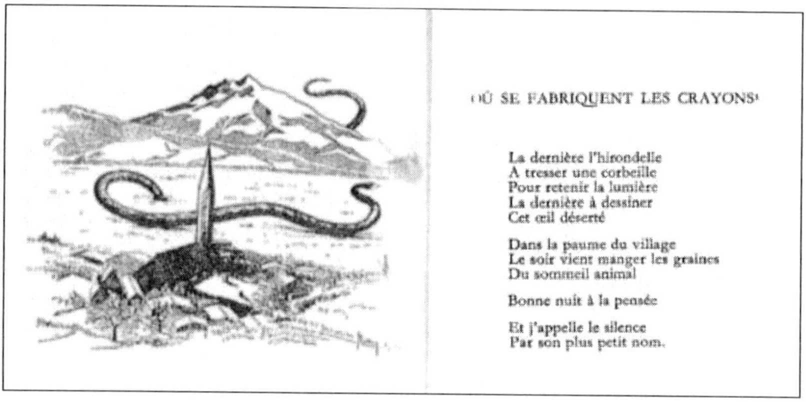


맨 레이의 풍경에 그려진 문자 S와 I는 옆에 있는 시에 동일한 문자를 반복하는 deSSIner와 SIlence라는 단어가 있음을 밝혀주면서, 창조된 의미의 조형적(음성적이지 않은) 특성과 함께 Si라는 공통된 부분에 대해 떠오르는 단음절 단어를 연상시킨다. 시인과 화가의 또 다른 공동작업은 1948년 조각가 브룸(Vroom)과 시인 크노 사이에서 이루어지는데, 이것은 작품집 『기념비(*Monuments*)』(Campaignolle, 2009)에서 동일한 종류의 교묘한 교류를 보여준다.

문자를 도상적이고 기호학적인 구성요소로 사용하는 이러한 예들은 새로운 타이포그래피의 실행과 새로운 예술적 실행(Christin, 1977과 1982)을 전파시킨 19세기 미디어의 영향을 은연 중에 강조해준다. 그리고 20세기 초 이후로는 그림의 발달이 두드러진 영향을 끼친다. 이탈리아 화가 키리코(Chirico)와 루마니아 태생 프랑스 화가 브로네르(Brauner)로부터 하우스만, 문자주의자, 구상예술가, 새로운 사실주의자들이 합세하여 실행한 작업에 이르기까지, 그림은 언어적 의미작용의 가능한 형태를 시험하는 시각을 강화시키면서 알파벳 문자와 그 밖의 다른 글쓰기 기호를 수용하는 장소가 된다.

### b. 형상화된/공간화된 텍스트를 구성하는 문자: 분류

이러한 예들에 비추어 볼 때, 이 시기의 형상화된 혹은 공간화된 시 텍스트에서 알파벳 문자가 차지하는 위상을 적절한 유형론을 이용해 규정해 볼 수 있다. 먼저 **한 단어의 구성요소를 이루는** 문자와 **독립된** 문자로 구분하고, 이를 다시 텍스트적인 기능의 측면에서 **비관여적인** 문자 단위와 구문적 또는 의미적 차원에서 **관여적인** 문자 단위로 몇 가지 경우를 구분해보자.

■ 한 단어의 구성요소를 이루는 경우

* 비관여적 단위: 아라공의 「속셈(Arrière-pensée)」(1925)이라는 시(*Le mouvement perpétuel*, 1966: 95)에서, 관여적 단위는 문자가 아니라 단어이다.

Arrière

pensée

Crescendo decrescendo

*large largue lave*
*délie ébroue surgi salubre hume*
*arbore cataracte dérive horreur ravir ouragan*
*délire hurle flux fui rafale déploie souffle*
*siffle saisir plie sombre pluie place*
*éparse pâle palme file ruisselle*
*patte pétale épuise rêve*
*soupire rive effleure*
*espace endormi reflet*
*hâle calme*
*rame*
*là*

타르디외의 「크레센도 데크레센도」에서도 마찬가지이다. 텍스트의 기호학적 토대를 이루는 것은 **단어** 혹은 다르게 접근하면 **문장의 줄과 분절체**(Chol, 2009)이고, 문자는 고유한 가치를 지니지 않은 최소한의 언어적인 그리고 표기적인 구성요소에 불과하다.

* 구문적 측면에서의 관여적 단위:

『칼리그램』(Apollinaire, 1918)에서는 문자가 그림을 형성하기 위해 주의를 끈다. 문자들은 그 자체로는 중요하지 않은 것이다. 설사 「연기(Fumées)」에서처럼 Zone이라는 단어의 마지막

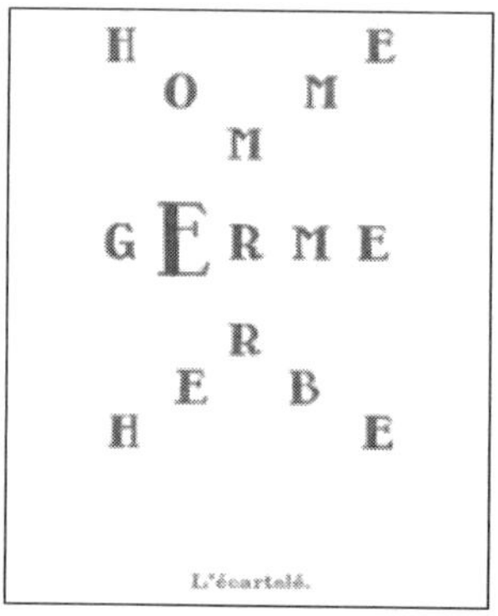


글자인 NE를 부각시킴으로써(굵기와 대문자) 문자가 때때로 인지 가능한 단위를 이룬다 할지라도 말이다(Campaignolle, 2009b). 아폴리네르의 시학에서 '문자들'의 이러한 중요성을 이해하려면 드봉(Debon, 2008: 13)을 참조하라.

『어휘사전』(1939)에 있는 레리스의 칼리그램에서는 칼리그램 중앙에 위치한 'l'Ecartelé'의 E처럼 활자의 크기 등급과 관련된 타이포그래피의 유희를 통해 몇몇 문자가 강조된다. 이러한 "문자 표기상의 차이" 즉 "불균등한 문자표기"(Christin, 1995)는 문자의 의미적 가능성을 부각시켜준다.

* 의미적 측면에서의 관여적 단위:

『칼리그램』의 몇몇 텍스트에는 문자의 분리가 더 많이 나타난다. 예를 들어, 「찬란히 빛나는 것(Escarboucle)」(옆에 발췌된

것)에서 문자 o는 구문적인 자율성을 지닌 관여적 단위로서 의미를 만들어낸다. 시인의 그림 덕분에 문자가 눈(œil)을 나타내기 때문이다.

『부채를 위한 100가지 문장』의 문장 17에서, 클로델은 부채의 한쪽 면에 o와 c라는 문자를 따로 떼어놓고 중국어 표의문자와 병치하여 표의적인 측면을 돋보이게 한다. 여기서 o는 달을 분명하게 나타내지만, c의 의미적 가치는 좀 더 모호하다.

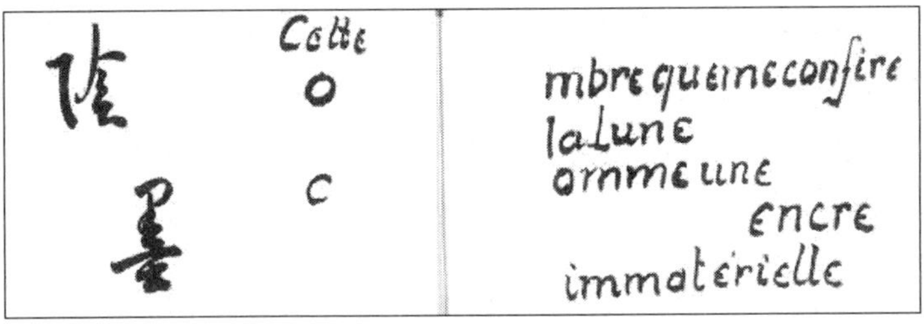


좀 더 높은 단계에서 문자는 관여적 단위가 될 뿐만 아니라 텍스트 생산의 주요한 변수가 된다. 특히 문자의 칼리그램이나 모든 단어가 같은 문자로 시작되는 "토토그람"(Zumthor, 1975)의 경우처럼 텍스트에 의해 특별한 문자가 도상화될 때 그러하다.

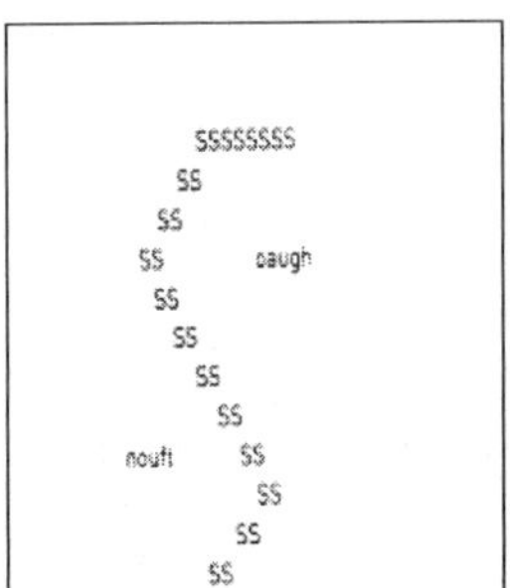


"Poème S"
(HAUSMANN, 1947)

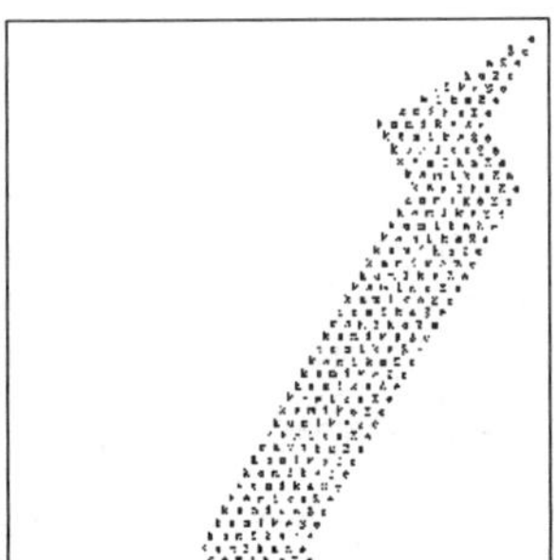

«Kamikaze»
(GARNIER, 1965)

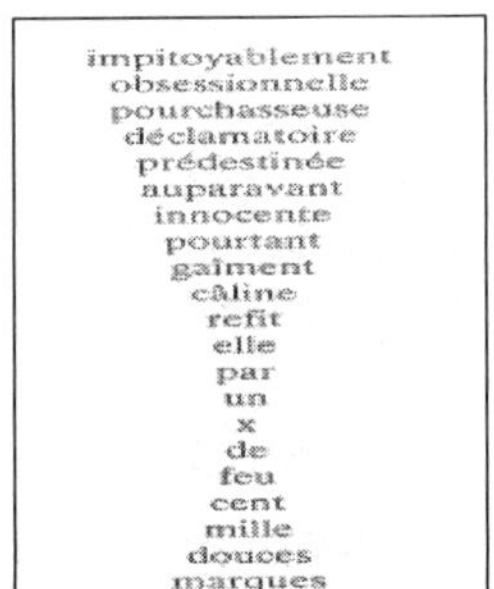


«X», *Abrégé d'oulipisme*

이러한 실험적인 예들은 S(Haussmann), Z(Garnier), X(Lescure, Oulipo)라는 단 하나의 문자를 시각적으로 형상화하는 것을 토대로 한다. 구체시 시인 가르니에 부부의 텍스트(1965)는 kamikaze라는 단어에 있는 z를 대문자로 재생하는 것에 근거를 두는데, 그 형태가 단어가 의미하는 것, 즉 파괴적인 움직임을 연상시킨다. “시각적인 시의 대각선은 각 줄에서 단어를 왼쪽으로 살짝 기울이고, 벼락 또는 가미가제 비행기의 추락이나 충돌처럼 빠르고 파괴적인 움직임을 연상시키는 모습인 지그재그를 암시하도록 경사를 두 번 중단시켜서 만든다. 텍스트의 문채는 일본어 단어의 Z자에서 영감을 얻은 것으로, 대문자 사용에 의해 명백하게 드러난다.”(Garnier, 2001: 167-170) 레스퀴르의 X(2003)는 시의 주요 문채로서 중앙에 놓여 시의 형태를 부여하고 ‘어순도치’에 근거한 의미를 가리킨다. 공간화, 타이포그래피의 작용, 기호언어학적 활용을 결합시키는 이러한 예들에서, 문자는 자율적인 단위로 등장한다. 이제 우리는 ‘의미’를 생성하는데 있어서 ‘텍스트’보다 문자가 더 중요해지는 것이 아닌가 하고 생각할 수도 있을 것이다.

■ 한 단어의 구성요소가 아닌 경우

* 비관여적 단위:

다음의 두 가지 예(Garnier, Chevrier)에서는 어떤 단어도 나타나지 않는다. 문자들은 **단순한 표기적인 구성요소**, 즉 보다 큰 그림의 시각적인 모티브에 불과하다. ‘표음문자’의 기능을 무시하는 이러한 텍스트들(이 텍스트들은 발음을 할 수가 없다)에서, 문자는 관여적인 단위이자 조형적 재료로 인정할 수 있지만 문자의 의미적 기능은 전혀 남아있지 않다.

GARNIER, calligramme dactylographique, 1966년경

CHEVRIER, *made in India*, 1995년경

* 구문적 측면에서의 관여적 단위:

알파벳 순서 또는 선택된 일련의 연속이 텍스트를 구성하는 한 변수가 되는 경우가 이에 해당된다. 이때 문자는 하나의 단어 안에서 구속을 받는 전통적인 위치에서 사용되는 것이 아니라, 텍스트가 부여한 의미작용의 배열 속에서 더 높은 차원의 순서 즉 알파벳에서 차지하는 기능에 따라 사용된다. 예를 들어, 「자살(Suicide)」(Aragon, *Le mouvement perpétuel*)에서 문자는 시적 텍스트의 의미작용을 하는 단위가 된다. 순서대로 정돈되고 공간화된 알파벳 문자의 연속은 시 제목이 안내하는 대로 해석하려는 독서를 하게 한다.

1920 – Junoy, *Art poetica*

1925 – Aragon, «Suicide»

1976 – Ghérasim Luca, «Poésie élémentaire»

1981 – Perec, «Alphabet pour Stämpfli» (발췌)

JUNOY, *Art poetica*, 1920, (MATHIOS, 2009에서 인용)

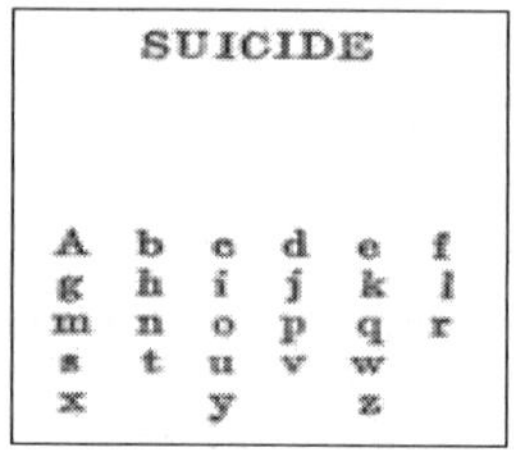


ARAGON, «Suicide», 1926

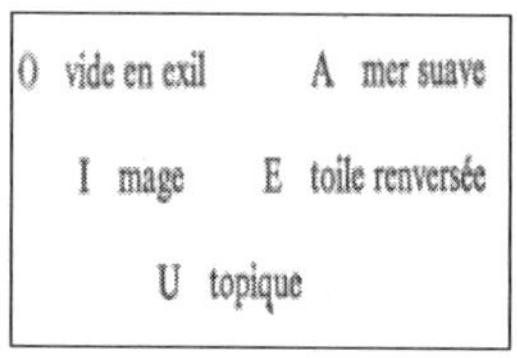


GHERASIM LUCA, "Poésie élémentaire" 1976 (발췌)

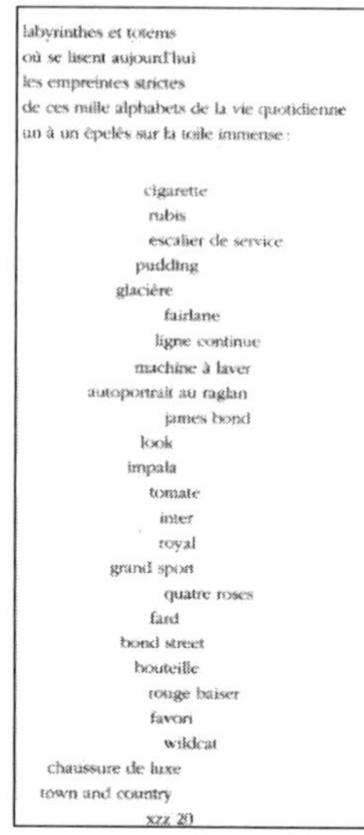


PEREC, *Alphabet pour Stämpfli*, 1981 (발췌)

알파벳 순서를 참조하면 텍스트의 구문적(공간화된 표), 의미적 기능을 규명할 수 있다(알파벳의 '자연적인' 혹은 '도치된' 순서, 첫 글자와 마지막 글자들에 대한 문화적 암시, 예를 들어 모음처럼 문자들의 관여적 연속체를 선택하는 것). 이러한 예들에서 문자는 어휘 단위로부터는 분리되지만, 알파벳 순서에 의존하는 단위로서 텍스트 안에서 의미 있는 중요성을 획득한다.

조형적 문채의 범주에서 지금까지 열거한 예들을 보면, 그동안 시인들이 문자를 부각시키고 시적 기능을 하는 의미 있는 문채로 만들기 위해 사용한 방법들이 점점 더 다양해졌다는 것을 알 수 있다.

## 5. 메타 언어적 문채: 기호의 절단, 추출, 언급

메타 언어적 문채에서는 "기호의 절단(coupe de signe)"과 "분열(schize)"효과(Rey-Debove, 1998) 개념을 통해 기호를 분절하는 방식을 정리하고, "약어(abréviation)"(Klock-Fontanille, 2004)라는 보다 폭넓은 방식을 덧붙이고자 한다.

- (기호의) 절단: 담론과 그 구성 단위들이 계기적으로 연결되는 성질이 있음에도 불구하고, 의미를 나타내는 부분이든 아니든 단어나 서술체의 한 부분을 고찰하는 일(분열과 대립되는 메타 언어적 작업). 어휘화된 예: 단축법(télé, maso).
- 분열: 기호의 분열, 기표와 기의가 밀접히 연관되어 있는데도 기표만 혹은 기의만 고찰하는 일(절단의 메타 언어적 작업). 어휘화된 예: 'V자로 옷깃이 트인'이라는 표현처럼 문자의 형태 때문에 문자를 사용하는 것
- 약어: "약어는 신조어 생성에 기여하는 방식 중의 하나이다. 하나의 요소 혹은 여러 요소를 삭제하고도 원래의 기의를 보존하는 기표로 언어 단위를 나타내는 것이다."(Arrivée, Gadet, Galmiche, *La grammaire d'aujourd'hui*, Klock-Fontanille, 2004에서 인용)

이 범주에는 '언급(mention)'과 '자기 지시(autonymie)'에 속하는 방식이 연결된다. "가장 일반적인 의미에서, 자시어(autonyme)는 사람들이 어떤 기호를 인용하면서 그 기호에 대해 말하는 것이다."(Rey-Debove, 1997: 17) 예를 들어, "문자 'X'는 복잡한 문자이다."와 같은 경우이다. 일반적으로 시인이 한 문자를 분명하게 지칭할 때, 그것은 문자를 은유적으로 사용하기 위한 것이다. 이를 통해

우리는 **자기 지시적 언급**과 **은유적인 의미화**에 연결되는 수사학적 문채를 찾아낼 수 있다.

### a. 약어

문자기호가 최소한으로 존재하는 수준에서, 단어처럼 발음되는 약자(대문자 약호)와 다른 약어들이 나타난다.

1914 – Cendrars, «F.I.A.T» 라는 제목의 시
1967 – Queneau: «ici et là poussent des achélèmes» (56)
1975 – Perec: «KLM» (sur la pochette d'un promeneur)

또한 고유명사나 보통명사에 대한 어휘적 약어도 볼 수 있다.

**1995–Roche** (Jouffroy, 2002에서 인용)
«Les paons seulement, d'l'au-
Tre côté de l'eau je supplie les formes du plan
Le flanc, le sien, quelques secondes dans les
Dans les flots dans les flots d'ennui, bris des
f. qui nous caressent les pieds le sang de notre
Edition rompu comme un pain
de carence?»

**1947–Vian** («Le fond de mon coeur»: 73)
«V comme Vian …
J'ai de la veine que mon nom ne commence pas par un Q
Parce que Q comme Vian, ça me vexerait.»

약어를 언급한 또 다른 유형은 문자의 이름을 토대로 이루어진다. 즉 데스노스나 레리스나 크노에게서 볼 수 있는 것처럼, 어휘 단위나 음절 단위와 동음인 문자를 사용하는 것이다(문자의 이름으로 옮겨 쓰기, **알파벳 이서**(異書, allographe Dupriez: 34). 이때 문자는 **시**

적인 **수수께끼**를 실현하는 매체의 역할을 한다.

**1923 – Desnos**(«P'oasis» in *L'Aumonyme*)
«Je bois les Pan C
Je vois les crânes KC
Je vois les mains DCD
Je les M
Je vois les pensées BC et les femmes ME
Et les poumons qui en ont AC de l'RLO
Poumons noyés des ponts NMI
Mais la minute précédente est déjà trop AG»

**1926 – Aragon** «FMR» / «éphémère» (*Le paysan de Paris*)

**1939 – Leiris**: «Vol (V bat de l'L il a la forme d'un oiseau)» (문자와 동음인 명사에 대한 유희: «L» = «aile»)

**1968 – Queneau**: «Et puis tout disparaît/ Dans l'o du souvenir».

이와 같이 문자가 단어나 음절의 이서(異書)의 기능을 할 때, 문자는 한 단어를 간접적인 방식으로 옮겨 적는데 사용된다. 이때 문자는 여전히 독립적인 표기 단위로 보이고 그렇게 인지되면서도 특정한 어휘적 의미를 부여받게 된다(l'n = l'aîne, l'o = l'eau). 이것이 바로 **분열** 혹은 **약어**의 문채가 지니는 시각표기적인 양상이다.

### b. 언급

문자에 대한 언급은 문자가 독립적인 자격으로 인용되는 것을 전제로 한다. 그것은 종종 타이포그래피의 방법과 결합된다. 여기에는 여러 가지 유형의 기능이 있을 수 있다.

• 철자에 대한 언급: 철자를 언급함으로써 단어의 한 부분을 부각시키는 것

1920 – Tzara «les tarifs et la vie chère m'ont décidé à abandonner les D / ce n'est pas vrai que les faux dadas me les ont arrachés puisque / le remboursement commencera dès» («Manifeste de Monsieur AA l'antiphilosophe»)

1947 – Artaud: «Quand je pense homme, je pense / Patate, popo, caca, tete, papa / Et à l'l de la petite haleine qui en sort pour ranimer ça.» (Histoire du popocatepel)

1967 – Roubaud: «La Rocky Incorporated déverse ses barils / De neige sous les ailes, Denver dans les feux gris, l'huile / Habitait le O de ColoradO ; l'herbe est message / De l'Union.»

1967 – Queneau: «Sur les plaques modern style finissant Schutzenberger / est écrit avec la lettre m / ce qui a suscité en moi une curiosité extrême» (*CLR*, «Hôtel Hilton»)

- 도상에 대한 언급과 비교: 문자의 시각적, 물질적인 형태를 토대로 한 비교. 일반적으로 반은 어휘화된 표현을 통해서 이루어진다.

1934 – Caillois: «blessure en forme d'M(M자 모양의 상처)» («Intervention surréaliste»)

1973 – Perec: «skis bien écartés en V(V자로 벌려놓은 스키)» (*W ou le souvenir d'enfance*)

1976 – Gherasim Luca: «Annulaire et médius/ En angle X(X 모양의 각)» (257)

- 신(新)크라틸로스[5]적인 또 다른 도상적 설명은 어휘가 지시하는 대상의 한 요소와 닮은 모습 때문에 선택된 문자를 언급함으로써 보통명사에 근거를 부여한다.

1939 – Leiris: «Vol (V bat de l'L il a la forme d'un oiseau)»

(*Glossaire*)

1942 – Ponge: «gymnaste(체조선수)의 G가 가리키듯이, 체조선수는 턱수염과 이마 아래쪽에서 굵은 머리털과 거의 맞닿아 애교머리를 이루는 곳수염을 가지고 있다.» («Le gymnaste»)

1997 – Butor는 다음과 같이 훌륭한 옛 철자법을 거론한다: «수평선뿐만 아니라 해안선과 목조 교회의 들쭉날쭉한 모양을 연상시키는 W가 있는 노르웨이(Norwège).»(560).

이와 반대로 문자들은 한 단어에 미리 정해진 지시 관계를 고려하지 않은 채 시각적인 형태에 대한 몽상의 출발점이 될 수 있다. 1917년 막스 자콥(Max Jacob)의 경우가 그러하다. “나는 어린 시절의 내 방을 기억하고 있다. 유리창 위의 모슬린 커튼에는

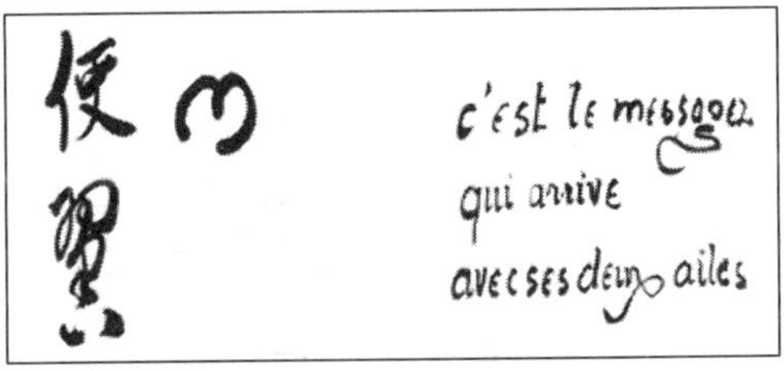


흰 장식끈이 복잡하게 장식되어 있었는데, 나는 거기서 알파벳을 찾아보려 하곤 했다. 그리고 문자를 찾아내면 그것을 내가 상상하는 그림으로 변화시켰다. H는 앉아있는 남자, B는 강물 위에 놓인 다리의 아치로 말이다.”(*Le cornet à dés*, «Petit poème») 또는 『부채』(1927)에서 문자 m의 시각적이고 은유적인 성격에 대해 몽상하는 클로델의 경우도 이에 해당된다.

첫 번째 경우(레리스, 퐁주, 뷔토르)는 해당되는 문자(V, G, W)의 도상적 가치를 명확히 밝히기 위해 한 단어에서 출발한 것이고, 두 번째 경우(자콥, 클로델)는 문자(H, B, m)에서 출발하여 그 문자가

유발하는 시각적 혹은 정신적 연상(남자, 다리, 사절(使節))을 떠올리는 것이다. 두 가지 경우에서 문자의 의미화는 메타 언어적 언급과 은유화 과정을 거친다(문자는 하나의 **문채**를 구현한다). 의미 효과가 텍스트 안에서 더 큰 중요성을 차지하는 경우들도 있다. 이때는 의미 효과가 더 이상 메타 텍스트적인 밀담이 아니라 시적인 골조 안에 삽입된 상징적인 전개가 된다.

- 상징적인 언급과 해석: 문자의 언급은 문자에 상징적인 가치를 부여한다.

1917 – Tzara: «Dada laisse peler ses ailes stigmatisées sous forme de D– c'était son élan littéraire et chaleureux–et contracte par de minuscules cascades staccato le scénario du célèbre Monsieur.»(«Prosélyte à prix fixe»)

1937 – Queneau: «Un grand M mon moi revêtait, / Car impuissant je ricanais/ Me repaissant de ma souffrance.» (*Chêne et chien*, O. C. II, p.22, v. 60)

1938 – Breton: «X: «Tourne le charbon de ta courroie, fleuve Océan qui encorbeille les Ixions païens aux X de bras philosophaux» (Jarry). «L'X exaspaltère le feu de Seltz» (A. B. et P. E). *Dic. Abrégé du surréalisme*

1947 – Artaud: «Le sang du corps à ce moment-là allongé, et qui sommeille car il dort. Comment le tétême est-il le sang? Par le *éma* devant qui le t se repose et désigne ce qui se repose comme le té vé des marseillais.»

1973 – Queneau: «A chapelle Sixtine effrayante des nombres (…) L'inconnu, rocs hideux que rongent les varechs/

D'A plus B ténébreux mêlés d'X et Ygrecs».(Préface à Baligand)

CHIRICO, *Composition métaphysique*, 1914, extrait.

알파벳 기호와 상징적 기호를 뒤섞는 키리코와 브로네르처럼 몇몇 시인들은 알파벳 기호 안에 다른 성격의 기호(숫자, 다른 언어적 코드, 상징)를 암암리에 나타내기도 한다. 문자 X를 통해 십자가의 형상적 형태를 사용하는 자리(1894)나 그리스어 엡실론(ε)을 사용하는 클로델(1927), 또는 발레리(1925년경)의 경우가 그러하다.

1894 - Jarry «Car il déchiffre sur les tombes l'avenir, Rêvant la nuit devant les X philosophales / Des longs fémurs croisés en siestes triomphales.»

1925년경-1937 - Valéry: «미지의 것을 부르는 비밀의 이름 X여, 나는 창공에 새겨진 너를 본다. 그토록 순수하고 별들이 빽빽한 어둠을 넷으로 나누는 X의 네 정점에 있는 별, 베텔기우스, 벨라트릭스, 리겔, 카파. 커다란 모양의 한가운데에 있는 알닐람, 알니타크, 민타카 별은 상상의 문자의 구성원들을 묶어주는 매듭 역할을 하는 보물들이다. 이해하기 어려운 기호 하나가 우리 세계의 허리띠 위에서 반짝이며 꿈틀거린다. 나와 어둠을 갈라놓는 유리창에 이마를 갖다 대자, 별들 사이에 퍼져있는 차가운 전율이 나를 스치고 지나간다. X! 너무도 경탄스러운 것!» (1976)

**신비적** 가치를 지닌 암시적 의미는 종종 이러한 언급 형태와 연결되지만(자리와 초현실주의자 참조), 또한 **문자기호**와 **문자표기**가 문화적 토대를 환기시키는 능력을 검토하는 것도 중요하다.

마지막으로 알파벳의 부분적인 혹은 전체적인 인용을 통한 문자의 문채 두 가지를 살펴보자. 이 경우 반은 어휘화된 표현을 사용할 수도 있고, 알파벳 순서에 연관된 구속을 사용할 수도 있다.

- 알파벳의 한 부분에 대한 직접적인 언급: 어휘화된 표현에 알파벳의 언급이 삽입되는 경우이다.

  1916–1920 – Cendrars: «Pour vous apprendre à épeler l'ABC de la vie sous la férule/ des sirènes en partance»

  1948–51 – Elburg «Je voudrais être moi/ L'être de A à Z» (Cobra, «Fragments»)

  1948–51 – Jaguer «(…) Maison du vin et palais du houblon se rendent à l'école ensemble/ Mais l'ABCD s'envole devant eux.» (Cobra «Architecture élémentaire»)

- 형식적 구속을 통한 알파벳의 간접적인(숨겨진) 언급: 어떤 텍스트들은 웬만큼 감지할 수 있는 알파벳순의 구속을 토대로 구성된다(크노, 페렉). 즉 다음의 예에서 볼 수 있듯이 알파벳 순서가 텍스트 구성의 동기이자 규칙이 되는 것이다.

**1968 – Queneau** «Clé facile»
«Aboie son air à la banquise
dans la calanque sur la digue
l'exorde de l'été balance
l'être à foison et le germe des hévéas
chavire contre son image
Le jaspe, le kaolin dans le lac dansent
Le moly éclôt. La napée
fredonne pour l'oiseau
Les papillons sur le quai
dans le repli d'un sautoir
gagnent la tourbe – ustion d'une vitre
que hante le wintergreen xénophile
imprégné du yogourt du zodiaque.»
(*O.C.* Bib. Pléaide: 719 ; voir aussi p. 667).

**1967 – Perec**, *Les horreurs de la guerre*
«Le Capitaine Vainqueur: – Abbesse! Aidez!
L'Abbesse: – Euh!
Le Capitaine Vainqueur: – Eh! Feu! …
L'Abbesse(d'origine auvergnate): – J'ai ….
– Ah! Chi-gît K!
Le Capitaine Vainqueur: – … Et les mène au Pecq!
Le conducteur de la berline: – Hue!
Le serveur du Mess (affligé d'un défaut de prononciation):
– Vai doux.
Le Capitaine Vainqueur: – Bleu?
Le serveur du Mess (affligé d'un défaut de prononciation):
– Vai
Le Capitaine Vainqueur: – Hic!
Le serveur du Mess (affligé d'un défaut de prononciation):
– Six grés que z'ai!
– Deux!»

더 앞에서 인용한 '토토그람'에서와 같이, 이런 극단적인 예에서는 알파벳 문자가 텍스트의 정상적인 기능을 전복시키고 텍스트 의미의 구성을 미리 결정하게 된다.

우리는 보들레르 이후의 시 텍스트에 나타난 알파벳 문자의 다양한 문채를 분류하고 설명해 보았다. 불가피하게 누락된 것이 있긴 하지만, 이 목록은 문자가 시의 기호언어학적 구성 및 문자표기의 기호학적 구성 요소로 점점 더 괄목할 만한 자리를 차지하고 있음을 입증해준다. 문자는 구문상의 관여적 단위, 가시적인 조형 단위, 그리고 때로는 의미 단위가 되는 것이다. 이와 같은 문자의 사용으로 인해, 문자는 소쉬르 언어학과 알파벳 언어의 통상적인 개념이 부여하는 단순한 역할, 즉 음성을 그대로 옮겨 쓰는 역할로부터 멀어진다.

## II. 기호의 의미화와 문화 기호학

보들레르 이후 문자를 기호학적으로 사용한 자료에 접근하는 또 다른 방식은 문자의 문화적 의미작용을 통시적으로 규정하는 것이다. 따라서 시의 역사에서 문자의 문채가 펼쳐 보이는 **의미적 영역**을 묘사해보도록 하자. 문화적 대중화의 관점에서 비문학적인 자료들로는 와크냉(Ouaknin, 1997), 삭스(Sacks, 2003), 반 말(Van Male, 2007)의 저서들을 참조할 수 있을 것이다. 1850년 이후의 시들에서 문자 O를 예로 든다면, 문자의 통시적인 의미 영역은 상당히 제한적이다. 하지만 문자에 종종 의미작용을 부여함으로써 폭넓은 '의미적 다면성'을 드러내준다.

원래 그림문자의 일부를 이루는 인간의 '눈', 즉 문자 o는 '원형'에 대한 시각적 목록(지구의, 둥근 담배연기 등)을 폭넓게 제공하고, 이 둥근 형태로부터 시적이고 은유적인 다양한 파생어가 생긴다(완벽성, 통찰력, 원, 허공). 따라서 문자 O는 인간의 형체를 한 '그림문자'(눈, 입, 얼굴, 배꼽), 자연계를 본뜬 '그림문자'(달, 태양, 둥근 연기, 구름), 형상적인 '상징'(원, 구)과 추상적인 '상징'(완벽성, 놀람, 기원)과 같이 다양한 용법으로 변화될 수 있다는 것을 알 수 있다.[6] 이러한 여러 가지 변화에 있어서, 기호 o의 가치론적인 의미는 대체로 긍정적으로 나타난다(Champaignolle, 2008).

편의상, 이 시기에 나타난 문자 o에 관련된 문자의 문채들을 선별해 다음과 같은 일람표로 작성하고 그 의미를 적어보자.

**SEMANTISATION de la lettre et SEMIOTIQUE CULTURELLE : exemple de la lettre « O »**

1895 **MALLARME**

« O » = « ronds de fumée »

« Toute l'âme résumée
Quant lente nous l'exprimons
Dans plusieurs ronds de fumée
Abolis en d'autres ronds

Atteste quelque espace
Brûlant savamment pour peu
Que la cendre se sépare
De son clair baiser de feu.
(...) » *Le Figaro*, 3 août 1895.

1901 **JARRY/ BONNARD**

« O » = « nombril »

O. *L'admiration* (le nombril du Père Ubu).

1916 **CENDRARS**

« O » = « la bouche en rond »

*Sonnets dénaturés*

1918 **APOLLINAIRE**

« O » = « l'œil »

1918 - Apollinaire « escarboucle »

c. 1925 **CUMINGS**

« O » : « Moon » / « Lune »

1927 **CLAUDEL**

« O » = « Lune »

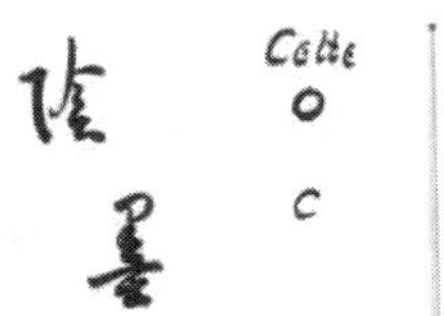


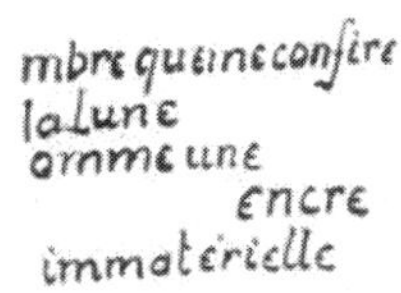


1929 **REVERDY**

« O » = « nuages »/ « eau »

« Petite poitrine
O
Nuages
Dans l'étang où elle se noya
L'hiver ne souffle plus » (« Quai aux fleurs » in *Source du vent cité* in CHOL, 2009.

1933 **CLAUDEL**

« O » = roue Horizon, poulie, volant

« l'O qui nous fait penser à la fois à une roue, à l'horizon, à l'ouverture d'un vase, ou d'une bouche, à une poulie, à un volant d'automobile, etc. »

(*Harmonie imitative*)

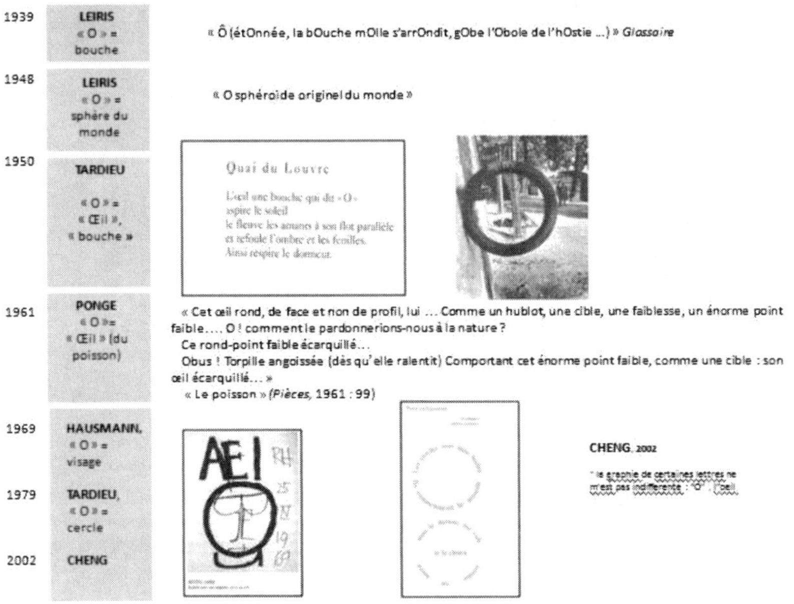


보들레르 이후의 시 작품 안에서 알파벳 문자에 활기를 불어넣는 "은밀한 문자표기 수사학"(Mathieu-Castellani, 1990)은 우리의 문화에 **알파벳에 대한 이미지**가 있다는 것을 증명해준다. 우리는 문자의 문채를 유형학적으로 문체적 또는 양적인 문채, 철자법상의 문채, 타이포그래피의 문채, 조형적 혹은 형상적 문채, 메타 언어적 문채라는 5가지 범주로 나누어 살펴보았다. 첫 번째 범주(**반복**, **두운법**, **리포그램**과 같은 문채)는 서양의 수사학에 잘 알려져 있는 것이다(고대, 중세, 르네상스 시대는 그런 것들을 잘 알고 활용했다). **철자법상의 문채**는 16세기(Gordon, 1997)에 사용된 이후 확대되어, 자리 그리고 초현실주의자들과 후기 초현실주의자들(데스노스, 크노, 퐁주) 이후로 일반화되었다. 타이포그래피 문채와 조형적 문채들은 19세기 동안 발달한 그래픽 언어(Duplan, 2007)의 혜택을 받았다. 그래픽 언어는 고무적인 미디어(신문, 포스터)의 영향 아래 '문자'의 최소 수준을 관여적 '구성요소'로 편입시켰는데, 이러한 움직임은 20세기 회화의 이론과 실천(칸딘스키, 키리코, 브로네르로부터 문자주의자들, 구상예술가들, 신 사실주의자들에 이르기까지)에 의해 강화되었다. 보다 최근에 사용된 소위 **메타 언어적 문채**(20세기 이전의 시 텍스트에서는 거의 찾아볼 수 없다)들은 새로운 인식론적 맥락을 드러내준다. 시행(詩行)과 어휘소의 분절을 통해, 응집력과 연속성, 즉 **언어 사슬의 선조성**(linéarité)(Milner, 1989: 385-395)이라는 공인된 원칙을 재검토하면서 문자 단위를 언급하고 인용할 수 있는 언어의식을 낳기 때문이다. 이 5가지 유형의 문채들을 토대로, 시인들은 알파벳을 기호화 과정의 장소로 사용한다. 이것은 알파벳 표기가 우선적으로 표음문자의 기능을 하던 경우보다 더 많은 것을 **말하고 보여줄** 수 있게 한다. 그러나 주네트(Genette, 1976)가 분석한 신(新) 크라틸로스적인 관점은 문자의 문채와 그에 관련된 의미화가 지닌 다양성과 복잡성을 충분히 설명해주지 못한다. 창조적인 유희나 모방하고자 하는 욕구에는 언어와 표기법에 대한 탐색이 끼어들기 때문이다. 그러므로 시인들은 표기체계의 예기치 않은 용법에 참신한 빛을 던지고, "문자표기의 무의식"(Conley, 2000)을 강조하면서 서양 표기법의 시각적인 기원을 되살리는 것이다. 그 주변을 '선회할' 수도 있고 '원형성'을 측정할 수도 있고 '원'이나 '허공'이나 '완벽성'과 같은 몇 가지 사용법을 '가리킬' 수도 있는 문자 O는 문자가 지닌 시각적 의미의 불연속적이고 다양한 형태의 "필리그램(filigramme)"(Calle-Gruber, 2009: 19)을 드러낸다.

번역: 진인혜

## 텍스트와 삽화(약자 "ill."로 표시) 목록

1785-88 Piis, de Pierre-Antoine *L'Harmonie imitative de la langue française*, cité par Claudel, 1933

1819 Lamartine, «Le Désespoir» in *Méditations poétiques*, Poésie/ Gallimard, 1981.

1845 Hugo, *Océan - Faits et croyances* - «Ceci et cela» cité in Millet, 2002.

1849 Poe, «Le Paragrave aux x» («X-ing a Paragrab», «*The Flag or Our Union*») in *Contes-Essais-Poèmes.*

1850-1853 Nerval, *Les faux-saulniers, Chimères* in *OEuvres complètes*, t. 2: 1984, t. 3: 1993, Bibliothèque de la Pléiade.

1857 Hugo, *Les contemplations*, cité in Millet, 2002.

1862 Leconte de Lisle, «Le dernier Souvenir» in *Poèmes barbares*, Alphonse Lemerre.

1873 Rimbaud, «Une saison en enfer» in *OEuvres complètes*, éd. Antoine Adam, Gallimard, nrf, 1972.

1894 Jarry, *Les Minutes de sable mémorial*, préface Ph. Audoin, nrf, Poésie/ Gallimard, 1999.

1895 Mallarmé, «Toute l'âme résumée», *OEuvres complètes*, Gallimard, Bibliothèque de la Pléaide, 1997.

1896 Jarry, *Tout Ubu*, Le livre de poche, préface, commentaires et notes de Charles Grivel, 1985.

Mallarmé, «Le Mystère dans les Lettres», *Revue blanche*, septembre 1896, ibid.

1901 **(ill.)** Jarry, Bonnard, «**Alphabet vocalique: lettre «O»** in L'Almanach illustré du Père Ubu.

1907 Saint-Pol-Roux, *Mouvements de Saint-Pol-Roux.*

1914 **(ill.)** De Chirico, ***Composition métaphysique*** (extrait).

1913-16 Apollinaire, *Calligrammes*, (1913-1916), Préace de Michel Butor, nrf, Poésie, Gallimard, 1966.

1914/19 Cendrars, «Dix-neuf poèmes élastiques» in *Poésies complètes*, tome 1, Denoël, 2005.

1916 Cendrars, «OpOetic» in *Sonnets dénaturés* publiés dans la revue *L'oeuf dur*, n° 14, automne 1923.

1917 Jacob, Max, («Petit poème») in *Le cornet à dés*, Poésie/ Gallimard

1918 Cendrars, *Le Panama ou les aventures de mes sept oncles*, op. cit.

1919 Birot, Pierre-Albert «La joie des sept couleurs» in *Poèmes à l'autre moi*, Poésie/ Gallimard, 2004.

1920 Tzara, «Sept manifestes Dada» in *Dada est tatou, tout est dada*, G-F. Flammarion, 1996.

1923 Desnos, *L'Aumonyme* in *OEuvres*, Quarto/ Gallimard, 1999.

1925 Aragon, *Le mouvement perpétuel*, nrf, *Poésie/* Gallimard, 1966.

1924-37 **(ill.)** Valery, **«Lettre X, et lettrine de Jou»** in *Alphabet*(1924-1937), Livre de Poche, inédit, 1976.

1933 Claudel, «L'harmonie imitative» (Conférence).

1936 **(ill.)** Eluard/ Man Ray, **«Où se fabriquent les crayons»** *Les mains libres*.

1937-1938 Eluard, «Premières vues anciennes», *Minotaure*, n° 10 ; «Juste milieu», *Minotaure*, n° 11.

1938 Breton, Eluard, *Dictionnaire abrégé du surréalisme*, José Corti, 2005.

1939 Leiris, *Glossaire, j'y serre mes gloses*, in *Mots sans mémoire*, L'imaginaire/ Gallimard, 1969.

1942-1947 Ponge, *Le parti pris des choses* et *Proèmes*, Poésie/ Gallimard, 2004.

1947 Vian, *Cantilènes en gelée, Barnum's digest, vingt poèmes inédits*, 10/18, éd. Noël Arnaud,

**(ill.)** Hausmann, **«Poème S»** in *Une anthologie poétique*, éditions al Dante, 2007.

**(ill.)** Artaud, **«Tau»** in *Suppôt et supplications* (1945-47), Poésie/ Gallimard, 2006.

1948-1951 Cobra, *Cobra poésie*, Orphée la Différence, 1992.

1950 Queneau, *Bâtons, chiffres et lettres*, Folio (1950), 1965. *Petite cosmogonie portative*, *O.C.* Pléaide, t. I.

**(ill.)** Tardieu, **«Quai du Louvre»** in *OEuvres Complètes*, Quarto/ Gallimard, 2001: 564.

1952 Ponge, *La rage de l'expression,* Poésie/ Gallimard, 2004.

1965 Garnier, I. P., *Prototypes, textes pour une architecture*, éditions André Silvaire (Coll. Spatialisme).

1966 Perec, *Quel petit vélo à guidon chromé au fond de la cour?* Denoël, 2008.

Garnier, *Calligramme dactylographique.*

1967 Queneau, *Courir les rues,* Poésie/ Gallimard, 2006 ;

Roubaud, *€,* Poésie/ Gallimard, 2006.

1968-1969 Queneau, *Battre la campagne* (1968), *Fendre les flots* (1969), Poésie/ Gallimard, 2006.

1969 Perec, *La disparition*, Denöel, «Les lettres nouvelles», 2003 ;

**(ill.)** Iglesias, «Signo», *Poemas visuales*, 1969 cité par Mathios, 2009.

**(ill.)** Hausmann, «AEIOU» in *Une anthologie poétique*, éditions al Dante, 2007.

1970 **(ill.)** **Ulrichs**, *réf.* cité in Buschinger, P., «Les variations typographiques de la poésie concrète», in *Ecriture et typographie en occident et en extrême-orient*, in *Textuel* n° 40, 2001: 73.

1973 Perec, *W ou le souvenir d'enfance*, Denöel.

1975-1976 Perec, *Tentative d'épuisement d'un lieu parisien*, Christian Bourgeois. Perec, *Alphabets*, Galilée, 1976.

1976 **(ill.)** Ghérasim Luca, **«Poésie élémentaire»** in *Paralipomènes,* Poésie/ Gallimard, 2001.

1979 **(ill.)** Tardieu, **«Petit calligramme»** in *OEuvres Complètes*, Quarto/ Gallimard, 2001: 1263.

1980 **(ill.)** Perec, **«Alphabet pour Stämpfli»** (sept.1980) in *Beaux présents et belles absentes*, 1994.

1994 Perec, *Beaux présents et belles absentes*, Poésies Points.

1995 Chevrier, Deux pièces de soie *Made in india* ; Roche, *La poésie est inadmissible* in Jouffroy, 2002.

1997 Butor, *OEuvres complètes*, sous la dir. M. Calle-Gruber, éd. La Différence, 2009.

2002 Cheng, François, *Le dialogue*, Desclée de Brouwer, 2002.

## ▌참고문헌


### 수사학 및 시학 사전

Dupriez, *Dictionnaire de Poétique*, Gradus, 1984.

Morier, *Dictionnaire de Poétique et de Rhétorique*, Puf, 1961.

### 연구 비평서

Arrivé, M., *Les langages de Jarry, essai de sémiotique littéraire*, Klincksieck, 1972.

Baligand, R., *Les poèmes de Raymond Queneau, Etude phonostylistique, Studia phonetica*, Didier, 1972.

Calle-Gruber, M., Préface aux *Oeuvres complètes* de M. Butor, IX, Poésie 2, 1984-2003, La Différence, 2009.

Campaignolle, H., «La lettre chez Queneau: approches d'un signe», *Revue des amis de Valentin Brû,* 2009.

Christin, A.-M., «La parole objet: les calligrammes du *Glossaire j'y serre mes gloses* de Michel Leiris» in *L'image ou la déraison graphique*, Flammarion, 1995.

Debon, Cl., *Calligrammes dans tous ses états*, Calliopées, 2008.

Leiris, M. Préface à *Contes et propos* de Raymond Queneau, folio/ Gallimard, 1981.

Millet, Cl., «Histoire de la langue» in *Victor Hugo et langue*, Colloque de Cerisy, 2002.

## 언어학, 기호학, 문체론

Authier-Revuz, J., "Hétérogénéité(s) énonciative(s)" in *Langages* 73, mars 1984, p.98-111.

Klock-Fontanille, I., «Abréviation et histoire des signes graphiques: de l'iconique au sémiotique» in *Ecritures abrégées (notes, notules, messages, codes…)*, Ophrys, 2004, p.62-72.

Kristeva, J., *Sémeiotiké. Recherches pour une sémanalyse*, Seuil, 1969.

Mathieu-Castellani, G., «Emblème, signe, communication» in *Le langage comme défi*, PU Vincennes, Saint-Denis, 1990.

Milner, C., *Introduction à une science du langage*. Seuil, Des Travaux, 1989.

Pellat, J.-C., «Indépendance ou interaction de l'écrit et de l'oral? Recensement critique des définitions du graphème.», *Pour une Théorie de la langue écrite?* N. Catach éd. CNRS, 1988, p.133-146.

Rey-Debove, J., *Le métalangage, étude du discours sur le langage* (1978), Armand Colin, 1997.

Schaeffer, J.-L., *Dictionnaire des sciences encyclopédiques du langage*, article «Ecriture», Seuil, 1995.

## 문자 이론과 역사

Catach, N. «Retour aux sources» *Traverses*, n° 43, Centre Georges Pompidou, Paris 1988.

Christin, A.-M.:

- «L'écrit et le visible: le dix-neuvième siècle français», *L'espace et la lettre*, Cahiers Jussieu n° 3, 10/18, 1977.
- «La lettre dans l'affiche française» in *Ecritures, systèmes idéographiques et pratiques expressives*, Le Sycomore, 1982.

Derrida, J. *De la Grammatologie*, Editions de Minuit, 1967.

Duplan, P.:

- *Sémiologie de la lettre*, Atelier Perrousseaux éditeur, 2007.
- «Pour une sémiologie de la lettre» in *L'espace et la lettre*, op.cit., 1977, p.295-347.

Etiemble, E., *L'écriture,* Payot, 1973.

Jabès, E., «Sur la question du Livre» in *Jacques Derrida*, L'Arc n° 54. 1973

Male, T. van, *L'esprit de la lettre*, Editions Alternatives, 2007.

Massin, *La lettre et l'image. La figuration dans l'alphabet latin du VIIIe siècle à nos jours*, Préface de Raymond Queneau, commentaire de Roland Barthes, Gallimard, 1993.

Ouaknin, M.-A., *Mystères de l'alphabet*, Assouline, 1997.

Sacks, D., *Une histoire de l'alphabet. La Vie secrète des lettres de A à Z*. Editions de l'homme, 2003.

### 시학 / 수사학

Campaignolle, H.:

- «Graphismes et symbolismes dans l'alphabet du texte», *Image and Narrative*, Leuven, 2008.
- «Entre-visions de la poésie: volutes, fumées, cendres chez Mallarmé, Apollinaire, Ponge» in *Calligraphie, typographie*, ouvrage collectif dirigé par J. Dürrenmatt, éditions L'improviste, 2009.

Chol, I. «La poésie spatialisée depuis Mallarmé: les limites du vers», *Poétique*, Le Seuil, 2009.

Conley, T. *L'inconscient graphique. Essai sur l'écriture de la Renaissance* (Marot, Ronsard, Rabelais, Montaigne), L'imaginaire du texte, PU Vincennes, Saint Denis, 2000.

Delay, F., *Formes brèves après Edison*, Textes du XXe siècle, Hachette, 1987.

Dürrenmatt, J., «L'imaginaire de la lettre: aperçu», *Actes du Forum international d'Inscriptions, de Calligraphies et d'Ecritures dans le monde à travers les âges*, Alexandrie, Bibliotheca Alexandrina, 2007.

Genette, G., *Mimologiques*, Points Essais, Seuil, Paris, 1976.

Gordon, L. A., «Les figures de rhétorique au XVIe siècle», *L'information grammaticale*, n° 75, 1997.

Jouffroy, A., *Anthologie de la poésie française à la 1ère personne du singulier*, Editions du Rocher, 2002.

Lacan, J., «Séminaire sur la lettre volée» in *Ecrits 1*, Seuil, Collection Points, 1966.

Mathieu-Castellani, G., «Le retour de l'emblème», Littérature mai 1990.

Mathios, B., «La poésie spatialisée en Espagne», à l'Université Clermont-Ferrand, journée CELIS, juin 2009.

Perec, G., «Histoire du lipogramme» in *La littérature potentielle*, folio essais, 1973.

Scott, D. « Pour une prosodie de l'espace: le sonnet et les arts visuels au XIXe siècle», *Ecritures II*, textes réunis par Anne-Marie Christin, Le Sycomore, 1985, p.227-254.

Zumthor, P., *Langue, texte, énigme*, Seuil, Poétique, 1975.

1) Figure. 안면이나 모습을 뜻하는 단어로서, 수사학적 용어로는 "문장이나 말의 아름다운 광채 또는 무늬"를 뜻하는 문채(文彩)로 옮기는 것이 일반적이다. - 옮긴이주(이후 '옮긴이주'라는 표시가 없는 각주는 원 저자의 주이다).

2) rhétorique graphique. 이 표현은 데리다가 "터무니없는" 표현이라고 하면서 제안한 것이다. Derrida, 1967: 137.

3) unité pertinente. '관여적'이라는 것은 어떤 (음운적) 요소가 있고 없음에 따라 의미의 변화를 초래하는 성질을 가리키는 언어학 용어이다. - 옮긴이주.

4) 인용문의 경우 우리말로 옮기면 문자의 문채가 사라져버리므로 원어를 그대로 제시한다. 단 우리말로 옮겨도 문채가 남아있는 경우나 우리말 번역이 독자의 이해를 도와줄 수 있는 경우에는 인용문 안에서도 해당 부분을 우리말로 옮길 것이다. - 옮긴이주.

5) Cratyle(그리스어로는 Kratulos). "이름의 올바름에 관하여"라는 부제가 달려있는 플라톤의 대화 중 하나. 언어학자이자 철학자인 크라튤로스는 사물에는 합의나 관습에 따라서가 아니라 자연적으로 '이름'이 있다고 주장한다. 우리나라에는 『크라틸로스』로 번역 소개되어 있다. - 옮긴이주.

6) 문자표기법의 여건을 활성화시키는 세 가지 유형은 다음과 같이 쉐퍼(Schaeffer, 1995)가 제안한 "신화편집(mythographie)"이라는 개념과 결부된다. "그림문자에 의한 표기는 형상적인 그림을 의사소통 단위로 사용하거나 유사한 것을 표시하는 수준으로 사용하는 것이다." "형상적인 상징 기호 표기법은 그것이 실제로 표현하는 사물을 나타내는 것이 아니라는 점에서 그림문자 표기법과 구별되지만, 의미하는 것에 대한 비유로 그 사물을(또는 유사한 표현기호를) 이용한다." "표현기호와 표현된 의미 사이에 (연상적인) 인과관계가 존재하는 형상적 상징 기호 표기법과 달리, 추상적 상징 기호 표기법은 순전히 관례적인 것이다. 따라서 해독을 하려면 그 코드에 대한 학습이 필요하다."

# 말라르메의 페이지 공간

– 「주사위 던지기」를 중심으로 –

도 윤 정

## I. 주제 선정의 배경과 논의의 방향

19세기 프랑스 시인 말라르메는 극단적인 언어 실험을 통해 당대는 물론 지금까지도 좀처럼 접근하기 힘든 난해한 작품을 창작한 것으로 유명하다. 그 극단적인 언어 실험의 대표적인 작품으로 그 자신이 죽기 1년 전인 1897년 잡지 『코스모폴리스(Cosmopolis)』에 게재한 「주사위 던지기」를 들 수 있다. 이 작품은 시인의 사후 1914년 그의 사위의 주도하에 단행본으로 출간되었고 그 이후에도 여러 차례 다양한 판본으로 출간되었다. 그의 사위가 그의 사후에 단행본으로 이 작품을 재출간한 이유는 『코스모폴리스』에 게재된 판본이 잡지라는 매체의 여러 가지 제약을 감수한 까닭에 충분히 살리지 못했던 시인의 의도를 제대로 살린 형태로 이 작품을 출간하기 위해서였다.[1] 그 이후에 여러 사람들이 이 작품을 다양한 판본으로 재출간한 것도 역시 시인의 의도를 더욱 충실하게 반영한 판본을 출간하고자 하였기 때문이었다. 하나의 작품이 다양한 판본으로 출간되는 일은 드문 일이 아니다. 그러나 이 작품의 경우 흔히 말하는 작품의 '내용'보다는 작품이 인쇄된 '형태'가 다양한 출간에 있어 중심 되는 문제였던 점이 특별한 주목을 요한다. 실제로 시인은 죽기 직전까지

단행본 출간을 준비하고 있었고 매우 세심하게 책의 크기, 활자체, 페이지 공간 속의 문자 배열 등을 지시하고 수정에 수정을 거듭하였다.[2)] 다시 말해 위에서 언급한 '시인의 의도'란, 작품의 '내용'을 넘어 인쇄된 작품의 '물질적 차원'에 깊게 개입되어 있었던 것이다. 시인의 사위에 의해 주도된 출간 이후 『주사위 던지기』의 출간이 타이포그라피 실험 그룹이나 프랑스 국립인쇄소 등에 의해 주도되었고[3)] 이 작품이 문학 연구자들뿐 아니라 타이포그라피 연구자에게도 관심의 대상이 되고 있다는 점도 지적할 만하다.

이처럼 내용상의 난해함에 곁들여 형식상의 특이성까지 지닌 이 작품은 지금까지도 여러 가지 해석의 여지를 남겨두고 있으며, 그런 만큼 문학사적으로나 책의 역사에 있어서나 이 작품의 혁신적인 측면이 지니는 의미는 충분히 밝혀지지 않은 상황이다. 그런 까닭에 필자는 이 작품에 관심을 갖게 되었고 박사 학위 논문[4)]에서 이 작품을 주요 분석 대상으로 삼았다. 이 작품의 다양한 특이성 가운데에서도 페이지의 여백에 초점을 맞추고 그것의 가치를 한자 문화와 서예, 동양화의 미학, 나아가 음양 개념에 바탕을 둔 일원론적 세계관 및 노장사상 등 동양미학과 연결시켜 이해하고자 시도하였으며, 이러한 시도를 정당화하고 보완하기 위해 말라르메가 이런 식의 작품을 창작하는 데에 이르기까지 겪은 체험에서 동양미학과 연관 지어 이해할 수 있는 부분들을 찾아보기도 하였다. 이 연구는 상당 부분, 이 작품의 여백에 관심을 갖고 그것을 서양 문자 역사에 있어서 표의문자 문화의 회복이라는 관점에서 연구한 지도교수 안느-마리 크리스텡(Anne-Marie Christin[5)])에게 기댄 것이지만, 동아시아의 문자문화에서 하나의 음절이 하나의 고정된 시각적 단위를 갖는다는 특성이 표의문자라는 특성보다 더 보편적이라는 점을 밝히고, '무(le néant)'의 발견을 비롯하여 말라르메의 체험에서 동아시아 미학의 몇몇 중요한 개념과 관련하여 특별히 지적할 만한 부분을 포착하여 그가 어떤 과정을 거쳐 『주사위 던지기』의 여백에 도달하게 되었는지를 설명하며, 이 작품의 형식상의 특성들을 몇 가지 차원으로 나누어 분석함으로써 이 작품에 대한 총체적인 시각-공간적 독서를 시도했다는 점에서 크리스텡 선생님의 연구를 확장했다고 할 수 있다. 그러나 논문의 각 부분의 연결이 긴밀하게 이루어지지 못해 상당히 아쉬움을 갖고 있다. 게다가 최근에는 말라르메의 작품이 동양적인 관점에서 이해할 만한가에 대한 의구심을 가지게 되었다. 그 의구심은 필자가 말라르메 작품에 접근하는 과정에서 거론한 것들이 과연 동아시아 문화권의 보편성을 구성하는 주요한 특성들인가, 말라르메의 작품이 동양적인 관점에서 이해할 수 있는 부분이 있기는 하지만 그럼에도 불구하고 여전히 서양적이라고 할 특징이 더 큰 것은 아닌가, 페이지 공간의 인식, 여백의 인식 등 동양적이라고 판단했던 특징들은 서구의 전통 속에서도 근본적인 것들인가, 공간의 인식이나 여백의 인식 등이 서양 문학사, 미술사에서는 어떤 의미가 있는가 하는 여러 가지 질문들을 내포하고 있다. 이런 문제들을 해결하는 첫 단계로서 필자는 이 글에서 학위논문에서 다루었던 내용을 페이지 공간이라는, 이 작품을 이해하는 데에 핵심적인 사안으로 여겨지는 주제 하에 재정리하여 소개하고 새로운 접근을 위한 문제를 제기하여 앞으로의 연구에 첫 걸음을 떼고자 한다.

## II. 말라르메의 페이지 공간 구성과 그에 이르는 과정

말라르메의 난해한 작품을 이해하는 데에 열쇠가 되는 그의 창작 방법론은 '작가의 사라짐'으로 요약할 수 있다. 근대 문학의 포문을 연 낭만주의가 이성중심주의 세계에 균열을 가한 대신 지나치게 작가 개인의 내면과 주관성에 치우쳐 있었다면 말라르메는 작가 개인의 주관성으로부터 작품을 독립시켜 작품의 주도권을 작품 자체에, 그리고 독자에게 넘겨줌으로써 낭만주의에서 한 걸음 더 나아갔다. 그의 '작가의 사라짐'은 작가 개인의 개성이나 취향이 아니라 독자들의 일반적인 인지 방식을 깊이 있게 탐구하고 그것을 작품 창작의 원리로 삼아 치밀한 계산 하에 하나의 견고한 리듬의 구조를 제시하는 동시에 메시지는 오히려 조각을 내어 분산시키고 따라서 약화시키는 방식을 통해 가능하였다. 그렇게 하여 탄생한 '구조'의 단단하고 치밀한 측면은 일견 이성중심주의의 세계로 회귀한 듯 보이기도 한다. 그러나 감상의 차원에서는 메시지에 못지않게, 즉, 논리적인 사고를 통한 감상 못지않게 텍스트의 활자체와 페이지 공간상의 글의 배치 등 감각적인 측면이 중요하다는 점에서 이성중심주의로의 회귀로 볼 수는 없다. 오히려 그가 텍스트의 시각성이 인식되기 시작한 시대의 변화를 감지하고 그것을 바탕으로 새로운 방식의 창작을 시도한 것으로 봐야 한다. 그리고 『주사위 던지기』는 그의 시도가 맺은 결실의 대표적 사례라 하겠다.

이 작품은 눈으로 한번 보는 것만으로도 형식적으로 특이한 점을 많이 드러낸다. 더구나 말라르메가 이 작품을 구상하고 출간을 준비할 당시가 타이포그라피 발전에 있어 초창기인 19세기 말이었던 점을 감안하면 이 작품의 형식상 특징에 더욱 놀라게 된다. 우선, 단행본으로 출간된 판본을 볼 때, 이 작품이 일반적인 크기를 넘어서 상당히 큰 판형으로 제작되었다는 점에 강한 인상을 받을 수 있다.[6] 이 책을 구성하고 있는 페이지는 표지를 제외하고 총 30면으로 큰 판형에 비해 두께가 얇은 것도 특이하다. 책을 펼치면 제목 페이지,

서문 페이지를 거쳐 22면으로 이루어진 본문이 나오는데 이 부분은 책을 펼쳤을 때 눈에 보이는 페이지 두 면이 마치 하나의 면처럼 다루어져 텍스트가 인쇄되어 있다. 이 점도 놀라움을 준다. 또한 페이지 구성에서 여백의 비율이 상당히 높고 문자들이 일반적인 문단 모양인 직사각형을 이루는 대신 불규칙하게 페이지 공간 속에 흩뿌려져 있는 형상을 보이고 있는 점도 주목할 만하다. 활자체의 크기가 매우 다양하며 대문자가 자주 사용되고 이탤릭체가 많이 사용된 점도 눈길을 끈다. 제목 페이지에는 '시(poème)'라는 일반적인 장르 이름이 큰 글자로 인쇄되어 있고 일반적으로 이 작품의 제목으로 알려져 있으며 이 시 본문의 주요 문장이기도 한 '주사위 던지기는 결코 우연을 말살하지 못하리'라는 문장은 오히려 부제처럼 그 아래 줄에 좀 더 작은 글자로 병기되어 있다.[7] 이와 같은 특징들을 페이지 공간 구성의 두 차원으로 나누어 살펴봄으로써 필자는 이 작품이 일정한 시각-공간적 원리에 따라 구성되었으며 그 원리는 독자의 보편적 인지-감각체계에 기초하고 있음을 보이고자 한다. 그리고 이 논의를 보완하는 차원에서 말라르메가 이러한 시각-공간적 리듬 구조에 이를 수 있었던 데에는 텍스트의 시각-공간적 성격에 관해 그가 겪은 직간접적 체험이 큰 도움이 되었음을 간략하게 살피고자 한다.

## 1. 활자의 형상 - 두 쌍의 대립과 보완

앞서 언급했듯이 이 작품을 처음 펼쳤을 때 활자들의 크기가 다양하며 대문자가 빈번하게 등장하고 이탤릭체도 자주 등장한다는 점이 눈에 띈다. 활자들의 크기는 모두 다섯 가지이다. 여러 페이지에 흩어져 있는 이 시의 주요 문장의 조각들이 가장 큰 크기로 되어 있고 나머지 글자들은 그보다 작은 네 가지 크기 중 하나로 인쇄되어 있는 식이다. 이러한 글자의 크기는 중심 문장을 포함하여 본문 텍스트 전체를 다섯 가지 층위로 구분하고 있다. 시인이 서문에서 제안했듯이 이 작품을 음악의 악보로 여긴다면 활자의 크기는 음의 세기로 볼 수 있을 것이다. 큰 활자일수록 독자의 눈에 강한 인상을 남길 것이며 따라서 가장 길게 독자의 머릿속에 잔상을 남기기도 할 것이다. 또한 한 가지 크기의 활자가 놓여 있는 페이지보다 다양한 크기의 활자가 섞여 있는 페이지에서 독자는 하나의 선율이 아니라 마치 심포니를 들을 때처럼 복합적인 인상을 받게 될 것이다. 활자의 크기가 독자에게 미치는 이와 같은 영향은 문화권이나 시대를 초월한 것이며 따라서 말라르메는 인류의 매우 보편적인 감각-인식체계에 기대어 이와 같이 페이지를 구성한 것으로 추정할 수 있다.

활자의 모양과 관련하여서는 말라르메가 활자체에 있어 두 쌍의 대립관계를 활용하였다고 추정할 수 있다.[8)] 대문자는 소문자와의 관계 하에서, 이탤릭체는 로만체와의 관계 하에서 자신의 고유한 기능을 갖는다. 그리고 그 기능은 로마자라는 서양의 오랜 문화적 맥락 속에서 작동된다. 먼저 대문자에 주목하자면, 이 작품 속에서 대문자가 활용된 사례는 크게 두 가지로 나눌 수 있다.[9)] 우선, 한 단어 속에서 맨 첫 글자에 놓인 대문자, 즉 이니셜로 사용된 경우가 있다. 이것은 다시 두 가지 경우로 나눌 수 있다. 첫째는 문장의 서두를 표시하는 기능을 갖는 이니셜 대문자의 경우이다. 사실, 로마자로 된 문장에서 문장의 서두에 대문자가 놓이는 것은 서양 문자문화에서 오래된 전통이다. 이 사례를 분석의 대상으로 삼는 것은 『주사위 던지기』의 경우 이런 보편적 사례와는 달리 오히려 대문자로 시작하는 문장이 드물기 때문이다. 이 작품을 이루고 있는 많은 문장, 혹은 문장의 조각들 가운데에서 문장의 서두를 표시하는 대문자는 4번만 등장한다. 그렇기 때문에 이런 식의 대문자 용례는 이 작품을 읽을 때 상당히 눈에 띈다. 그런 만큼 이 작품 속에서 문장 서두의 대문자는 특별한 기능을 지니는데, 그것이 한 문장의 첫 머리뿐 아니라 하나의 새로운 차원의 언술의 첫 머리를 표시하고 있기 때문이다. 실제로 이 작품의 가장 첫 판본인 『코스모폴리스』 판본에는 문장 첫 머리에 놓인 대문자 가운데 두 경우에 있어서 대문자 직전에 괄호가 열려 있음을 확인할 수 있다. 이 작품 해석의 권위자인 가드너 데이비스(Gardner Davies)의 의견도 이니셜로 사용된 대문자가 새로운 언술 층위의 시작을 알리는 표지라는 점을 확인해 준다.10) 그는 『코스모폴리스』 판본에서 괄호가 없는 나머지 두 개의 경우도 새로운 차원의 언술의 시작을 알리는 것으로 설명하고 있다.

두 번째로 고유명사의 표지로서 대문자가 사용된 경우를 볼 수 있다. 이 역시 로마자 문화에서 오래전부터 유지되어 온 관습에 기대고 있다. 다만 이 작품 속에서 등장하는 대문자는 일반적인 고유명사를 표시하는 대신 원래 보통명사로 통용되는 명사를 이 작품 속에서 고유명사의 차원으로 이동시키는 역할을 하고 있다는 점이 다르다. l'Abîme(심연), Nombre(숫자), Esprit(정신), Fiançailles(약혼), Septentrion(북두칠성), Nord(북쪽), Pensée(사유), Coup(던짐), Dés(주사위) 등이 그 예이다. 일반적인 고유명사가 언어의 차원을 실제의 차원과 연결시킨다면 이 단어들은 그 단어의 사전적 의미 이외에 이 단어들이 내포할 수 있는 근본적이고 폭넓은 의미를 되새기게 한다. 가령, '주사위'라는 단어의 첫 철자를 대문자로 표시하였을 때 독자는 놀이 도구라는 이 단어의 일반적인 의미 차원을 넘어서서 이 단어가 품고 있는 좀 더 넓은 울림의 장을 찾게 된다. 그리고 작품 속에서 '우연(LE HASARD)'과 '숫자(LE NOMBRE)'라는, 이 단어와 연결될 수 있는 다른 핵심적인 단어를 발견하게 된다. 실제로 철학사전을 참조하면 불어의 '우연'이라는 단어는 아랍어의 같은 의미의 단어에서 유래하였는데 그 단어는 애초에 '주사위게임'이라는 의미를 지니고 있었던 것을 발견할 수도 있다. 그런데 '우연'이라는 단어와 '숫자'라는 단어는 이 작품 속의 주요한 대립축인 '불확실성'과 '결정된 것'에 각각 연결된다. 그리하여 '주사위'는 이 둘의 경계에 놓여 있으면서 둘 모두로 향해 나아갈 수 있는 가능성을 품고 있는, 근원성과 잠재성을 품고 있는 핵심적인 단어로 읽히게 된다. 쉽게 지나칠 수 있는 단어의 이니셜을 대문자로 표시함으로써 보편적인 의미보다 훨씬 더 큰 울림을 낳는 의미를 그 단어에 부여하는 이러한 방식은 말라르메의 다른 작품에서도 빈번하게 발견된다. 대표적으로 말라르메가 평생 그토록 완성하고자 했으나 결국 완성하지 못했던, 그리고 어쩌면 애초에 하나의 고정된 실체로서 완성되리라 기대하지 않았을지도 모르는 유일한 '책'을 가리키는 단어, 'Livre'를 예로 들 수 있다.

단어의 첫머리에 대문자가 사용된 경우 이외에 단어 전체가 대문자로 인쇄된 경우 역시 주목할 만하다. 로마자의 대문자는 소문자와는 달리 일정한 네모꼴의 바탕을 상정할 수 있다. 그에 따라 대문자는 소문자보다 조금 더 알파벳 개별 활자의 독립성을 보장한다. 이것은 모두 대문자로 된 단어의 경우 그 의미 해독 이전에 시각적 차원에서 하나의 형상으로 읽혀질 가능성을 높인다. 실제로 로마자 문화에서 간판이나 공고문 등 시각적인 차원이 강조되어야 할 경우, 알파벳 모두를 대문자로 쓰는 사례가 많다. 이 작품 속에서도 단어 전체가 대문자로 된 경우, 그 단어 전체가 하나의 형상으로 독자에게 강하게 인지되며 따라서 시집 내에서 비슷한 형상을 지닌 단어들은 서로 다른 페이지 공간에 놓여 있으면서도 그들 사이의 울림을 형성한다. 일반적인 시에서 각운이 음성적인 반복과 변주를 통해 울림을 낳듯이 이 작품 속에서 단어 전체가 대문자로 된 부분들은 시각적 운(韻)을 형성한다고 할 수 있다.

다음으로 로만체와 이탤릭체의 대립을 고찰하자면, 이 역시 로마자 관습에 바탕을 두고 있다. 로마자 문화에서 일반적으로 로만체는 바탕 활자체로 사용하며 이탤릭체는 특정 부분을 강조할 때 사용하기 때문이다. 그런데 이 작품 속에서는 일반적인 경우에 비해 이탤릭체 사용 빈도가 더 높다. 그렇기 때문에 로만체가 바탕이고 이탤릭체가 강조라기보다는 서로가 서로에 대해 바탕이자 강조로 작용하고 있다고 할 수 있다. 이 작품 전반부는 중심테마와 같은 직설법과 어떤 상황을 상정하고 추측하는 가정법으로 구분할 수 있는데 이 두 가지 법(mode)이 각각 로만체와 이탤릭체로 표현되고 있으며 앞서 지적했듯, 이 둘은 서로 비슷한 비중으로 이 작품의 두 중심축을 형성하고 있다.[11] 가는 선과 굵은 선의 대립이 뚜렷하며 철자의 중심축이 잘 서 있는 로만체의 형상이 견고한 것, 영원불변한 것, 남성적인 것과 연결된다면 손글씨에 가까운 이탤릭체의 형상은 사라지는 것, 변하는 것, 여성적인 것과 연결된다.

활자의 형상 차원에서는 이처럼, 소문자/대문자와 로만체/이탤릭체라는 두 쌍의 대립 관계에 기초한 보편적 관습이 페이지 구성에 활용되었다. 개별적인 특성이 아니라 관계 속에서 그 특성이 드러난다는 점에서 각 대립쌍의 두 항은 서로를 보완하는 관계라고도 할 수 있다. 또한 두 개의 대립항 위에서 작동하지 않고 좀 더 다양한 층위에서 작동하는 활자의 크기에 있어서도 차이에 의한 인식이라는 점에서 대립쌍에 바탕을 둔 활자체 활용과의 공통점을 찾을 수 있다. 무엇보다도 로마자문화에서는 인쇄매체와 특히 삽화, 포스터 등이 발달하기 이전에 잊혀진 상태에 있던 문자의 시각적 측면을 되살리고 그것을 텍스트의 내용과 긴밀하게 연결시켜 활용했다는 점에서 이 두 도구 활용의 공통된 의의를 찾을 수 있다.

## 2. 더블페이지의 구성-좌우 공간의 기능과 복합적 독서

이 작품의 페이지의 특성 중 하나는, 이미 언급했듯이, 작품의 텍스트를 구성하는 문장들이, 책을 펼쳤을 때 눈앞에 놓이는 왼쪽 면과 오른쪽 면에 두루 걸쳐서 인쇄되어 있다는 점이다. 이 점은 이 작품의 『코스모폴리스』 판본과 1914년 작가의 사위에 의해 출간된 갈리마르 판본을 비교했을 때 두드러진다. 〈그림 1〉은 『코스모폴리스』의 두 페이지를 임의로 발췌한 자료이다. 이 자료에서는 두 페이지가 각각 독립된 공간으로 사용되고 있다. 그런데 갈리마르 판본을 옮겨 놓은 〈그림 2〉와 〈그림 3〉을 보면 〈그림 1〉에서 두 페이지를 이루던 내용이 각각 하나의 양면페이지에 놓여 있는 것을 알 수 있다. 즉, 〈그림 1〉의 왼쪽 페이지는 〈그림 2〉의 더블페이지에, 〈그림 1〉의 오른쪽 페이지는 〈그림 3〉의 더블페이지에 놓여있다. 이렇게 갈리마르 판본은 눈앞에 놓이는 책 페이지의 두 면이 하나의 면으로 읽힌다. 이 때문에 독자는 이 작품을 읽을 때 마치 화폭을 마주하듯이 두 면이 구성하는 하나의 더블페이지 공간을 한 눈에 보게 된다. 그렇지만 책은 여러 페이지를 겹쳐 묶은 것이기 때문에 물리적으로 두 면 사이의 경계를 지울 수가 없다. 그런 점에서 펼쳐진 더블페이지는 그림의 바탕과는 여전히 다르다. 그렇기 때문에 이 작품의 페이지 공간은 두 면을 한 눈에 파악하게 하면서도 두 면의 독립성도 어느 정도 인식하게 한다. 이런 점에서 말라르메는 두 면을 가르는 제본선을 전통적인 12음절 정형시인 알렉상드렝(alexandrin)의 한 시행을 둘로 나누는 휴지(césure)처럼 간주했다.[12] 시를 읽을 때 한 행이 하나의 기본 단위를 구성하고 그것이 다시 두 부분으로 나뉘는 것처럼 더블페이지는 하나의 독서의 단위이면서 다시 두 개의 면으로 구분되는 것이다. 그리고 한 행의 앞 반구(半句, hémistiche)와 뒤 반구 사이의 관계를 하나의 시적 장치로 활용할 수 있는 것처럼 더블페이지를 이루는 왼쪽 면과 오른쪽 면 사이의 관계를 하나의 시적 장치로 활용할 여지가 발생한다. 이 작품을 볼 때는 일반적인 책의 페이지를 읽을 때처럼 왼쪽 면과 오른쪽 면을 순차적으로 보는 것이 아니라 두 면을 함께 놓고 보기에 두 면 사이의 차이나 유사성이 시적 장치가 될 가능성이 더욱 높다.

이 작품 전체를 두고 보면, 왼쪽 면은 활자가 적고 오른쪽 면은 그에 비해 활자가 많다. 이 점은 일반적으로 종이의 앞면만 활용하여 인쇄한 후 인쇄된 종이들을 모아 각 면의 왼쪽을 묶는 식으로 제본해서 펼쳐보았을 때 인쇄된 앞면이 오른쪽 면에 해당하는 것을 생각해보면 자연스러운 현상이다.[13] 일반 책에서도 표지 다음에 등장하는 간단한 제목페이지는 오른쪽 면이고 그 왼편에 놓이는 페이지는 완전히 비어 있거나 출판사 정보만 페이지 하단에 인쇄되는 경우가 많다. 이와 같은 관습에서 말라르메는 한 걸음 더 나아간다. 제목페이지만이 아니라 본문 전체에서 각 면의 바탕-형상의 비율, 즉 글자가 그리는 형상의 밀도로써 일정한 리듬감을 만들었기 때문이다. 시각-공간적으로 가벼움-무거움의 병치의 반복이 그 리듬감의 중심을 이룬다. 제목페이지를 포함하여 이 작품을 이루고 있는 12개의 더블페이지 각각에 숫자를 붙인다면 6페이지는 예외적으로 왼쪽 면이 인쇄밀도가 높고 오른쪽 면이 인쇄밀도가 낮은데 작품 거의 중반에 이르러 이렇게 일정한 패턴을 깸으로써 신선함을 주고 있다. 1, 2, 3, 8, 10, 11, 12페이지는 앞서 언급한 대로 일상적인 구성을 보이는데, 즉,

왼쪽 면이 밀도가 낮고 오른쪽 면이 밀도가 높다. 반면 4, 5, 7, 9페이지는 양면이 비슷한 밀도를 보여주고 있다. 그렇게 하여 전체적으로 앞의 세 더블페이지(1, 2, 3)와 뒤의 세 더블페이지(10, 11, 12)는 일상적인 밀도의 병치를 보여주고 가운데를 이루는 여섯 더블페이지(4, 5, 6, 7, 8, 9)는 다양한 변주를 보여준다고 하겠다.

더블페이지를 이루는 두 면이 시각-공간적으로 구분되어 리듬을 형성할 뿐 아니라 언어-의미상으로도 각각 일정한 역할을 하고 있다는 점도 지적할 만하다. 인쇄 밀도가 낮은 면이 비어있는 흰 바탕 공간을 통해 독자의 사유를 자유롭게 둔다면 인쇄 밀도가 높은 면은 인쇄된 문장을 통해 독자에게 특정한 메시지를 전하여 그 자유로운 사유의 흐름에 하나의 자극을 준다고 할 수 있다. 이 작품의 가장 중심이 되는 문장의 조각들이 모두 오른쪽 면에 놓여 있다는 점은 이 작품에서 오른쪽 면이 단지 인쇄의 밀도만이 아니라 메시지 차원에서도 독자에게 더 강한 자극을 주고 있음을 확인하게 한다. 그리고 그 중심 메시지를 제외하고 본다면 각 더블페이지의 메시지 전체의 분위기를 조성하는 단어들이 주로 왼쪽 면에 놓여있다. 가령, 4페이지의 "SOIT(가정-불확실한 분위기 조성)", 8페이지의 "sauf(대립, 배제의 부정적 분위기 조성)", 10페이지의 "C'ÉTAIT, CE SERAIT(가정-불확실한 분위기 조성)", 11페이지의 "RIEN('무', '사라짐'의 분위기 조성)", 12페이지의 "EXCEPTÉ(대립, 배제의 부정적 분위기 조성)", "PEUT-ÊTRE(불확실한 분위기 조성)" 등이 그 예이다. 강력하고 구체적인 메시지 전달을 담당하고 있는 오른쪽 면에 비해 왼쪽 면은 더블페이지 공간 전체의 분위기를 조성하는 역할을 하고 있는 것이다. 이 역시 서양에서는 전통적으로 메시지가 오른쪽 면에 놓여 있는 점과 연결하여 이해할 수 있다.

한편, 두 면의 밀도의 차이가 뚜렷한 더블페이지와 그렇지 않은 더블페이지는 텍스트에서 느낄 수 있는 긴장도가 각기 다른 점을 발견할 수 있다. 두 면의 밀도의 차이가 뚜렷한 페이지 중 하나인 더블페이지 6을 먼저 예로 들겠다. 이 더블페이지의 왼쪽 면은 페이지 공간의 2/3 가량이 작은 크기의 조각 문장들로 채워져 있는 반면 오른쪽 면은 페이지 공간의 아래에 "N'ABOLIRA"가 있을 뿐 나머지 공간은 여백으로 남겨져 있다. 이러한 밀도상의 차이로 인해 양면이 다소 대립적인 느낌을 주는데 이것은 텍스트가 주는 느낌과 연결된다. 오른쪽 면에 있는 "N'ABOLIRA"는 '폐기하지 못하리'라는 의미를 지니고 있는데 왼쪽 면에 흩어져 있는 조각 문장들은 그와 반대되는 의미를 지니고 있다. 즉, 오른쪽 면이 '견고함'을 의미하는 단어를 담고 있다면 왼쪽 면은 "사라짐(disparition)", "파도에 의해 유연해지고 빼앗긴(assouplie par la vague et soustraite)", "소실된(perdus)", "비틀거릴 것이다(chancellera)", "좌초될 것이다(s'affalera)" 등 그 반대되는 의미의 단어들을 담고 있는 것이다. 이 더블페이지는 이렇게 서로 대립되는 두 개의 핵심 의미를 품고 있어 긴장감을 유발한다. 더블페이지 8과 11 역시 예로 들만하다. 이 두 더블페이지의 경우에는 각각 "sauf(...를 제외하고)", "N'[E] [...] QUE(...만)"라는, 배제의 의미를 담고 있는 전치사로 인해 양면의 의미가 대립된다. 그리고 그 때문에 더블페이지 6처럼 높은 긴장감을 유발한다. 반면, 더블페이지 4, 5, 7, 9의 경우 앞서 지적했듯이, 양면의 밀도가 크게 차이나지 않는다. 텍스트상으로도 이 더블페이지들은 각각 "SOIT", "LE MAîTRE", "*COMME SI [/] COMME SI*", "*SI*" 등 하나의 핵심 단어를 품고 있고 더블페이지 속의 텍스트 전체가 이 핵심 단어가 제공하는 분위기에 잘 연결된다. 이 더블페이지들에서는 따라서 왼쪽 면과 오른쪽 면 사이의 대립-긴장 관계를 찾아볼 수 없고 양면 사이가 잘 연결되어 더블페이지 전체가 마치 하나의 균일한 공간처럼 느껴지게 한다. 이와 같이 두 면의 밀도상의 차이로 인한 시각적 인상의 차이가 의미상의 긴장감과 연결되는 경향은 모든 더블페이지에 해당되지는 않더라도, 텍스트상의 긴장감이 시각적 차원에서도 구현되었다는 점에서, 의미 있는 특성으로 볼 수 있을 것이다.

앞에 열거한 더블페이지의 세 가지 특징이 주로 더블페이지를 이루고 있는 왼쪽 면과 오른쪽 면의 동시적 독서에 관련된 것이라면 독서 행위의 순차적인 측면과 관련된 페이지 공간 구성상의 특징도 있다. 두 가지를 지적할 수 있는데, 우선 첫 번째 특징은 하나의 더블페이지에 대한 순차적 독서와 관련된다. 이 작품은 글의 일반적인 독서 방향인 수평방향을 깨고 대각선을 중심 되는 독서 방향으로 삼게 한다. 이 작품은 작품을 구성하고 있는 문장들이 마치 조각으로 잘려진 뒤 각 조각이 공간에 흩뿌려져 있는 것 같은 인상을 주는데, 자세히 보면 왼쪽에서 오른쪽, 그리고 위에서 아래라는 일반적인 독서의 방향을 깨고 있지는 않다. 다만, 하나의 문장을 중간에서 자르고 그 이하를 다음 줄의 그 위치로 옮겨놓는 방식으로써, 시선이 수평방향을 기본으로 하여 지그재그로 움직이며 페이지를 훑어나가는 일반적인 방식을 단축하게 한다. 이와 같은 문장의 "층계식 배열"은 이 작품 이전에 말라르메가 이미 여러 차례 시도한 바 있으며 이 작품은 그런 시도의 정점에 위치한다.[14] 언어는 순차적이고 이미지는 동시적이라고 한다면 말라르메가 사용한 대각선 배열 방식은 동시적 독서를 가능하게 하면서 언어의 순차적인 성격도 어느 정도 보존하고 있는 방식이다. 특히 문장들이 우선 왼쪽에서 오른쪽으로 수평적으로 배열되고 그 다음에 그 수평선들이 수직적으로 배열되는 서양의 문장 배열 방식에서 속독을 한다면 시선은 왼쪽 위에서 오른쪽 아래로 이어지는 가상의 대각선을 따라간다는 점을 고려할 때 '＼' 방향으로 그어진 가상의 대각선을 중심으로 문장 조각들을 배열한

이 작품의 공간 구성 방식은 서양 독자들의 전통적인 감각-인지체계에 기준을 두고 있다는 점을 알 수 있다. 그런 점에서 말라르메의 방식은 20세기 초 다다이스트의 실험들에 비해 온건한 실험이라 할 수 있으며 작가의 독창적 방식보다는 어디까지나 독자들의 일반적인 습관에 바탕으로 둔 시도라 평가할 수 있다.

순차적 독서의 차원에서 지적할 수 있는 페이지 공간 구성의 두 번째 특징은 여러 페이지를 넘겨가며 하는 독서 행위와 관련된다. 앞서 더블페이지 공간 내에서의 텍스트 배열에 있어서 좌우 공간 배치를 지적하였는데, 이번 특징은 상하 공간 배치와 관련된다. 이 작품의 주요 문장이 “UN COUP DE DÉS(주사위 던지기(는))”, “JAMAIS(결코)”, “N’ABOLIRA(폐기하지 못하리)”, “LE HASARD(우연(을))” 등 네 부분으로 나누어져 몇몇 더블페이지의 오른쪽 면에 위치해 있음은 이미 지적하였다. 첫 번째 조각은 더블페이지 2의 오른쪽 면 1/3 지점에 자리 잡고 있고 두 번째 조각은 더블페이지 3의 오른쪽 면 2/3 지점에 위치해 있으며 세 번째 조각은 더블페이지 6의 하단에, 네 번째 조각은 더블페이지 10의 2/3 지점에, 그러니까 두 번째 조각과 비슷한 위치에 자리 잡고 있다.[15] 1/3-2/3-하단-2/3로 이어지는 이런 위치 변경의 흐름에서 출발하여 말라르메 연구의 권위자 중 한 사람인 로버트 그리어 콘(Robert Greer Cohn)은 이 네 조각에 사계절이라는 상징적 의미를 부여하기도 하였다.[16] 그러나 이 네 조각의 위치 변경의 순환적 흐름 못지않게 중요한 것은 이 네 조각들이 놓여 있는 세 자리가 상하 위치상 적절하게 배치되어 전혀 겹치지 않는다는 점이다. 그 점은 이 네 조각들이 서로 다른 더블페이지에 놓여있기는 하지만 상하 위치에서 각기 고유한 자리를 갖고 있는 것으로 추측하게 한다. 그리고 그 고유한 자리는, 이 조각들이 가장 큰 크기의 활자로 인쇄되어 있는 탓에, 한번 독자의 눈에 의해 감지

된 이후 독서 행위를 하는 내내 독자의 머릿속에 남아있을 가능성이 높다. 그 때문에 이 작품의 중심을 이루고 있는 조각들은 실제로 그것이 등장하지 않는 페이지에서조차 그것의 존재를 느끼게 한다. 각 조각에 겹치지 않는 고유한 자리를 배정함으로써 그 자리가 빈 공간으로 남겨져 있거나 좀더 작은 크기의 다른 글자들로 채워져 있더라도 거기에서 그 조각들의 존재 혹은 잔상을 느끼게 한다는 것이다. 이 점 역시 독자의 보편적 감각-인지체계에 바탕을 두고 독자에게 시각-공간적으로 깊은 인상을 남기는 방식으로 페이지 공간을 구성한 사례로 볼 수 있다.

## 3. 『주사위 던지기』 페이지 공간 구성에 이르는 과정

글자를 의미 해독의 대상으로만 보지 않고 글자의 형상 자체를 독서의 대상으로 삼게 한다는 점, 그리고 글이 인쇄된 페이지를 하나의 그림의 바탕처럼 보게 한다는 점에서 『주사위 던지기』는 획기적인 작품이라 할 수 있다. 오랫동안 글자가 단순히 말을 옮기는 기호에 불과했던 서양 문자문화의 맥락에서는 더욱 그러하다.

사실 동아시아 문화권의 경우, 읽는 대상뿐 아니라 보는 대상이기도 했던 한자를 오랫동안 사용해온 덕분에 문자는 그 시각-공간적인 성격을 꾸준히 유지해 왔다. 그에 따라 글자는 그림과 비슷하게 다루어졌다. 글자나 그림이나 똑같이 붓에 먹물을 찍어 그렸고 비단이든 종이든 그림이 그려진 바탕은 그대로 글자의 바탕이 되었다. 역사적으로 볼 때 오히려 동양화의 미학은 서예의 미학에서 발전하기도 하였다. 그 후 글자와 그림은 하나의 뿌리를 가지고 같은 미학적 원리를 공유하게 되었고[17] 시서화(詩書畵) 일체의 전통은 오랫동안 한자 문화권에서 이어져 내려왔다. 우리나라의 한글과 일본의 문자도 기본적으로는 표음문자이나 음절 단위로 하나의 글자를 쓰는 관습은 한자가 발전시킨 표의문자 문화의 영향으로 볼 수 있다. 눈에 보이는 테두리가 있든 없든 하나의 글자를 떠받치고 있는 한 개의 칸은 그대로 하나의 화폭과 같이 밖으로는 경계 지워지고 안으로는 하나의 형상을 탄생시키는 근원적 공간이다. 그리고 독서-감상의 리듬을 구성하는 단위 공간이 된다. 그 각각의 공간을 앞에 두고 독자는 그림 감상에서처럼 형상이 언어의 의미작용을 거치지 않고 바로 사유에 연결되는 경험을 하게 되는 것이다. 반면 서양의 경우, 언어와 이미지는 오래 전부터 분리되었고 글자와 그림이 하나의 바탕 공간에서 만나는 일은 좀처럼 일어나지 않았다. 동양과는 달리 사용하는 도구도 펜과 붓으로 나뉘었고 바탕도 지면(紙面)과 캔버스로 분리되었다. 이미지로부터 분리된 언어는 이미지를 지배하였다. 그에 따라 이미지는 형상을 본뜨면서도 언어를 통한 의미작용에 바탕을 두는 이야기 전달에 치중하였고 글자는 그 형상적-공간적 성격을 대부분 잃어버리고 소리 내어 읽는 대상으로, 언어적 의미작용의 한 도구로 전락하였다.

물론, 말라르메의 시도가 가능했던 것은 상당 부분 서양 문자문화에 생겨난 변화 덕분이다. 인쇄술의 발전과 인쇄 매체의 발전은 로마자가 형상적, 공간적 성격을 되찾는 데에 큰 기여를 하였다. 특히 19세기에 신문, 잡지가 폭발적으로 증가하고, 발전된 판화 기술에 힘입어 그 지면에 판화가 빈번하게 등장하게 되면서 글과 그림이 한 면에 놓이는 일도 잦아졌다. 또한 이런 환경 속에서 글자를 '읽는' 대신 그림처럼 '보게' 하는 포스터도 제작되기 시작하여 글의 형상적 측면에 대한 인식이 점차 확산되었다. 표음문자 문화에 큰 변화가 생긴 것이다. 그러나 말라르메는 단순히 글자의 형상적 특성을 인식하고 활용하는 데에서 한 걸음 더 나아갔다. 말라르메에게서 글자의 형상보다 더 중요했던 것은 형상이 놓이는 바탕 공간이었으며 순차적인 언어의 성격에서 벗어나지 못했던 줄글의 공간화를 이뤄내는 것이었다. 그것은 글이 놓이는 페이지 공간을 표의문자 문화에서 글자의 한 칸이 그렇듯이 하나의 시각-공간적인 리듬의 단위로 삼음으로써 가능하였다. 그리고 이 점이 『주사위 던지기』가 서양 문자문화에 있어서 하나의 전환점으로 평가될 수 있는 이유이다.

말라르메가 이 작품 속에서 보이고 있는 특이한 페이지 구성은 말라르메만의 체험과 실험을 통해 얻어졌다. 우선 마네가 그 체험에서 중요한 위치를 차지한다. 마네는 말라르메의 작품 『까마귀(le Corbeau)』와 『목신의 오후』의 삽화를 담당하며 그와 함께 작업하였으며 10년 간 말라르메와 매일 만나다시피 하였다. 마네는 여러 가지 측면에서 서양 현대 회화의 문을 연 선구자로 평가받고 있는데 말라르메와 관련해서는 그가 그림 바탕을 새롭게 인식하게 하였다는 점을 지적할 수 있다. 그는 서양의 전통적 원근법에 기초해 화면을 구성하지 않아 그림의 바탕을 이차원의 평면 그대로 보게 하였다. 또한 화면 바탕이 그림에서 큰 비중을 차지하게 하여 형상보다 더 근원적인 그림의 바탕 공간 자체를 인식하게 하였다. 이 점은 그의 판화 작품에서 더욱 두드러진다. 당시 판화에는 선들을 겹쳐서 표현하는 북부식 판화와 선들을 겹치지 않게 표현하는 남부식 판화가 있었는데 마네는 후자를 주로 따랐다. 이런 식의 판화에서는 선들이 겹치지 않기 때문에 자연히 화면 전체에서 검은색보다 흰색이 더 두드러졌고 마네의 판화 작품들이 그런 특징을 그대로 드러내고 있다. 앞서 언급한 말라르메 작품의 삽화에서도 이 점을 확인할 수 있다.[18]

말라르메 자신의 체험에서도 글줄이 놓인 페이지가 독서의 단위가 될 수 있는 가능성을 발견하게 한 대목들을 발견할 수 있다. 대표적인 것은 그가 취미로 삼았던 글자 쓰기이다. 어린 시절 존경하는 시인들의 시를 베껴 적은 수첩이 백여 권에 달했던 그는 성인이 된 후에는 다양한 바탕 위에 글을 써 넣는 일을 즐겼다. 여러 개의 부채에 자작시를 손수 써 넣기도 하였고[19] 부활절 달걀이나 새해 선물로 주고받는, 당을 입힌 과일 위에, 또 각종 초대장과 카드 등에 짧은 글귀를 정성들여 써 넣곤 하였다. 『상황시(vers de circonstances)』로 묶여 출간된 여러 편의 시들이 그렇게 탄생하였다.[20] 영어 교사로서, 카드로 된 영어 단어장 등 다양한 시각 교재를 직접 제작하기도 하였다. 지인들에게 편지를 보낼 때면 봉투에 지인들의 이름과 주소를 포함하는 4행시를 보기 좋게 써 넣었고 그렇게 탄생한 주소-시들을 『우편취미(Les loisirs de la poste)』나 『우편놀이(Récréations Postales』라는 제목의 책으로 묶기도 하였다. 경계 지워진 하나의 자율적 공간인 우편 봉투 위에 4행시를 어떻게 배열할까를 고민하며 한 자 한 자 그려나갔을 말라르메의 모습을 그려보면 그가 그런 일을 반복함으로써 흰 바탕을 대면하는 법을, 그리고 눈과 손, 형상과 공간을 조화롭게 운영하는 법을 익혔으리라 짐작할 수 있다.

## III. 「주사위 던지기」의 페이지 공간이 내포하고 있는 문제

앞서 얘기했듯이, 말라르메의 방식이 낭만주의의 주관주의를 극복하면서도, 리듬을 낳는 구조의 완성에 집중하고 구체적이고 단정적인 메시지의 전달 부분은 약화시켰다는 점에서 이성 중심주의에서도 멀리 왔다고 할 수 있다. 말라르메는 확정적이지 않은 서술과 우연의 수용을 통해 다양한 층위와 관점이 작품의 감상에 개입할 여지를 남겼고, 언어의 기호성에 의해 매개되지 않고 감상자의 감각을 통해 직접 인지되는 작품의 물질적 차원, 즉, 글자와 페이지의 형상 등을 활용하여 페이지 공간을 하나의 시각-공간적 리듬의 기본 단위로 만들었다. 그리고 인간의 신체와 깊은 관련이 있는 보편적인 감각-인지의 체계와 서양의 문화적 관습에 기초하여 다양한 리듬을 만들어내는 원리를 탐구하였다.

그런데 흥미롭게도『주사위 던지기』의 페이지들은 채움보다 비움에, 형상보다 바탕 공간에 무게중심이 놓여 있어 한자문화권의 서예나 회화 미학을 떠올리게 한다. 특히 이 작품의 페이지들에서 놀라울 정도로 여백의 비율이 높다는 점은 주목할 만하다. 서문에서 말라르메 자신이 밝히고 있듯이[21], 이 작품에서 페이지 공간의 2/3는 흰 바탕공간이 차지하고 있고 인쇄된 면적은 1/3에 불과하다. 페이지의 많은 부분을 차지하고 있는 여백은, 작품 텍스트의 내용처럼, 난파를 당한 선장이 주사위를 던지면서 사라져간 드넓은 바다의 공간, 그리고 북두칠성이 나타난 광활한 밤하늘의 공간을 연상시킨다. 그리하여 독자로 하여금 한 개인으로서의 주체가 사라지고 우주의 기운이 드러나는 잠재성의 공간으로서의 흰 바탕의 의미를 되새기게 한다. 이런 점에서 말라르메의 작품 세계는 아래에 인용하는 동양화의 미학과 상통하는 느낌을 준다.

> 1제곱미터쯤 되는 종이 한 장에서 그림이 그려진 부분은 1/3만 차지한다. 종이의 나머지 부분은 이미지가 전혀 없는 것처럼 보인다. 그러나 그 부분에는 더욱더 이미지들이 존재한다. 그처럼 '빈 곳'은 아무것도 아닌 것이 아니다. '빈 곳'이 그림이다.[22]

이렇게 보면 말라르메의 작품 창작 원리는 보편성과 서양의 문화적 관습에 바탕을 두고 있으면서도 그것을 넘어서고 있다고 할 수 있다. 그리고 이 점에 있어 『주사위 던지기』의 페이지들을 서예나 동양화의 바탕 면과 비교하면서 면밀하게 분석해 보는 것은 의미 있는 일일 것이다. 그 작업을 통해 여백이 높은 비중을 차지하는 이 작품에서 빈 공간은 단순히 남겨진 공간이 아니라 잠재성의 공간, 생성의 공간이라는 점을 좀더 분명하게 확인할 수 있을 것이다. 그런데 이 연구에서는 두 종류의 바탕 면 사이의 공통점뿐 아니라 차이점에도 주목할 필요가 있을 것이다. 즉, 작가의 신체가 직접 개입하는 서예나 동양화의 바탕 면과 기계적인 과정이 포함되는 인쇄된 페이지가 보이는 차이점을 간과해서는 안 된다. 또한 오랜 수련 뒤의 순간적인 실연이라는 서예나 동양화의 작업 과정과, 교정쇄를 놓고 치밀한 계측을 하며 수정에 수정을 거듭할 수 있는 인쇄된 페이지의 완성 과정 사이의 차이 역시 고려해야 할 것이다. 요컨대, 여백의 문제를 다양한 차원에서 다루어야 할 것이다. 그리고 그 문제는 서예의 미학, 동양화의 미학으로 일컬어지는 여러 가지 원리들 가운데 어떤 것이 더 보편적이며 핵심적인가를 탐구하는 문제로 확장될 수 있다.

언어적 속성과 이미지적 속성을 동시에 지니고 있는 이 작품의 페이지 공간을 고찰하는 작업은 이미지 시대라는 이 시대에 존재하는 두 가지 이미지에 대해 고찰해 보는 작업으로 이어질 수도 있다. 이 시대의 두 가지 이미지란 여전히 언어의 영향력 아래에 있는 이미지와 언어가 자신의 한계를 벗어나기 위해 표본으로 삼을 수 있는 이미지를 말한다. 현대에 들어와 그림은 그림만의 표현 방식을 찾으려 여러 가지 시도를 하였고 그런 과정 속에서 언어의 지배로부터 어느 정도 벗어난 것 같다. 그렇다면 언어의 지배를 벗어난 그림이 되찾은, 이미지 본래의 힘의 핵심적 요소는 무엇인가 하는 질문을 던져 볼 수 있다. 그것을 고민함으로써 언어의 한계를 넘어서서 문학이 체험과 사유를 생생하게 담을 수 있는 방법을 찾을 수 있지 않을까 한다. 말라르메를 따라 작품의 기호적 성격을 완화시키는, 작품의 틀-구조로서의 리듬을 시각-공간적 차원에서 구현할 또 다른 방식을 찾아 현대 문학, 특히 현대시에 하나의 탈출구를 마련할 수 있을 것으로 기대한다.

## ▌도판자료

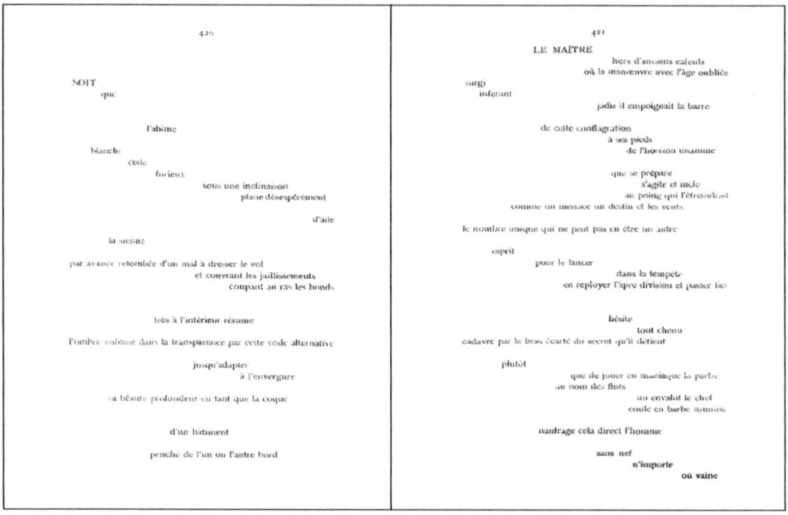
420

SOIT
que

l'abîme

blanchi
étale
furieux
sous une inclinaison
plane désespérément

d'aile

la sienne

par avance retombée d'un mal à dresser le vol
et couvrant les jaillissements
coupant au ras les bonds

très à l'intérieur résume

l'ombre enfouie dans la transparence par cette voile alternative

jusqu'adapter
à l'envergure

sa béante profondeur en tant que la coque

d'un bâtiment

penché de l'un ou l'autre bord

421

LE MAÎTRE
hors d'anciens calculs
où la manœuvre avec l'âge oubliée
surgi
inférant
jadis il empoignait la barre

de cette conflagration
à ses pieds
de l'horizon unanime

que se prépare
s'agite et mêle
au poing qui l'étreindrait
comme on menace un destin et les vents

le nombre unique qui ne peut pas en être un autre

esprit
pour le lancer
dans la tempête
en reployer l'âpre division et passer fier

hésite
tout chenu
cadavre par le bras écarté du secret qu'il détient

plutôt
que de jouer en maniaque la partie
au nom des flots
un envahit le chef
coule en barbe soumise

naufrage cela direct l'homme

sans nef
n'importe
où vaine

〈그림 1〉 『코스모폴리스』에 게재된 「주사위 던지기」의 두 페이지

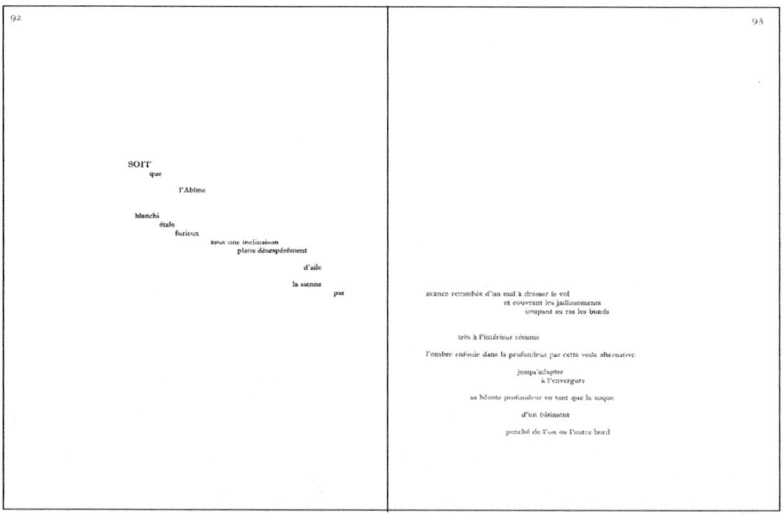
92

SOIT
que
l'Abîme

blanchi
étale
furieux
sous une inclinaison
plane désespérément
d'aile
la sienne
par

93

avance retombée d'un mal à dresser le vol
et couvrant les jaillissements
coupant au ras les bonds

très à l'intérieur résume

l'ombre enfouie dans la profondeur par cette voile alternative

jusqu'adapter
à l'envergure

sa béante profondeur en tant que la coque

d'un bâtiment

penché de l'un ou l'autre bord

〈그림 2〉 1914년 갈리마르에서 출간된 판본을 따른 판본의 한 더블페이지
(〈그림 1〉의 왼쪽페이지에 해당)

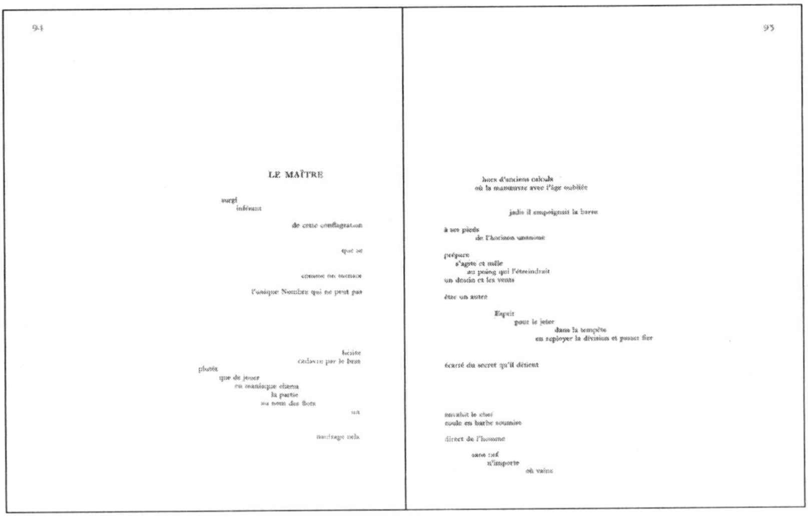

94

LE MAÎTRE

surgi
inférant

de cette conflagration

que se

comme on menace

l'unique Nombre qui ne peut pas

hésite
cadavre par le bras

plutôt
que de jouer
en maniaque chenu
la partie
au nom des flots
un

naufrage cela

95

hors d'anciens calculs
où la manœuvre avec l'âge oubliée

jadis il empoignait la barre

à ses pieds
de l'horizon unanime

prépare
s'agite et mêle
au poing qui l'étreindrait
un destin et les vents

être un autre

Esprit
pour le jeter
dans la tempête
en reployer la division et passer fier

écarté du secret qu'il détient

envahit le chef
coule en barbe soumise

direct de l'homme

sans nef
n'importe
où vaine

〈그림 3〉 1914년 갈리마르에서 출간된 판본을 기초로 한 판본의 한 더블페이지
(〈그림 1〉의 오른쪽 페이지에 해당)

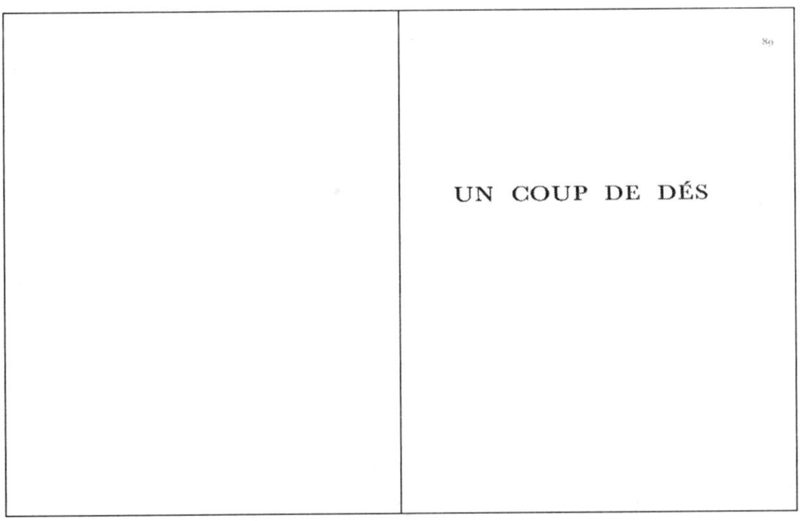

80

UN COUP DE DÉS

〈그림 4〉 중심 문장의 첫 번째 조각이 있는 더블페이지 2

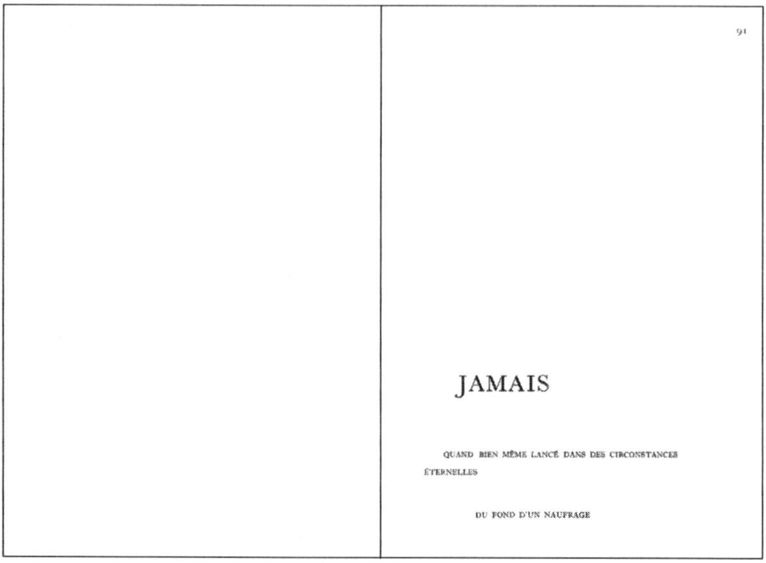
91

JAMAIS

QUAND BIEN MÊME LANCÉ DANS DES CIRCONSTANCES ÉTERNELLES

DU FOND D'UN NAUFRAGE

〈그림 5〉 중심 문장의 두 번째 조각이 있는 더블페이지 3

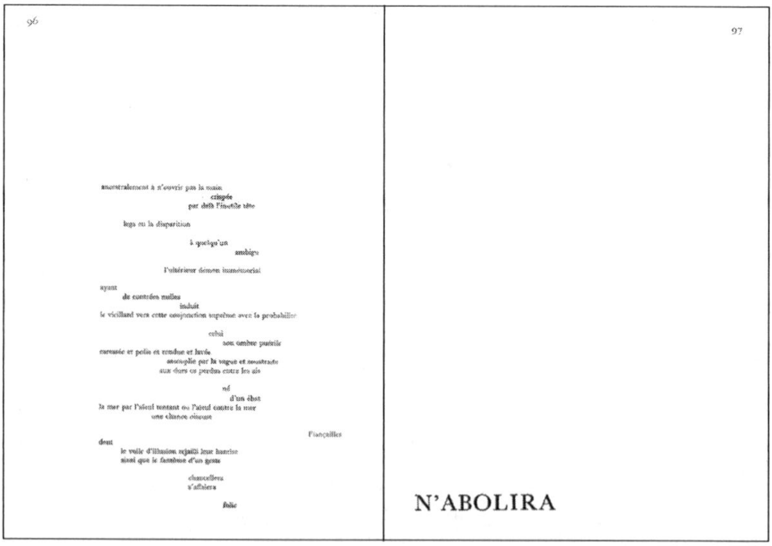
96

ancestralement à n'ouvrir pas la main
crispée
par delà l'inutile tête

legs en la disparition

à quelqu'un
ambigu

l'ultérieur démon immémorial

ayant
de contrées nulles
induit
le vieillard vers cette conjonction suprême avec la probabilité

celui
son ombre puérile
caressée et polie et rendue et lavée
assouplie par la vague et soustraite
aux durs os perdus entre les ais

né
d'un ébat
la mer par l'aïeul tentant ou l'aïeul contre la mer
une chance oiseuse

Fiançailles
dont
le voile d'illusion rejailli leur hantise
ainsi que le fantôme d'un geste

chancellera
s'affalera

folie

97

N'ABOLIRA

〈그림 6〉 중심 문장의 세 번째 조각이 있는 더블페이지 6

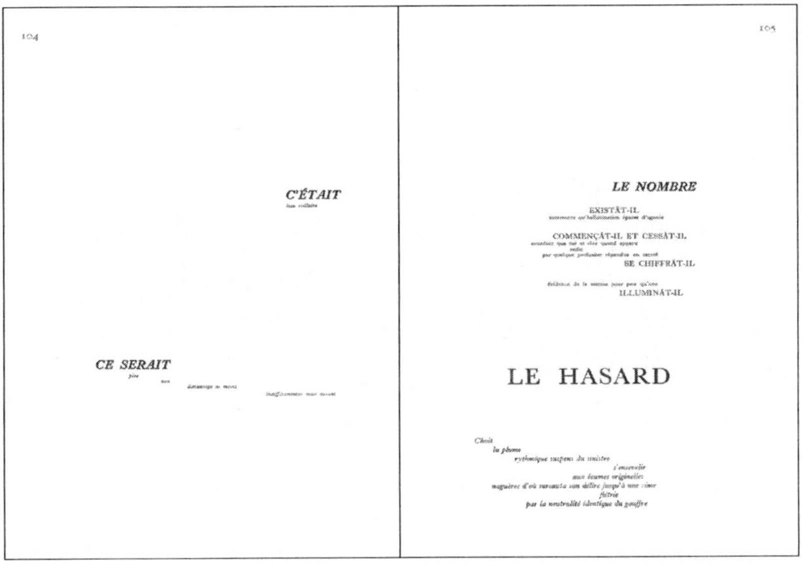
104

C'ÉTAIT

CE SERAIT

105

LE NOMBRE

EXISTÂT-IL

COMMENÇÂT-IL ET CESSÂT-IL

SE CHIFFRÂT-IL

ILLUMINÂT-IL

LE HASARD

*Choit*
*la plume*
*rythmique suspens du sinistre*
*s'ensevelir*
*aux écumes originelles*
*naguères d'où sursauta son délire jusqu'à une cime*
*flétrie*
*par la neutralité identique du gouffre*

〈그림 7〉 중심 문장의 마지막, 네 번째 조각이 있는 더블페이지 10

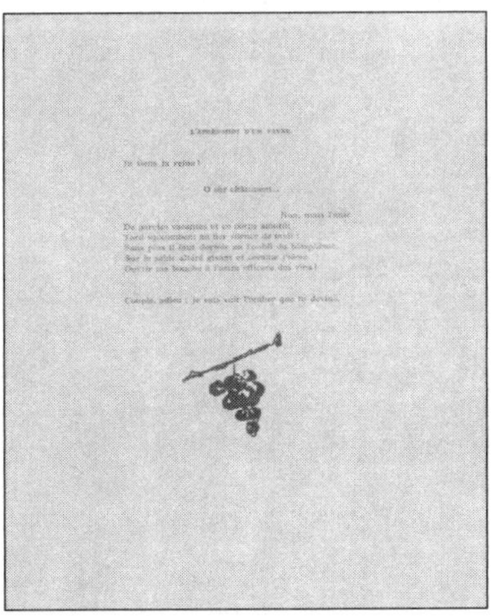

〈그림 8〉 『목신의 오후』의 마지막 면 – 층계식 배열의 사용, 마네의 삽화

〈그림 9〉 마네의 판화 작품

〈그림 10〉 말라르메의 부채 시 중 하나

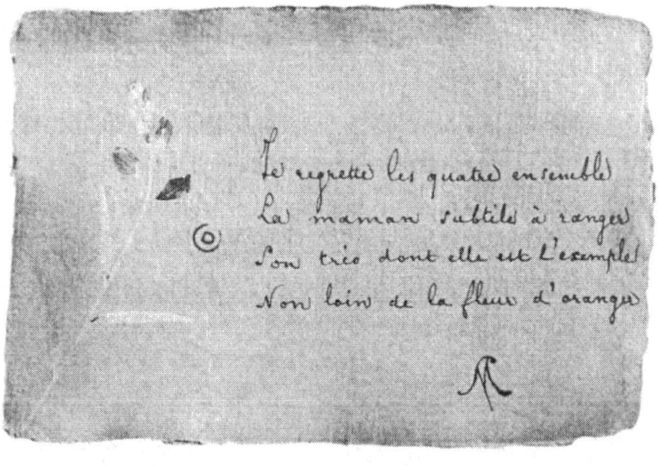


〈그림 11〉 말라르메의 4행시 중 하나

## 참고문헌

### 텍스트

Mallarmé, Stéphane, *Un coup de dés jamais n'abolira le hasard. poème*. Paris: Gallimard, 1914, 2000.

———, *La première édition d'Un coup de dés par Stéphane Mallarmé*, présenté par David Mus, Éditions du Tiroir(diffusion: Ulysse de siècle, 1996.

———, *Œuvres complètes I*, édit. par Bertrand Marchal, Paris: Gallimard (coll. «Pléiade»), 1998.

———, *Correspondance complète 1862-1871 suivi de Lettres sur la poésie 1872-1898 avec des lettres inédites*, édit. par Bertrand Marchal, Paris: Gallimard(coll. «folio classique»), 1995.

### 참고자료

Aquien, Michèle et Honoré, Jean-paul, *Le renouvellement des formes poétiques au XIXe siècle*, Paris: Nathan/Université(coll. «128»), 1997.

Cheng, François, *Vide et plein, le langage pictural chinois*, Paris: Éditions du Seuil, 1991.

Christin, Anne-Marie, *L'image écrite ou la déraison graphique*, Paris: Flammarion, 1995.

———, *Poétique du blanc. Vide et intervalle dans la civilisation de l'alphabet*, Leuven: Peeters / Paris: Vrin, 2000.

———, "Quand la page devint spectacle", in: *L'Aventure des écritures. La page*, sous la dir. d'Anne Zali, Paris: Bibliothèque nationale de France, 1999.

Cohn, Robert Greer, "Réflexions sur le Grand'Œuvre de Mallarmé", trad. par René Arnaud, *Po&sie*, n° 85, 3e trim. 1998.

Davies, Gardner, *Vers une explication rationnelle du Coup de Dés*, Paris: José Corti, 1992.

La Charité, Virginia A., *The dynamics of space*. Mallarmé's un coup de dé jamais n'abolira le hasard, Lexington, Kentucky: French Forum, Publishers, 1987.

Scherer, Jacques, *Grammaire de Mallarmé*, Paris: Nizet, 1977.

도윤정, "Les éditions d'Un coup de Dés de Mallarmé – un processus de construction du poème spatial(말라르메의 『주사위 던지기』의 판본들 – 공간적 시의 형성 과정)", 『불어불문학연구』, Vol.61, 2005.

——, 「동양 미학에 비추어 본 말라르메의 여백의 가치(Les valeurs du blanc chez Mallarmé éclairées par l'esthétique de l'Extrême-Orient)」, 프랑스 파리 7대학(l'Université Paris VII – Denis Diderot), 박사학위논문, 2004.

——, 「문자이미지로 읽는 말라르메의 『주사위 던지기』 – 소문자/대문자의 용법을 중심으로」, 『불어문화권연구』, Vol. 15, 2005.

1) 말라르메는 자신의 의도가 당시 보편적인 인식에 비추어 볼 때 너무나 획기적인 것이어서 잡지에 게재할 때는 일부러 자신의 의도를 모두 반영하지 않기도 하였다. 그는 앙드레 지드에게 보낸 1897년 5월 14일 편지에서 이 사실을 다음과 같이 고백한다. "『코스모폴리스』는 훌륭하고 매력적이었지만 나는 그 잡지에서 내 작품 내용을 반밖에 보여주지 못했네. 그것만으로도 이 잡지로서는 큰 모험을 한 것이지!(Cosmopolis a été crâne et délicieux; mais je n'ai pu lui présenter la chose qu'à moitié, déjà c'était, pour lui, tant risquer!)" Stéphane Mallarmé, *Correspondance complète 1862-1871 suivi de Lettres sur la poésie 1872-1898 avec des lettres inédites*, édit. par Bertrand Marchal, Paris: Gallimard (coll. «folio classique»), 1995, pp.631-632.
2) 말라르메 연구의 권위자 중 한 사람이자 쁠레이야드(pléiade) 총서의 말라르메 전집의 편집자이기도 한 베르트랑 마르샬(Bertrand Marchal)이 조사한 바에 의하면 현재 확인된 교정쇄만도 모두 17벌이며 그 가운데 15벌이 페이지 소실 없는 온전한 세트이다. Stéphane Mallarmé, *Œuvres complètes I*, édit. par Bertrand Marchal, Paris: Gallimard (coll. «Pléiade»), 1998, pp.1323-1324.
3) 1980년에는 미추 로나(Mitzou Ronat)가 속한 타이포그라피 연구 그룹에 의해서, 1987년에는 프랑스 국립인쇄소(Imprimerie Nationale)에 의해서 각기 나름대로 작가의 의도에 충실한 판본이 발간되었다. 본 논문에서는 주로 1914년 말라르메의 사위에 의해 주도된 판본(2000년에 재출간됨)인 갈리마르 판본(Stéphane Mallarmé, *Un coup de dés jamais n'abolira le hasard. poème*. Paris: Gallimard, 1914, 2000.)을 주요 분석 대상으로 삼았으며 필요한 경우 『코스모폴리스』 판본(정확하게 말하자면 잡지의 페이지들을 복사하여 단행본으로 재출간한 판본 — Stéphane Mallarmé, *La première édition* d'Un coup de dés par *Stéphane Mallarmé*, présenté par David Mus, Éditions du Tiroir(diffusion: Ulysse de siècle), 1996. — 을 참조함)을 언급할 것이다. 잡지 판본과 다른 단행본들 사이의 자세한 비교는 졸고 "Les éditions d'Un coup de Dés de Mallarmé - un processus de construction du poème spatial(말라르메의 『주사위 던지기』의 판본들 - 공간적 시의 형성 과정)" (『불어불문학연구』, Vol.61, 2005, pp.25-46)을 참고할 것.
4) 「동양 미학에 비추어 본 말라르메의 여백의 가치(Les valeurs du blanc chez Mallarmé éclairées par l'esthétique de l'Extrême-Orient)」, 프랑스 파리 7대학(l'Université Paris VII - Denis Diderot), 2004.
5) 파리 7대학 교수를 역임하였고 1982년 파리 7대학 부설 〈문자 이미지 연구소(Centre d'étude de l'écriture et de l'image - CEEI)〉를 설립하여 현재까지 운

영하고 있다.

6) 이 판본의 크기는 25.1cm×33cm이다. 말라르메가 발레리에게 보여준 교정쇄의 크기인 29cm×38cm보다 작지만 일반적인 판형에 비하면 여전히 상당히 큰 크기이다.

7) 갈리마르 판본은 이 부분을 작가의 의도대로 인쇄하지 않고 "시"를 "주사위..." 보다 아래에 배치하였다. 이후의 판본은 작가의 의도대로 "시"를 "주사위..." 의 위에 제목처럼 두었다.

8) 이 작품을 연구한 버지니아 에이 라 샤리테(Virginia A. La Charité)는 대문자, 소문자, 이탤릭체, 이렇게 셋을 서로 비교하였다. Virginia A. La Charité, *The dynamics of space. Mallarmé's* un coup de dés jamais n'abolira le hasard, Lexington, Kentucky: French Forum, Publishers, 1987. 그렇지만 필자는 소문자까지 포함시켜서 두 개의 대립쌍으로 분석하는 것이 더 적절하다고 생각한다. 그것은 대문자는 소문자에, 이탤릭체는 로만체에 대비되기 때문이다.

9) 『주사위 던지기』에서의 대문자 사용에 관한 좀 더 자세한 논의는 졸고 「문자이미지로 읽는 말라르메의 『주사위 던지기』 - 소문자/대문자의 용법을 중심으로」 (『불어문화권연구』, Vol. 15, 2005, pp.129-157)를 참고할 것.

10) Gardner Davies, *Vers une explication rationnelle du* «Coup de Dés», Paris: José Corti, 1992, pp.182-184.

11) 로만체와 이탤릭체의 교차 사용은 이미 말라르메가 1876년에 출간한 『목신의 오후(L'après-midi d'un Faune)』에서 활용한 바 있다. 그 작품에서 말라르메는 발화 차원의 역동성을 드러내기 위해 사유(méditation) 부분과 이야기(récit) 부분을 각각 로만체와 이탤릭체로 표현했다.

12) 알렉상드렝의 형식과 관련하여, 이 작품을 이루고 있는 더블페이지 수가 제목 페이지를 포함하여 12라는 점도 우연은 아닐 것이라고 추측하지만 이에 대해서는 좀 더 연구가 필요하다.

13) 우리나라의 전통적인 방식처럼 오른쪽을 묶는 방식으로 제본한다면 인쇄된 앞면이 반대로 왼쪽 페이지에 해당할 것이다.

14) 예를 들어, 『목신의 오후』와 미완의 작품 『에로디아드(Hérodiade)』에서도 이 기법을 사용하였다. "층계식 배열"이라는 용어는 이 점을 지적한 다음의 책에서 인용하였다. Michèle Aquien et Jean-paul Honoré, *Le renouvellement des formes poétiques au XIXe siècle*, Paris: Nathan/Université(coll. «128»), 1997, p.119. 말라르메 연구의 권위자 중 한 사람인 자크 쉐레(Jacques Scherer) 역시 "층계식 배열"을 말라르메식 글쓰기의 중요한 특징으로 지적한다. Jacques Scherer, *Grammaire de Mallarmé*, Paris: Nizet, 1977, p.228. 그러나 이 두 책 모두 이 기법의 의미까지는 탐구하지 않았다.

15) 〈그림 4〉-〈그림 7〉 참조.

16) Robert Greer Cohn, “Réflexions sur le Grand’Œuvre de Mallarmé”, trad. par René Arnaud, *Po&sie*, n° 85, 3e trim. 1998.

17) 이를 의미하는 대표적인 말로 ‘서화동원론(書畵同原論)’을 들 수 있다.

18) 〈그림 8〉, 〈그림 9〉 참고.

19) 〈그림 10〉 참고.

20) 〈그림 11〉 참고.

21) “과연 여백이 중요한 역할을 하며 눈에 띈다. [...] 서정적이거나 율격을 거의 포함하지 않는 하나의 단편이 지면의 중심 1/3을 차지한다. 이 조치를 나는 위반하지 않는다.(Les “blancs” en effet, assument l’importance, frappent d’abord; [...] un morceau, lyrique ou de peu de pieds, occupe, au milieu, le tiers environ du feuillet; je ne transgresse cette mesure, [...])”

22) “Sur un papier de trois pieds carrés, la partie (visiblement) peinte n’en occupe que le tiers. Sur le reste du papier, il semble qu’il n’y ait point d’images; et pourtant, les images y ont une éminente existence. Ainsi, le Vide n’est pas le rien. Le Vide est tableau.” François Cheng, *Vide et plein, le langage pictural chinois*, Paris: Éditions du Seuil, 1991, p.99.

# 21세기, 書藝의 世界化 可能性 試探

김 병 기

## I. 서론

21세기 들어 동양 한자문화권 문화에 대한 세계인의 관심이 증폭되고 중국의 국제적 위상이 높아지면서 한자문화권 문화의 정수라고 할 수 있는 서예에 대한 세계인의 관심도 크게 높아지고 있다. 이러한 국제적 관심의 증가에 따라 중국은 물론 동아시아 한자문화권 국가들은 서예를 세계화하는 데에 자국의 역량을 발휘함으로써 자국의 서예로 세계의 서예를 대체하고자 하는 노력을 경쟁적으로 기울이고 있다. 1997년 한국의 세계서예전북비엔날레가 한국 서예의 세계화를 기치로 내걸고 국제 서예계에 주목할 만한 큰 행사로 등장한 이후[1], 동아시아 각국이 서예비엔날레를 다투어 개최할 뿐 아니라 2009년 북경 올림픽 개막행사에서 중국이 보여준 서예에 대한 홍보는 동아시아 한자문화권 국가들이 서예의 세계화에 얼마나 많은 힘을 기울이고 있는지를 대변하고 있다.

물론 이전에도 동아시아 한자문화권 문화의 정수인 서예를 세계화하려는 노력도 있었고 그러한 노력의 결과 일부 세계화에 성공한 부분도 있다. 이전에 이루어진 세계화 노력은 대부분 일본에 의해서 주도되었다. 일본의 서예는 1868년 메이지유신(明治維新)이 시작되면서 큰 변화를 맞이하였는데 메이지유신의 신정부가 소위 "탈아시아"[2] 정책을 씀으로 인하여 서예도 친서양적으로 발전한다. 쇼와시대(紹和時代, 1926-1988)에 이르러서는 친유럽, 탈아시아화가 가속화하는데 이때부터 일본의 서예는 유럽의 예술 조류를 적극적으로 수용하여 "현대를 살고 있는 우리는 현대의 의식이 반영된 현대의 서예를 해야 한다"[3]는 기치 아래 '現代書'운동을 시작하였다. 이러한 현대서 운동은 후에 歐美의 Action painting이나 앙포르메르(Informel)운동과 상호 연계 아래 영향을 주고받으면서 일본 서단에 '前衛書藝' 혹은 '墨象'이라는 이름의 새로운 서예를 등장시켰다. 이러한 현대서 운동은 패전 후 미군정이 주도한 일본의 교육 정책과 어문정책에서 한자 사용을 제한하고 아울러 학교교육에서 書道 과목을 제외시킴으로써[4] 한자 서예를 중심으로 한 전통서예를 할 수 없게 되자 더욱 활발하게 펴져 나가게 되었다. 일본의 서예가 이렇게 방향을 전환함으로써 많은 전위서예 작가들이 배출되었는데 그 대표적인 인물이 데지마 유케이(手島右卿)이다. 데지마 유케이는 1957년 상파울로 비엔날레에 전위서예 작품 「崩壞」를 출품하여 미국의 미술 평론가로부터 찬사를 받았으며, 이어 1958년의 브뤼셀 만국박람회의 〈근대미술 50년展〉에는 「抱牛」라는 작품을 출품하여 찬사를 받았다. 데지마 유케이의 영향으로 일본의 서예는 서구화 내지 전위화를 한층 더 가속화하면서 서구의 미술애호가들로부터 호평을 받으며 세계로 확산되어 나갔다. 서양 사람들이 서예에 대해서 알게 된 데에는 일본의 이러한 전위서예의 역할이 컸다.

이처럼 일본은 정통 서예의 변종이라고 할 수 있는 전위 서예로 일단은 서예의 세계화를 어느 정도 달성하였다고 할 수 있다. 그러나 일본이 행한 '전위 서예를 통한 서예의 세계화'는 많은 부정적인 결과를 낳았다. 그중 가장 심각한 폐해는 바로 정통 서예의 진면목을 제대로 볼 기회도 없이 전위 서예가 서예의 전부인 양 서구사회에 영향을 미침으로써 서구 사람들로 하여금 서예에 대한 오해와 편견을 갖게 했다는 점이다. 이러한 까닭에, 1980년에 이르러 중국이 개방함으로써 전위 서예가 아닌 정통 서예가 서방에 알려지기 시작하면서 일본의 전위 서예에 대한 서양 사람들의 관심은 급속하게 식어 버렸고 서구 사람들도 전위 서예가 아닌 정통 서예에 큰 관심을 보이고 있다. 따라서, 이제는 정통 서예를 세계화해야 할 때이다. 그런데 정통 서예를 세계화하는 데에 있어서는 우리 한국의 입장이 중국이나 일본에 비해 훨씬 유리한 점이 있다고 할 수 있다. 왜냐하면 일본의 서예는 앞서 살펴본 바와 같이 지나친 전위화로 인하여 서예의 정통성과 전통성을 상당부분 상실한 상태이며 중국의 서예 또한 공산주의 정부가 수립된 이후 공산주의의 이념에 따라 서예를 가장 자본주의적인 예술로 간주하여 거의 금지하다시피 하였으며 특히 문화혁명기간에는 서예를 말살하다시피 한 까닭에 그동안 제대로 발전하지 못했던 게 사실이다. 이런저런 상처를 너무 많이 입은 중국의 서예가 정통 서예의 모습을 회복하기까지는 아직 상당한 시간을 필요로 하고 있다. 물론, 우리나라도 '한글전용'이라는 어문정책으로 인하여 서예를 거의 교육하지 않았고 또 무분별한 미국문화의 도입으로 인하여 국민 미감이 대부분 미국화되어 서예를 아름답게 보는 미의식을 상실함으로써 서예가 크게 쇠퇴한 점이 없지 않다. 그러나 아직 일본의 서예에 비해서는 보다 더 정통적이고 중국의 서예에 비해서도 보다 더 전통적이다. 지금이야말로 일본이나 중국에 앞서 한국의 서예를 세계화해야 할 때인 것이다.[5)]

1988년, 서울 올림픽이 한국을 세계에 알리는 데에 큰 역할을 한 것은 사실이다. 그러나 당시만 하여도 한국의 문화가 아직 세계의 문화시장에서 각광을 받는 정도는 아니었다. 1990년대 전반까지도 우리는 서양의 문화를 수용하기에 바빴지 우리의 문화를 세계에 내놓고 자랑할 생각을 거의 하지 못했다고 해도 과언이 아니다. 음악도 미술도 다 서양 것 일색으로 가르치고 배웠다. 그간에 우리는 아그리파(Marcus Vipsanius Agrippa)나 비너스 대신, 석굴암의 돌부처를 소묘하도록 가르쳐 본 적이 거의 없고, 크레파스화나 파스텔화 대신에 수묵화를 가르쳐 본 예도 많지 않으며, 세레나데나 왈츠, 미뉴에트 대신에 시조나 단가 판소리를 가르친 경우는 극히 일부분에 불과하다. 그러다가 1990년대 후반부터 "우리 것이 좋은 것이여!"라는 유행어와 함께 우리 것에 대해 관심을 갖기 시작하면서 한류의 바람이 조금씩 일기 시작하였고, 한국 문화의 세계화에 결정적인 불을 붙인 것은 역시 2002년 월드컵이었다. 월드컵에서 4강 진출이라는 기대 이상의 성적을 거두면서 국제사회에서 우리나라에 대한 인지도는 크게 상승하였고, 이어, 대장금을 비롯한 대중드라마와 대중음악과 영화가 국제사회에서 크게 인기를 끌면서 한국의 문화가 세계인의 주목을 받기 시작하였다.

이후, 전통을 바탕으로 하면서도 새로운 개념과 새로운 아이디어로 새로운 창조의 길을 달린 우리의 한류문화는 국제사회의 부러움을 살 정도로 크게 성공한 점이 있다. 그러나 한편으로는 한류의 성공 바람을 타고 우리는 무조건 "가장 한국적인 것이 가장 세계적인 것이다."는 말을 입버릇처럼 하면서 우리가 노력만 한다면 우리의 전통문화라면 어느 것이라도 다 세계화할 수 있을 것이라는 생각을 하는 경우가 많아지게 되었다. 심지어는 우리 문화의 우수성에 自我陶醉하여 우리의 전통문화가 세계무대에 나서기만 하면 으레 세계인들로부터 환영을 받을 것으로 착각을 하는 경우도 없지 않다. 예를 들자면, 신명나는 우리 음악의 대표적인 예로 꼽히곤 하는 사물놀이는 세계의 어느 공연장에서도 다 환영을 받는 것으로 이해를 하고 있다. 그런데 실지로 사물놀이를 감상한 서양인 혹은 외국에 나가 있는 우리 公館의 인사들이나 현지 교민들을 만나보면 전혀 의외의 반응을 보이는 경우도 적지 않다. 은은하고 잔잔한 西歐 실내악에 익숙한 서양 사람들 앞에서 매우 소리가 큰 우리 사물놀이를 실내악으로 연주할 경우 그들은 이맛살을 심하게 찌푸리고 심지어는 손가락으로 귀를 막고서 듣지 않으려고 하는 경우가 있다는 것이다. 더욱이 연주 도중에 연주자들이 장구채나 징채를 들고서 관객을 향해 삿대질 비슷한 몸동작을 하며 큰 소리로 외치는 대목에 이르러서는 극심한 불쾌감까지 느꼈다는 반응을 보이는 경우도 허다하다고 한다. 우리는 우리의 사물놀이가 세계인들을 매료시킨 줄로만 알고 있는데 의외로 부정적인 효과를 얻은 경우도 적지 않은 것이다. 사물놀이가 대형 공간의 실내나 야외공연으로서는 신명이 나는 공연이 될 수 있겠지만 좁은 실내악으로서는 큰 부담감을 줄 수도 있다는 점을 간과한 채 공연한 데에서 온 역효과라고 할 수 있다. 물론 가장 한국적인 것이 세계적인 것이 될 수 있고 한국의 문화는 세계적으로 우수한 문화임에 틀림이 없다. 그러나 처음부터 철저한 연구가 없이 자신감만 가지고 세계의 문화시장에 도전한다면 자칫 우리의 우수한 문화가 상처만 입을 수도 있다.

그렇다면 서예는 어떨까? 최근, 서양 사람들이 서예를 동아시아 한자문화권 문화의 精髓로 보고서 신비감을 가지고 접근해 오고 있다. 그러나 그렇다고 해서 그들이 서예의 眞髓를 얼마나 이해하며 실제로 얼마나 깊이 있게 서예를 향유할 수 있을지는 아직 모를 일이다. 그들이 서예를 향해 다가올 수 있는 길을 안내하지 않은 채 곧바로 우리 式의 서예를 수용하라고 했을 때 과연 그들은 서예를 흥미를 가지고 수용할 수 있을까? 만약 그들이 우리의 서예를 난해하게 여긴다면 우리는 서예의 세계화를 위해서 어떠한 노력을 해야 할까? 바로 이러한 관점에서 본고는 우선 서예의 세계화 가능성을 진단하고 서예를 세계화하기 위한 방법에 대해 시험적인 논의를 하고자 한다.

지금 대부분의 서구 사람들은 서예를 미술활동의 일부분으로 이해하고 있다. 아니 서구 사람들뿐 아니라 우리들 자신도 대부분 서예를 미술의 한 분야로 이해하고 있다. 현행 초·중·고등학교 교과과정 편제상 '서예'과목이 미술교과의 일부로 편입되어 있을 뿐 아니라, 서예라는 예술 장르 역시 한국미술협회의 한 분과인 '서예분과'로 존재하고 있기 때문에 우리들 자신도 거의 다 서예를 미술의 한 분야로 인식하고 있는 것이다. 물론 서예가 미술적 요소 특히 회화적 요소가 다분히 있음을 부정할 수는 없다. 무엇보다도 작업의 결과가 종이 위에 흔적으로 남는다는 점에서 미술의 한 분야가 되기에 충분하다. 그러나 서예는 미술이면서도  여느 미술 분야와는 다른 점이 분명히 존재한다. 절대 덧칠이 불가능한 1회성 필획을 사용하여 순간적으로 작품을 완성한다는 점에서 음악이나 무용과 같은 공연예술과 매우 흡사할 뿐 아니라, 문자를 창작의 매체로 사용한다는 점에서만 보아도 문학과 더 상통하는 예술이다. 이외에도 서예가 여느 미술과 다른 점은 매우 많다. 바로 이런 점이 서예가 갖는 매우 독특한 예술성이다. 이런 부분에 대한 깊은 이해가 없이 단순히 서예를 미술의 한 분야로 생각해서는 결코 서예를 제대로 안다고 할 수 없다. 따라서 서예를 세계화하기 위해서는 서양에는 없는 장르인 서예가 갖고 있는 독특한 예술적 특성을 서양인들이 쉽게 이해할 수 있는 방법을 이용하여 설명할 수 있는 길을 찾아야만 한다.

이 점에 착안하여 본고에서는 내국인은 물론 특히 서양인을 상대로 서예의 예술적 특성을 설명할 수 있는 방법을 다각도로 고찰하고 그것을 바탕으로 서예의 세계화 가능성을 진단하고자 하는 것이다.

## II. 21세기, 서예의 세계화 가능성과 그 방법

서예를 세계화하기 위해서는 서예라는 예술의 예술성의 실체는 무엇이며 그것이 과연 세계화할 만한 가치가 있는 것인지에 대한 원론적인 논의부터 이루어져야 할 것이다. 그러나 동아시아 한자 문화권 문화의 精髓로 일컬어지는 서예의 예술성에 대해서는 서예를 하나의 예술행위로 보기 시작한 중국 漢나라 말기 이후로부터[6] 지금에 이르기까지 이미 수많은 서예가들과 연구자들이 설명하고 분석하고 또 자랑해 왔다. 그리고 현재 한자문화권 국가에서는 어느 누구도 서예의 예술성 자체를 부정하는 사람은 없다고 할 수 있다. 따라서, 서예의 세계화를 논하는 마당에서 서예의 예술성 자체를 논하는 것은 너무 새삼스러운 일이라고 생각한다. 문제는 이처럼 우수한 예술성을 가진 서예를 어떻게 세계인들에게 알리느냐에 있다. 따라서, 여기에서는 書藝의 예술성 자체에 대한 원론적인 논의는 생략하고 서예의 세계화 가능성과 그 가능성을 보다 더 쉽게 실현할 수 있는 몇 가지 방향에 대해서 논의해 보고자 한다.

### 1. 문학의 格義 역할을 통한 서예의 세계화

■ 문학의 '形象外의 形象(境)'과 서예에서의 '意象外의 意象'

서예의 세계화는 우선 서예와 문학과의 상관성을 토대로 시도해 볼 만 하다고 생각한다. 동아시아 한자문화권 이외의 국가에는 엄밀한 의미에서 서예가 존재하지 않는 까닭에 그들로 하여금 서예를 이해하게 하기 위해서는 格義[7]의 중간과정이 필요한데 문학이 바로 그러한 격의의 中間者 작용을 할 수 있기 때문이다. 중국 唐나라 때의 학자인 張懷瓘은 일찍이 다음과 같이 말하였다.

> 文(글)은 몇 마디의 말로써 그 뜻을 이루고, 글씨는 한 글자로 이미 그 마음을 나타낸다.[8]

이는 文學은 言語를 매체로 하여 작가의 뜻을 펴 보이는 예술이고, 書藝는 文字를 쓰는 행위를 통해서 작가의 마음을 내보이는 예술이라는 뜻으로서, 文學이나 서예나 言語(사실은 문자)와 文字를 창작 매체로 사용하는 예술이라는 점에서 공통점이 있음을 천명한 말이다. 이처럼 서예와 문학이 공히 언어와 문자를 매체로 삼는다는 점에 근거하여 서예를 이해하지 못하는 서양 사람들을 상대로 서예를 설명할 때 문학을 格義의 과정으로 이용할 수 있을 것이다.

작가는 언어와 문자를 운용하여 작가의 가슴속에 내재되어 있는 無形의 意念(창작의도와 생각)을 형상화하고 讀者는 그 形象을 통해서 작가의 意念을 볼 수 있을 때 비로소 문학예술이 예술로서 의미를 띄게 된다. 마찬가지로 서예가는 필획으로 쓴 문자를 통하여 서예가의 가슴 속에 내재되어 있는 無形의 意念을 意象化하고 觀賞者는 그 意象을 통해서 서예가의 意念을 볼 수 있을 때 비로소 서예가 서예로서 의미를 갖게 된다. 그런데, 문학에서의 形象美와 서예에서의 意象美는 근본적으로 같은 성격의 美이다. 이런 점에서 문학과 서예는 동일한 학문 혹은 동일 예술의 범주에 들어도 괜찮을 만한 타당성과 당위성을 가지며 그러한 同一視의 타당성을 바탕으로 서예를 문학으로 설명할 수 있는 것이다. 《易》〈繫辭〉에는 다음과 같은 말이 있다.

> 孔子께서 말하기를 "글씨라는 것은 언어를 다 표현할 수 없고, 언어라는 것 또한 內心의 뜻을 다 표현할 수 없다."고 하였으니, 그렇다면 옛 성인의 뜻을 볼 수 없지 않겠는가? 그런데, 공자께서는 다음과 같은 말도 하였다. "聖人께서는 象을 세우셔서(立象, 形象) 뜻을 다 표현하셨고 卦를 만드셔서 情을 다 표현하셨다."[9)]

여기서의 立象이란 바로 無形의 意念을 言語를 통해 形象化시킴을 의미한다. 문학은 이러한 형상화를 통해서 작가의 뜻을 표현할 수 있으며 그 때 표현되는 아름다움을 形象美라고 한다. 서예 또한 작가의 의념을 意象化했을 때 비로소 예술로서의 서예가 된다. 서예에서의 意象이란 작가가 품고 있는 「意念의 象化」라는 점에서는 문학의 形象과 다를 바 없지만 서예는 문학과 달리 無形의 言語를 사용하여 언어가 가진 의미를 통해 곧바로 形象化하는 것이 아니라, 종이에 文字를 쓴다는 有形의 행위 흔적을 남기고 그 유형의 행위 흔적으로부터 받은 印象을 통하여 觀賞者가 자신의 머리 속에서 원작자의 의념을 象化하여 본다는 점에서 다르다. 그러므로 구체적 흔적의 印象을 통한 象化라는 뜻에서 形象이라는 말 대신 意象이란 말을 사용한다. 明나라 사람 陳繹曾의 다음과 같은 말을 통하여 서예의 意象에 대해 보다 더 구체적으로 이해할 수 있을 것이다.

> 喜怒哀樂의 감정은 각기 나름대로의 작용이 있다. 기쁘면(喜) 心氣가 和(平)하여 글씨가 舒暢하고, 성내면(怒) 心氣가 거칠어서(粗) 글씨가 險怪스럽고, 슬프면(哀) 心氣가 곡진하여(郁) 글씨가 收斂되고, 즐거우면(樂) 心氣가 평탄하여(平) 글씨가 곱다. 감정에 輕·重이 있듯 글씨의 斂·舒·險·麗에도 깊고 얕음의 정도 차이가 있어서 그 변화가 무궁하다.[10)]

여기서 喜·怒·哀·樂의 감정은 작자의 감정이다. 그리고 和·粗·郁·平은 감정이 작용하여 형성한 종합적 생명현상으로서의 氣이다. 작가는 그 氣로써 글씨를 쓴다. 이때의 글씨는 無形의 감정을 有形化한 행위의 흔적이다. 觀賞者는 그 행위의 흔적을 통하여 舒·險·斂·麗라는 印象을 받는다. 그리고 이 舒·險·斂·麗라는 印象을 통하여 원작자가 가진 喜·怒·哀·樂의 의념과 감정을 象化하여 볼 수 있는데 이것이 바로 서예가 추구하는 意象이요, 意象美이다. 이처럼 문학의 形象化와 서예의 意象化는 사실상 같다. 바로 이러한 점에 근거하여 서예를 문학이라는 格義과정을 거쳐서 보급한다면 서양 사람들이 서예의 예술성을 보다 더 쉽게 이해할 수 있을 것이고 그러한 이해를 바탕으로 서예를 보급한다면 서예의 세계화는 결코 어렵지 않을 것이다.

唐나라 때의 문학가인 劉禹錫은 "境은 象外에서 생긴다."[11]고 하였다. 훌륭한 문학작품일수록 이미 표현된 字間에서 볼 수 있는 形象보다는 표현되지 않은 行間을 통하여 볼 수 있는 제2의 形象을 추구하는데 그것이 곧 '象外'이고 '境'이다. 한자문화권 전통문학은 특별히 이 '象外' 즉 '境'을 추구한다. 서예 역시 結構·章法 등 드러나 보이는 형식에서 볼 수 있는 意象보다는 餘白에 숨어 깃들어 있는 제2의 意象인 '意象 밖의 意象' 즉 '格'을 추구한다. 格은 다른 말로 '書卷氣, 文字香'이라고 할 수 있다. 이 점에서 서예는 문학과 매우 긴밀하게 상통한다. 즉 '문학에서의 形象 外의 形象(境) = 서예에서의 意象 밖의 意象(格: 書卷氣, 文字香)'의 관계가 성립하는 것이다.

唐나라 사람 王維의 詩 한 수와 역시 당나라 사람 王積의 詩 한 수를 비교해 보면 「象」과 「象外」의 차이를 구체적으로 이해할 수 있다. 먼저 王維의 〈雜詩〉 第2首를 보기로 하자.

| | |
|---|---|
| 그대 고향으로부터 왔으니, | 君自故鄕來 |
| 응당히 고향 일을 알겠구먼. | 應知故鄕事 |
| 그대 고향을 떠나오던 날, 비단 창가에 | 來日綺窓前 |
| 찬 매화 피었던가 아직 안 피었던가? | 寒梅着花未[12] |

이 시의 言, 象(形象), 象外之象의 관계를 그림으로 層次化하면 다음과 같이 나타낼 수 있다.

作者 眼中의 景
(고향사람을 만남)

↑↓ 〈交融〉 → → →

**언어 · 문자로 表現:**
(비단창가의 寒梅 소식)

**形象化**
(향수에 젖은 타향살이 나그네의 形象: 形象을 사이에 두고 작자와 독자가 만남)

**象外之象**
(고향의 모든 것에 대한 그리움)

作者 心中의 情
(鄕愁)

王維는 이 시에서 "寒梅着花未?"라고 묻는 말을 통해 향수에 젖은 나그네를 형상화시키고 있지만, 「寒梅着花未?」의 寒梅는 향수에 젖은 나그네의 形象 외에 더 많은 象, 즉 象外之象을 內藏하고 있다. 이 시에서 寒梅는 사실 문자를 통해서는 전혀 드러난 적이 없는 고향의 모든 것을 '象外之象'으로 포함하고 있다. 타향에서 만난 고향사람에게 王維는 고향의 모든 것에 대한 소식을 묻고 싶었지만 언어를 통해 물은 것은 단지 寒梅뿐이고, 寒梅를 통해 형상화시킨 것은 향수에 젖은 나그네의 모습일 뿐, 그 나머지는 모두 寒梅 속에 象外

之象으로 內藏시킨 것이다. 이처럼 象外之象으로 內藏하는 수법의 예술적 수준을 일러 '境'이라고 한다. 그래서 왕유의 시에는 象外之象의 境이 있다.

그런데 王積의 시는 왕유의 시와 표현 방식이 전혀 다르다.

| | |
|---|---|
| 나그네 생활 몇 해였던가? | 旅泊多年歲, |
| 늙어서도 돌아갈 줄 모르네. | 老去不知回. |
| 홀연히 찾아든 門前客, | 忽逢門前客, |
| 고향에서 왔다고 하네. | 道發故鄕來. |
| 눈썹 쓸며 함께 약속하고, | 斂眉俱握手, |
| 눈물 흘리며 함께 술을 마시네. | 破涕共銜杯. |
| 은근히 몇 친구 소식 묻고, | 殷勤訪朋舊, |
| 이것 저것 어린이들 소식도 묻네. | 屈曲問童孩. |
| 쇠락한 집안에는 아우들도 조카들도 많으니 | 衰宗多弟姪, |
| 아우들 조카들 소식도 물어야겠고, | |
| 고향집의 연못과 樓臺에 대해서도 물어야겠네. | 若個賞池臺. |
| 옛 동산은 지금도 그대로인지? | 舊園今在否? |
| 새로운 나무도 심어졌겠지. | 新樹也應栽. |
| 버드나무 길은 어느 정도 빽빽해졌는가? | 柳行疏密布? |
| 초가집은 間數는 늘렸나 줄였나? | 茅齋寬窄裁? |
| 대나무는 어느 곳으로 옮겨 심었는가? | 經移何處竹? |
| 다른 종류의 매화나무는 몇 그루나 더 심었는지? | 別種幾株梅? |
| 도랑 물은 지금도 흐를 것이고, | 渠當無絶水? |
| 돌계단엔 푸른 이끼 여전하겠지. | 石階總成苔. |
| 뜨락의 과일은 어느 것이 먼저 익었으며, | 院果誰先熟? |
| 숲의 꽃은 어느 것이 나중에 피었나? | 林花那後開? |
| 고향 떠난 나그네는 오직 고향소식을 묻고만 싶으니, | 羈心祇欲問, |

| | |
|---|---|
| 꺼리낌 없이 사실대로 알려 주게나. | 爲報不須猜. |
| 고향으로 갈 수 있는 날이면 고향으로 달려가서, | 行當驅下澤, |
| 옛 뜰의 풀을 베려고 하네. | 去剪固園萊.[13] |

근래의 학자 錢鍾書는 王績의 이 詩가 앞서 든 王維 〈雜詩〉의 藍本이라고 하였다[14] 王績의 이 시는 第七句 '殷勤訪朋舊'로부터 第二十句 '林花那後開'까지가 모두 고향에 대해서 묻는 내용들이다. 번거로울 만치 잡다한 내용을 낱낱이 묘사함으로써 오히려 지루하다. 그 결과, 향수 어린 나그네의 形象마저 퇴색시키고 있다. 그런데, 王維는 王績의 詩에서 총 24句中 14句를 소비하여 묘사한 고향에 관한 이야기들을 '寒梅'라는 단 한 마디의 말 속에 象外之象으로 內藏하여 總 4句 20字밖에 안 되는 짧은 시로써 王績의 시 24句보다도 더 많은 詩的 效果를 거둔 것이다.[15]

이 象外之象, 즉 境은 中國詩文學이 갖추어야 할 최상층의 요소이다. 象外之象의 內在意와 餘韻과 含蓄美, 그리고 적당한 空白이 있을 때 비로소 가장 중국적인 시가 된다. 마찬가지로, 서예에는 표현한 點·劃에 드러나지 않지만 그 내부에 密藏되어 있음으로써 오히려 行間의 空白을 통해 은은하게 나타나는 格이라는 게 있다.

이처럼, 한자 문화권 한문문학과 서예 사이에는 언어와 문자를 매체로 출발하여 궁극적으로는 언어와 문자를 통하여 구사할 수 있는 최상층의 「境」과 「格」을 공유하고 있다는 점에서 크게 상통한다. 그러므로, 이러한 문학을 格義의 역할을 하는 中間者로 이용하여 서예의 깊은 예술성을 홍보한다면 서예를 잘 모르는 서양 사람들로 하여금 서예를 이해하는 데에 큰 도움을 줄 수 있으리라고 생각한다. 문학은 서예를 세계화하는 데 필요한 하나의 길이 될 수 있는 것이다.

■ **讀書를 통한 「境」과 「格」 雅化**

앞서 "한자 문화권의 한문문학과 서예, 이 두 분야의 예술은 궁극적으로 최상층의 境과 格을 공유하고 있다는 점에서 크게 상통한다."는 점을 언급한 바 있다. 그렇다면 최상층의 境과 格은 기본적으로 어떤 속성을 띄는 것일까? 그것은 바로 '雅'이다.

한자문화권에서는 예로부터 오늘날로 치자면 순수예술과 대중예술을 흔히 '雅藝術'과 '俗藝術'이라는 말로 분리하여 표현해 왔고, 문화전체를 '雅文化'와 '俗文化'로 구분 짓기도 하였다. 그리고 '雅文化·雅藝術'은 다른 말로 '文人文化·文人藝術' 혹은 '士大夫文化·士大夫藝術'로 표현하기도 하였으며, '俗文化·俗藝術'은 '民間文化·民間藝術'혹은 '通俗藝術'로 표현하기도 하였다.[16] 詩, 散文, 文人畵, 文人書藝, 雅樂(正樂) 등을 雅文化·雅藝術로 보았고, 大衆들을 상대로 한 戱曲, 民歌, 小說, 民畵 등을 俗文化·俗藝術로 보았다.[17] 그런데, 과거의 역사 속에서 이들 雅文化·雅藝術과 俗文化·俗藝術 사이에 형성된 관계를 살펴보면 현대의 그것과 상당히 다름을 발견할 수 있다. 현대의 문화예술조류가 純粹藝術(雅藝術)이 大衆藝術의 유인 아래 대중예술을 향해 접근하려는 노력을 하고 있다면, 과거에는 雅文化·雅藝術이 俗文化·俗藝術을 유도하여 수준을 향상시킴으로써 끊임없이 雅化·高級化시켜 나갔다. 예를 들자면, 唐代에 詩가 극성하고 있을 때 민간에서는 쉬운 노래로서 통속적인 詞가 발생하였다. 그런데 문인들은 그 통속적인 詞에서 민간문학적인 질박성과 생기발랄함을 취하면서도 그것을 다시 高雅한 고급예술로 승화시켜 宋代에는 雅예술로서의 詞文學의 황금기를 형성하였다. 그러자, 宋末에는 민간에서 曲이라는 새로운 통속문학이 싹텄다. 이때에도 문인사대부들은 그 통속문학인 曲문학을 승화시켜 元代에는 曲文學의 황금기를 이루었다. 이처럼 민간에서 출발한 통속문학을 雅文學으로 승화시킴으로써 중국인들은 소위 漢賦・唐詩・宋詞・元曲・明清小說로 통칭하는 풍부한 문학예술유산을 갖게 된 것이다. 대중은 인간 본연의 성정에 기초하여 소박하면서도 통속적인 문화를 싹 틔우고, 지식분자들인 문인사대부들은 그것을 받아서 수준 높은 고급문화로 승화시킴으로써 찬란한 문화예술을 꽃피운 것이다.

서예도 마찬가지다. 서예야말로 '雅'를 지향하는 예술이다. 청나라 사람 劉熙載는 서예의 예술적 특징을 총괄하여 다음과 같이 말하였다.

> 書는 같은 것이다(그대로 반영하는 것이다). 그 사람이 배운 바를 그대로 반영하고, 그 사람의 타고난 재능을 그대로 반영하며, 그 사람의 性情과 의지를 그대로 반영한다. 결론지어 말한다면, 서는 그 사람의 모든 것을 반영하는 것일 따름이다.[18)]

이상과 같은 '書如其人'的 관점에서 본다면 서예는 결코 일시적인 기발한 생각이나, 홍미위주의 아이디어, 혹은 새로운 것에 대한 호기심에 근거한 실험정신으로 이루어지는 예술이 아니라 타고난 재능과 평소의 함양과 연마, 인품과 인생관 등이 무르녹듯이 반영되어 이루어지는 수양적 성격이 짙은 예술임을 알 수 있다. 그러므로, 先代의 서예가들은 서예를 단순한 기교의 연마로 보지 않고, 脫俗의 인품에서 나오는 최고 경지의 雅예술로 보고서 훌륭한 서예를 하기 위해서는 최우선적으로 俗氣를 없앰으로써 끊임없이 至高의 雅를 지향해야 한다는 생각으로 俗氣 제거 즉 '去俗'을 특별히 강조하였다. 송나라 때의 서예가인 黃庭堅은 다음과 같이 말하였다.

> 글씨 배우기가 이미 이루어졌다면, 다음에는 마음 속에 잘 배양하여 俗氣를 없애야 한다. 그러한 연후에야 비로소 글씨를 써서 남에게 楷式(모범)으로 보일 수 있을 것이다.[19]

여기서 말한 '글씨 배우기가 이미 이루어짐(學書旣成)'은 서예의 기법에 대한 성취를 의미하며, '마음 속에 잘 배양함(養於心中)'은 서예 기법 외에 마음 안에서 끊임없이 갈고 닦아야 하는 學養과 修養의 과정을 의미한다. 이처럼 황정견이 學書旣成과 養於心中을 구분 지어 말한 것은 비록 心手相應하는 기법 상의 표현능력을 갖추었다고 하더라도 단순히 서예 자체의 연마만으로는 속기를 없앨 수 없다고 생각했기 때문이다. 황정견은 서예 자체에 대한 自得(깨달음)과 陶冶 이외에 또 다른 학양과 수양이 있을 때 속기가 없는 작품을 쓰게 되어 다른 사람에게 모범으로 내보일 수 있다고 생각한 것이다. 그러므로 그가 남긴 書論 문장 중에는 俗氣 제거 즉 '去俗'에 대한 주장이 많이 보인다.

> 士大夫가 處世함에 있어서 백 가지 일이면 백 가지 일, 뭐든지 다 할 수 있다고 생각한다. 그러나 결코 해서는 안 될 일이 있으니 그것은 바로 '俗됨'이다. 한번 俗되고 나면 치료할 수조차 없다. 누가 만일 네게 "俗되지 않은 모습을 어떤 것입니까?"라고 묻는다면, 나는 "말로 쉽게 설명할 수 있는 일은 아니다. 평소에 생활함에 있어서는 俗人과 다름이 없지만 큰 절개를 세워야 할 곳에 이르러서는 자신의 의지를 굽히지 않는다면 이는 俗되지 않은 사람이다. 반면에 평소의 생활에서는 종일 기왓장을 씹는 것처럼 시끄럽게 大節과 善事를 논하다가도 막상 일을 당하여서는 한 가지 일도 하지 않는다면 이는 俗人이다."고 말할 것이다.[20]

"俗됨은 치료할 수조차 없다."고 하였으니 서예를 함에 있어서 속됨이 얼마나 큰 장애물인지를 알 수 있다. 아울러 이를 통해 우리는 서예가 근본적으로 '雅'를 지향하는 예술임을 다시 한 번 확인할 수 있다.

그렇다면 俗書든 俗文學이든 이른바 俗藝術이 문인 사대부들의 손을 거치면 왜 雅化하였을까? 어떤 힘이 俗藝術을 雅藝術로 전환하게 하였을까? 그것은 다름이 아니라, 문인 사대부들이 행한 독서의 힘이다. 독서는 문인 사대부들의 심미안을 계속 높은 차원으로 끌어올리고 그렇게 올라간 높은 경지의 심미안은 자연스럽게 높은 수준의 雅예술을 창작하게 한 것이다. 그런데, 이처럼 俗을 떠나 雅를 지향하는 방법으로 문학이나 서예가 모두 讀書를 택했다는 점에서 문학과 서예는 매우 밀접한 관계를 갖는다. 중국을 대표하는 시인인 杜甫는 자신의 작시태도를 다음과 같이 천명하였다.

> 만 권의 책을 독파한 후에 붓을 들면 마치 신들린 듯이 시를 지을 수 있다.[21)]

이는 두보의 위대한 창작 역량이 독서로 인하여 배양되었음을 천명한 말이다. 이런 두보에 대하여 원나라 사람 元好問은 다음과 같이 평하였다.

> 나는 두보의 시의 오묘한 경지를 두고서 佛家에서 말하는바 『배움이 배우지 않은 지경에 이르렀다.』는 말을 들어 평하곤 하였다......... 그의 시를 익히 읽고 깊이 뜻을 추구하며 오래 씹어 맛보면 바로 九經과 諸子百家의 글, 즉 많은 학문이 무르녹아서 그의 詩筆을 그렇게 윤택하게 했다는 것을 알 수 있게 된다. 비유컨대 한약재인 金屑, 丹砂, 芝朮, 參桂 등이 따로따로 있을 때는 識者들이 그것들을 하나하나 식

별해 낼 수 있지만, 일단 그것들을 조제하여 다려서 짜놓으면 짜놓은 약물을 보고서는 누구도 쉽게 사용된 약재의 종류를 가려 낼 수 없다. 그렇다고 해서 그 약물 속에 각각의 약재가 들어있지 않은 것은 아니듯이 두보가 지은 시를 보면 완전히 그의 창작이면서도 그의 시 속에는 짜놓은 약물처럼 많은 수십 수백 종의 책들이 무르녹아 있다. 그러므로 두보의 시는 한 글자도 古人으로부터 오지 않은 것이 없다고 해도 무방하고 또 한 글자도 고인으로부터 온 것은 없다고 해도 무방하다.[22]

두보는 이러한 독서의 힘으로 탁월한 시어를 구사하여 시를 짓는 실질적 능력을 갖추었을 뿐 아니라, 독서를 통해 흉금을 圓融無際하게 열어놓음으로써 트인 생각과 높은 심미안을 갖게 되었고 그렇게 높은 심미안이 그의 시를 至高의 '雅' 경지에 이르게 하여 중국 문학사상 가장 확고하게 이른바 '大雅之堂'[23]에 오른 시인이 된 것이다.

서예도 마찬가지다. 역대의 연구자들은 이구동성으로 많은 독서만이 書로 하여금 속기를 벗어나게 할 수 있다고 생각하였다. 앞서 살펴보았듯이 黃庭堅은 "士大夫가 處世함에 있어서 결코 해서는 안 될 일은 '俗됨'이다"고 하였다.[24] 여기서 황정견이 거론한 사대부란 바로 당시의 文人이요, 學者였던 사람들이다. 그런데 당시의 문인이나 학자치고 서예를 하지 않는 사람은 단 한 사람도 없었다. 왜냐하면 유일한 필기도구가 '붓'이었기 때문에 문인이나 학자의 역할을 하기 위해서는 붓글씨를 쓰는 것이 필수 사항이었다. 따라서, 當代의 유명 문인 학자들은 거의 대부분 당대를 풍미하는 서예가로도 활약하였다. 이런 연유로 서예와 속기의 제거와는 관계는 바로 황정견이 말한 사대부와 속기 제거의 관계처럼 불가분의 관계가 있었다. 서예가들은 가슴에 한 점의 속기도 없을 때 비로소 雅한 글씨를 쓸 수 있다고 생각하였는데 가슴에 속기가 없게 하기 위해서는 독서가 필수라고 생각하였다. 황정견은 다음과 같이 말하였다.

王著가 臨한 蘭亭敍, 樂毅論, 補永禪師, 周散騎千字 등은 모두 절묘하며 아울러 用筆도 대단히 훌륭하다. 만일 그의 가슴 속에 수 천 권의 책이 들어 있어서 時世를 따라 浮沈하지 않았다면, 그의 글씨에 韻致가 결여되는 병폐가 없었을 것이고 李西臺나 林和靖보다 나았을 것이다. 아마 고우면서 韻에 병이 있는 者가 王著이고, 굳세면서 韻에 병이 있는 者가 周越일 것이다. 이것은 모두 그들 가슴 (人品)의 죄이지, 배움에 功을 다하지 않을 탓은 아니다.[25]

여기서 黃庭堅은 '多讀書'(胸中有書數千卷)야말로 '不病韻의 妙方'이라고 했는데 그가 말한 '不病韻'은 근본적으로 '無俗氣'를 의미하는 것이다. 그러므로 黃庭堅이 去俗의 秘方으로 내세운 것은 다름 아닌 '多讀書'임을 알 수 있다. 황정견은 자신의 경험을 例를 들어 多讀書만이 去俗할 수 있음을 설명하기도 하였다.

이 늙은이(黃庭堅 자신)가 근래에 陶淵明이나 謝靈運의 시를 읽지 않았더니 마음의 폭이 자꾸 좁아짐을 느낀다. 그런 까닭에 任意揮筆이 아닌 이제 막 글씨를 배우는 학동의 조바심으로 겨우 이 글씨를 마치고 보니 뺨에 땀이 맺혀 있음을 느낀다. 杜甫가 일찍이 말하기를 … 『어찌하면 陶淵明과 謝靈運과 같은 생각을 할 수 있을까? 그들이 남긴 저술 속에서 노니는 수밖에 …』라고 하였으니 참으로 뭔가를 알고서 한 말이라는 생각이 든다. 어느 날 술 한 잔을 마시고 보니 제법 書興이 이는데, 案上에 먹물은 있으나 좋은 붓은 없어서 3錢짜리 鷄毛筆로 이 글씨를 썼노라. 서예를 아는 사람이 본다면 손에서 나온 글씨(숙련된 손재주로 쓰여진 글씨)일 뿐, 마음으로부터 나와 나의 意志나 個性이 표현된 글씨가 아님을 느낄 것이다.[26]

"도연명과 사령운의 시를 읽지 않았더니 마음이 좁아지는 것 같다(老夫不觀陶謝詩, 覺胸次幅塞)."는 말은 바로 黃庭堅이 당시에 독서를 게을리 함으로 인해 마음에 俗氣가 쌓여가고 있음을 고백한 것이며, "在手不在筆哉"는 마음에 쌓인 俗氣로 인해 차원 높은 韻致를 서폭에 담지 못하고 단지 손에 익힌 기능으로 글씨를 썼음을 한탄한 것이다. 이를 통해 우리는 黃庭堅이 서예작품 창작의 전제로서 多讀書를 통한 去俗을 강조했음을 다시 한 번 확인할 수 있다. 황정견뿐이 아니다. 중국 서예사에 이름을 남긴 대부분의 서예가들은 진정으로 아름다운 서예를 하기 위해서는 마음에 속기를 없애야 하고 속기를 없애는 방법으로는 독서가 거의 유일한 방법임을 강조하였다.

이처럼 문학과 서예는 공히 지극히 높은 경지의 雅를 추구하기 때문에 작가의 마음에 한 점이라도 속기가 있어서는 높은 경지의 雅美가 자리하는 차원 높은 예술을 창작할 수 없다는 점에서 같고, 또 그처럼 한 점의 속기라도 남지 않도록 마음을 닦는 방법으로 독서를 택했다는 점에서도 완전히 같다. 훌륭한 문학작품을 창작하기 위해서는 많은 독서를 해야 한다는 점에 대해서는 동서양을 막론하고 많은 사람들이 동의한다. 그러나 위대한 서예작품을 창작하기 위해서도 반드시 그렇게 많은 독서가 필요하다는 점에 대해서 아는 사람은 많지 않다. 서예를 단순히 미술의 한 영역으로만 파악하거나 심지어는 하나의 技藝로만 여겨 기능만 잘 연마하면 서예가가 될 수 있다고 생각하기 때문이다. 이처럼 서예를 단순한 기예로 여기는 시각을 가지고서는 결코 서예의 진면목을 이해할 수 없다. 서예에 대해서 생소한 서양 사람의 경우에는 더욱 그렇다. 따라서 많은 양의 독서를 통하여 지극한 경지의 雅美에 도달했을 때 비로소 최고 경지의 작품을 창작하게 되는 문학의 경우를 빌어 서예 또한 그러함을 설명한다면 서예를 잘 모르는 서양 사람들도 서예의 깊은 의미를 쉽게 이해할 수 있을 것이다. 이처럼 문학은 서예를 세계화하는 데 하나의 格義 과정으로서 매우 중요한 역할을 할 수 있으므로 우리는 서예의 세계화를 위해 적극적으로 문학을 이용할 필요가 있을 것이다.

## 2. 음악과 무용의 格義 역할을 통한 서예의 세계화

현대 중국의 미학 연구자인 宗白華는 다음과 같은 말을 하였다.

> 서예는 특히 음악과 근접해 있는 예술이며 무용과 인접해 있는 예술이고 건축성 구조미와 가까이 있는 예술이다. 오히려 회화와 조소의 構象美와는 거리가 있는 예술이다.[27]

종백화의 이러한 말을 통하여 우리는 서예가 회화나 조소보다는 오히려 음악이나 무용과 보다 더 근접해 있는 예술임을 알 수 있다.[28] 이에 대해 필자 또한 다음과 같은 이유를 들어 서예가 음악이나 무용과 매우 근접해 있는 예술임을 설명하였다.

1) 서예나 음악이나 무용이 다 1회성의 순간(시간) 예술이라는 점
2) 서예의 문자, 음악의 악보, 무용의 안무 등 모두 매체가 정해져 있는 예술이라는 점
3) 그림이나 조각은 무엇이든 피사체가 될 수 있음에 반해 서예와 음악과 무용은 구체적인 표현 대상물이 없어서 궁극적으로 추상예술이라는 점
4) 즉흥성이 있는 예술이라는 점

5) 사전 몰입이 필요한 예술이라는 점

6) 旋律이 있는 예술이라는 점

7) 음악의 연주기법과 서예의 서사기법 사이에 相同性이 매우 많다는 점

8) 추구하는 境地에 相同性이 많다는 점[29)]

唐나라 때의 시인인 白居易는 〈琵琶行〉[30)]에서 다음과 같이 말했다.

> 굵은 현의 소리는 마치 억센 비가 내리는 듯한 소리를 내고 가는 현의 소리는 절절하여 마치 연인들의 속삭임과 같네. 굵은 현과 가는 현이 서로 뒤섞여 소리를 내니 마치 큰 구슬과 작은 구슬이 옥쟁반 위에서 구르는 것 같고 때로는 꾀꼬리의 소리가 꽃잎 아래에서 미끄러지는 듯, 개울물이 급한 물살을 만나 흐느끼며 흘러가는 듯하네. 냇물은 소슬하여 흐르기를 멈추는 듯하고 비파의 현은 서로 엉겨 끊어져 버린 듯. 현이 끊겨 버렸으니 소리는 잠시 쉴 수밖에. 소리가 끊긴 이 순간에 더 깊은 수심과 한이 흘러나오네. 이런 때는 소리가 없는 것이 소리가 있는 것보다 훨씬 더 낫다네.....[31)]

이처럼 한자문화권에서는 '지극한 음악은 차라리 소리가 없다(至樂無聲)'[32)]는 생각을 가지고 있었고 그러한 경지의 음악을 최고의 경지로 여겨 끊임없이 그 길을 지향해 왔다.

서예도 마찬가지이다. '書에 뜻을 두지 않았는데 어느새 書가 이루어졌다'는 의미의 '無意於書而書'의 경지를 최고의 경지로 보고 그 경지를 지향한다. 송나라 때의 명필인 黃庭堅은 다음과 같이 말하였다.

마음은 손이 가는 바를 알지 못하고, 손은 마음이 부리는 바를 알지 못하는 것, 그것이 바로 法이다.[33)]

마음은 손이 가는 바를 알지 못하고 손 또한 마음이 가는 바를 알지 못한 채, 완전히 자연에 맡겨 주관적 개성이나 감정에도 좌우되지 않고 외적인 영향에도 구애됨이 없이 개인의 성격과 감정과 才氣를 한데 융합하여 기교의 범주를 벗어나 '나 아닌 나(身外之身)'라는 제2의 생명을 탄생시켜 그 제2의 생명으로 하여금 창작활동을 하게 하는 것이 바로 '無意於書而書'의 경지이다.[34)] 이것이 서예가 추구해야 할 최고의 경지인데 이 것은 음악이 추구하는 '至樂無聲'의 경지와 같은 것이기 때문에 서예와 음악 두 예술은 추구하는 경지가 같다는 점에서도 깊은 연관이 있다.

서예는 근본적으로 變化와 다양성을 목표로 하는 예술이 아니다. 서예는 쓰는 행위를 통해 보다 훌륭하고 보다 차원 높은 人格과 審美觀을 표현하려하는 淨化性 · 昇化性 · 解脫性이 짙은 예술이다. 비유컨대, 세계에는 뉴욕 필하모니, 런던 필하모니, 베를린 필하모니, 한국의 KBS 교향악단 등 수많은 오케스트라가 있다. 그런데, 그 오케스트라는 1년에도 수십 차례씩 같은 곡을 연주하고 또 같은 곡을 이 오케스트라도 연주하고 저 오케스트라도 연주한다. 이처럼 같은 곡을 연주함에도 사람들은 오케스트라마다 지니고 있는 특색을 아끼고 사랑하기에 거듭 감상을 하며 박수를 보낸다. 그렇다면, 오케스트라마다 갖고 있는 특색은 어디에 근거하여 나타나는가? 그것은 다름 아닌 지휘자의 악곡에 대한 해석력, 즉 지휘자 개인의 "個人風格"에 근거하여 나타난다. 지휘자의 "個人風格"에 의해 해석된 곡이 1년에도 수십 차례씩, 같은 곡을 여러 오케스트라들이 반복 · 중복 연주한다. 그렇다면 악보에 아무런 변화도 없고 다양성도 없는 이들 연주는 모두 예술이 아닌 복제품들인가? 누구도 그렇게 생각하지 않을 것이다. 이들 오케스트라들이 추구하는 것은 날마다 새로운 곡을 연주한다거나, 기존의 악보를 날마다 새롭게 변화시켜 연주하는 "변화"가 아니라, 기존의 악보를 보다 깊이 있게 해석하여 보다 깨끗하고 보다 차원 높게 표현하려는 淨化와 脫俗의 경지인 것이다. 서예도 바로 이들 음악과 마찬가지로 淨化性과 昇化性과 脫俗性을 지향하는 예술인 것이다.

서예는 무용과도 매우 흡사하다. 서예와 무용은 둘 다 신체성과 擬形性을 갖추고 있다는 점에서 매우 흡사한 것이다. 중국 송나라 때의 서예가인 蘇東坡는 "書에는 神, 氣, 骨, 肉, 血이 있다. 이 다섯 가지 중 하나만 부족해도 書를 이룰 수 없다."[35]고 하였으며 명나라 사람 豊坊도 "書에는 筋과 骨과 血과 肉이 있다"[36]는 점을 천명하였다 이처럼 서예는 사람과 마찬가지로 근과 골과 혈과 육으로 구성된 신체를 가지고 있다. 이러한 신체에 氣를 불어넣고 힘을 넣어주며 勢를 형성하여 자유자재로 춤을 추게 하는 게 바로 서예이다. 따라서, 이러한 구체적인 신체성을 구비한 서예는 신체성을 생명으로 하는 무용과 전혀 다를 바 없는 예술이라고 할 수 있는 것이다.

서예는 이처럼 살아 움직이는 신체예술이기 때문에 당연히 形을 갖춰 갖가지 동작을 해보이고자 한다. 이렇게 形을 模擬하려고 한다는 점 즉 擬形[37]을 하려고 한다는 점에서도 서예는 무용과 같다. 중국 漢나라 말기의 崔瑗이 쓴 〈草書勢〉라는 문장을 통해 다음과 같은 比擬 즉 擬形의 실례를 볼 수 있다.

초서의 형상성을 보자면 굽어보기도 하고 내려 보기도 하는 자세가 있고, 네모이면서도 기역자 모양의 자(尺)에 딱히 들어맞는 것은 아니며 둥글면서도 컴퍼스에 들어맞는 것은 아니다. 왼편은 눌러주고 오른

> 편은 들춰줘서 우뚝 선 모습은 발돋움 한 것처럼 하고, 길짐승이 기는 듯, 날짐승이 멈칫거리는 것처럼 하여 뜻은 날거나 이동하는 데 있으면서도 아직 날거나 이동하지 않은 상태이도록 하며, 마치 토끼가 놀래어 달아나는 것처럼 하고........[38]

종요(鍾繇)의 글씨는 구름같이 하얀 고니가 하늘에서 노니는 듯, 무리 지은 기러기가 바다를 희롱하는 듯이 행간이 촘촘하여 그 사이로 지나가기가 쉽지 않은 느낌이 든다. 왕희지의 글씨는 그 기세가 웅장하고 방일하여 마치 용이 하늘 문을 향해 뛰어오르는 듯하고 봉황새의 궁궐 앞에 호랑이가 누워 있는 듯하다. .....위탄(韋誕)의 글씨는 용이 위엄을 부리고 호랑이가 날뛰는 듯하고, 장사가 칼을 빼어든 듯 쇠뇌를 팽팽히 당기고 있는 듯하다. 소자운(蕭子雲)의 글씨는 마치 높은 봉우리가 해를 가리고 서있는 것 같다. 외로운 소나무 한 가지가 쭉 뻗은 것과 같고 자객으로 유명한 형가(荊軻)가 칼을 차고 있는 모습과 같으며 장사가 활을 당기고 있는 모습과 같다.[39]

"길짐승이 기는 듯, 날짐승이 멈칫거리는 듯하고", "구름같이 하얀 고니가 하늘에서 노니는 듯, 무리 지은 기러기가 바다를 희롱하는 듯하다."는 比擬는 그대로 다 무용이 될 수 있는 의형성을 갖춘 표현들이다. 그러므로 서예는 바로 무용이라고 할 수 있다. 이러한 까닭에 중국 唐나라 때 草書의 대가인 張旭은 당시 최고의 무용가였던 公孫大娘이 추는 劍器舞를 보고서 초서의 필법을 크게 깨닫게 된 것이다.[40]

이상에서 살펴본 바와 같이 서예는 음악이나 무용과 매우 흡사한 예술이다. 그러므로 서양에는 없는 서예를 세계화하기 위해서 음악과 무용도 格義의 매체로 이용할 필요가 있다. 그렇게 하면 서양인들은 음악과 무용을 통해서 서예의 진정한 예술성을 충분히 이해할 수 있을 것이다. 서예와 음악과 무용의 相同性 속에 21세기 서예의 세계화 가능성과 그 구체적인 방법이 들어 있는 것이다.

### 3. 디자인 산업을 통한 서예의 세계화

디자인(Design)이라는 말은 '지시하다', '표현하다', '성취하다'라는 뜻을 가진 라틴어 '데시그라네(designare)'에서 유래했다고 한다.[41] 디자인이란 다름이 아니라 주어진 목적을 조형적으로 실체화하는 것이다. 디자인은 크게 세 종류로 나눌 수 있는데 인간의 생활에 필요한 정보를 보다 신속하고 정확하게 전달하기 위해서 시각을 중심으로 전개되는 시각디자인과 제품이나 도구를 보다 완전하게 생산하기 위한 제품디자인, 생활에 필요한 환경이나 공간을 보다 적합하게 하기 위한 환경디자인 등이다.

현대 사회에서 시각 디자인이 얼마나 중요한 역할을 하며 또 디자인 산업이 얼마나 부가가치가 높은 산업인지에 대해서는 더 이상 설명이 필요 없을 정도로 많은 사람들이 인식하고 있다. 그런데 이렇게 중요한 디자인 산업을 우리는 거의 다 외국에 빼앗기고 있는 실정이다. 심지어는 우리나라 대기업의 로고나 캐릭터 등을 외국의 디자인 업체로부터 수 십, 수 백 억의 돈을 주고서 사오는 경우도 있는데 이는 디자인 선진국들이 이미 웬만한 디자인 상품을 다 개발해 놓고서 우리가 새로운 디자인을 개발할 경우 표절 시비를 걸어오기 때문에 이런 시비에 휘말리지 않기 위해 아예 처음부터 외국의 디자인업체에 디자인을 의뢰해 버리기 때문이다. 이러한 상황을 개선하고 디자인 선진국이 되기 위해서는 지금까지 세계 디자인계에서 사용한 적이 없는 새롭고 획기적인 방법을 이용한 디자인을 개발하는 것이 최상책인데 그 방법이 바로 서예에 있다. 서예가 가지고 있는 暈墨(번짐)의 효과나 한지와 먹물이 만나서 형성하는 독특한 飛白(먹이 다 묻지 않고 까칠한 상태) 등을 이용하면 지금까지 누구도 개발하지 않은 독특한 디자인 상품을 개발할 수 있을 것이다.[42] 디자인 선진국들은 그들의 디자인 산업에 아직 서예를 구체적으로 응용한 예가 없다. 따라서, 지금이야말로 우리가 서예를 현대의 시각디자인에 응용하여 새로운 디자인 산업 강국으로 부상할 때라고 생각한다.

사실, 1970년대까지만 하여도 서예는 매우 중요한 시각디자인의 매체였다. 잘 쓴 글씨는 많은 사람의 눈길을 끌었고 깊은 인상을 주었기 때문이다. 惺堂 金敦熙가 써서 지금까지 사용하고 있는 '東亞日報' 題號와 소전 孫在馨이 쓴 現代그룹의 '現代'라는 글씨와 종근당 제약의 '종근당'이라는 글씨 등은 서예를 이용한 시각디자인의 대표적인 예이다.[43] 그런데, 1970년 대 이후 급격한 산업화의 물결을 타고 문화의 서구화가 더욱 빠르게 진행되면서 우리 주변에서 서예를 이용한 시각디자인 작품은 거의 자취를 감추게 되었다. 그러나 21세기에 서예는 생활 속에서 다시 태어나 발전할 가능성이 얼마든지 있는데 그런 재창조와 재생산의 가능성이 가장 높은 분야 중의 하나가 바로 서예를 이용한 디자인 분야이다. 최근 'Calligraphy'라는 이름 아래 눈에 띄게 늘어나고 있는 이른 바 '손글씨' 붐(Boom)은 서예의 디자인적 접근을 보다 더 용이하게 하고 있다. 서예를 현대의 첨단 시각 디자인 산업과 연계하여 세계인들에게 홍보한다면 서예를 세계화하는 길은 보다 더 쉽게 열릴 수 있을 것이다.

21세기는 디지털의 시대이다. 디지털의 시대일수록 오히려 사람의 손으로 만든 것들이 더욱 빛을 발할 것이다. 모든 것을 디지털화하여 전자문서와 영상으로 보존하는 것도 중요하지만 종이 위에 손으로 글씨를 쓰거나 그림을 그림으로써 그 사람의 흔적을 남겨 영원히 보존하고자 하는 일은 전자문서나 영상보다 더 중요하다. 그런데 사람의 손으로 쓰거나 그린 흔적 그 자체가 바로 시각디자인이다. 이러한 관점에서, 서예를 21세기 디지털 시대를 사는 인류가 간직해야할 소중한 디자인 유산으로 파악한다면 전 인류는 21세기에 서예를 하지 않을 수 없을 것이다. 서예와 디자인과의 연계는 서예를 세계화하는 데 절실하게 필요한 매우 유용한 방법이 될 수 있는 것이다.

## 4. 서예와 심리치료, 웰빙과의 상관성에 근거하여

디지털 문화가 발달하면 할수록 사람들의 심리 불안은 더해진다고 한다. 이러한 심리불안현상은 심리치료를 필요로 하는 경우가 많은데 심리치료에 대한 사회적 요구가 늘면서 최근 음악치료, 미술치료, 향기치료 등 다양한 치료방법이 대두하고 있다. 그런데 이러한 여러 치료 방법 중에서 어떤 치료보다도 치료 효과가 높은 것이 서예치료이다.

동양 한자문화권 사회에서는 과거 수천 년 동안 삶의 맨 아래층에 깔아야 할 가장 중요한 덕목으로 일관되게 '修身' 즉 '스스로를 다스리는 것'을 견지해 왔다. 그런데 최근 서양은 동양의 이러한 수신정신을 배우려 하고 있다. 서양 기독교의 유일한 믿음이었던 신의 존재가 과학의 지나친 발달로 인하여 희미해지면서 서양인들은 이제 종교를 절대자에 대한 '믿음'으로 믿기보다는 인간인 자신들의 불안을 해소할 수단으로 찾고 있는 경향이 전에 비해 현격하게 늘고 있다. 이에, 세계 어느 나라든 종교도 의학도 예술도 모두 '修身'을 지향하는 경향이 날로 짙어지고 있다. 그런데 동서고금의 예술 중에서 서예만큼 修身性이 강한 예술은 없다.[44] 따라서, 서예 본연의 수신성을 적극 살리고 이용하는 방향으로 서예를 발전시킨다면 서예는 아시아를 넘어 세계의 예술이 될 수 있다. 그런데, 이 수신성을 살려 서예를 발전시킬 수 있는 여러 방향과 방법 중에서 가장 대표적인 것이 바로 서예를 이용한 心身의 치료이다.

대만의 高尙仁 교수는 1980년대 초부터 서예와 심리학을 연결하여 〈서예심리학〉[45]이라는 학문분야를 개척하였고 이후로도 홍콩과 중국의 학자들과 공동으로 많은 실험을 통해 서예의 치료효과를 연구하여 과학적인 증거를 갖춘 논문을 발표함으로써 많은 사람들의 공감을 사고 있다. 그는 각종 실험을 통하여 서예의 연마가 정서불안, 과잉행동장애, 대인기피증, 자폐증 등 많은 정신 질환 치료에 큰 도움을 줄 뿐만 아니라 심장병, 당뇨, 고혈압, 뇌졸중 등 육체적인 질환과 알코올이나 마약에 의한 중독증에도 큰 효과가 있음을 증명하였다.[46] 한국에서는 필자가 기획하여 2003년 9월에 전주에서 열린 제4회 세계서예전북비엔날레기념 국제학술대회에서 서예와 심리학과 치료의 개념을 융합하는 학술대회를 한국최초로 개최하였다.[47] 이 학술대회가 시발이 되어 이미 한국에도 서예치료학회가 결성되어 활발한 활동을 하고 있다. 서예치료는 21세기에 서예를 세계화하는 데에 중요한 역할을 할 것이다. 그리고 이러한 서예치료로 인하여 21세기에 서예는 세계인이 향유하는 세계의 예술로 자리를 잡을 수 있을 것이다.

서예는 이른 바 '웰빙(Well-Being)'상품의 가치도 다분히 가지고 있다. 최근에는 '서예 웰빙'이라는 말이 학계에 참신한 화두로 떠오르고 있다.[48] '웰빙'의 가장 기본적인 조건은 건강이다. 건강하지 않으면서 '잘 사는 삶'이란 성립할 수 없기 때문이다. 중국의 명나라나 청나라 혹은 한국의 조선시대 서예가들의 삶을 살펴보면 대부분의 서예가들이 장수를 했음을 확인할 수 있는데[49] 이를 통해 우리는 서예가 건강 증진에 많은 도움이 됨을 알 수 있다.

서예는 기본적으로 단전호흡의 효과를 거양할 수 있다. 조선의 서예가 秋史 金正喜도 일찍이 서예를 연마하다보면 자연히 단전호흡의 자세를 갖추게 됨을 설파하여 서예가 건강증진에 도움을 줄 수 있음을 시사하였고[50], 현대의 연구자 高尙仁은 “서예를 할 때의 호흡이 보통 靜坐할 때보다 훨씬 더 길게 나타났다.”는 실험 결과를 발표함으로써 서예가 단전호흡을 하는 데 매우 유리한 자세를 확보해 줌을 증명하기도 하였다. 이처럼 자연스럽게 단전호흡으로 인도하는 서예는 건강한 생활을 바탕으로 하는 웰빙의 한 방편이 되기에 충분하며 이러한 사실만으로도 서예는 세계화의 가능성을 충분히 안고 있다고 할 수 있다.

뿐만 아니라, 서예는 몰입과 명상의 효과를 거양함으로써 건강 증진과 웰빙에 도움을 준다. 서예는 딱딱한 경필로 쓰는 게 아니라, 매우 부드러움 붓으로 쓰기 때문에 쓰는 사람의 의도에 맞는 획을 구사하기 위해서는 온 정신을 집중하여 먹물의 흐름과 붓 끝에 주는 힘과 붓을 세우는 각도를 조절해야 한다. 이 과정에서 서예는 자연스럽게 사람을 몰입과 집중하도록 유도한다. 게다가 서예는 동서고금의 명언과 佳句를 쓰기 때문에 머릿속으로는 명상을 하며 그 명언과 가구가 주는 교훈을 새길 수 있다. 뿐만 아니라, 서예는 수채화나 유화 등 어떠한 예술과도 달리 원천적으로 덧칠이 불가능한 예술 즉 한 번 그어서 끝을 내는 一回性 획을 통하여 순간적으로 작가의 모든 것을 드러내는 예술이기 때문에 음악을 공연하는 음악가나 무용을 하는 무용수가 무대에서 공연하고 있는 그 순간의 집중과 같은 수준의 순간적인 집중을 필요로 한다. 이런 집중과 몰입은 정신의 건강은 물론, 혈관과 신경계 등 육신의 건강도 지켜주는 최고의 명약이다. 서예가 가진 이러한 몰입과 집중의 기능으로 인하여 서예는 웰빙의 한 방편이 되기에 충분하다. 서예가 가진 이러한 웰빙적 요소를 부각시킨다면 21세기에 서예는 세계인이 향유하는 건강 예술로 발전할 수 있을 것이다.

## III. 결론

본 논문은 21세기에는 서예가 동아시아 한자 문화권을 넘어 전 세계인들이 향유하는 예술이 될 수 있을 것이라는 전제 아래 그 가능성을 구체적으로 진단하였다. 그 결과를 요약하면 다음과 같다.

1) 서예를 세계화하기 위해서는 서예에 내재해 있는 예술성의 실체는 무엇이며 그것이 과연 세계화할 만한 가치가 있는 것인지에 대한 원론적인 논의부터 이루어져야 할 것이다. 그러나 동아시아 한자 문화권 문화의 精髓로 일컬어지는 서예의 예술성에 대해서는 지금까지 이미 수많은 서예가들과 연구자들이 설명하고 분석하고 또 자랑해 왔다. 따라서, 다시금 서예의 예술성을 논한다거나 세계화할 만한 가치의 유무를 논한다는 것은 새삼스러운 일이다. 문제는 이미 우수한 예술성을 가진 서예를 어떤 방법으로 세계인들에게 알리느냐에 있다.

2) 동아시아 한자문화권 이외의 국가에는 엄밀한 의미에서 서예가 존재하지 않는 까닭에 그들로 하여금 서예를 이해하게 하기 위해서는 格義의 중간과정이 반드시 필요하다. 문학과 음악,

무용, 디자인 등이 그러한 격의의 中間者 역할을 할 수 있을 것이다.

3) 文學과 서예 사이에는 兩者가 다 言語와 文字를 창작 매체로 사용하는 예술이라는 점에서 공통점이 있다. 한자 문화권 한문 문학과 서예 사이에는 언어와 문자를 매체로 출발하여 궁극적으로는 언어와 문자를 통하여 구사할 수 있는 최상층의 「境」과 「格」을 공유하고 있다는 점에서 크게 상통한다. 그러므로, 서예는 문학을 格義로 이용하여 세계인을 향해 홍보할 수 있다.

4) 서예와 음악과 무용은 상동성이 매우 많다. 서예와 무용은 둘 다 신체성과 擬形性을 갖추고 있다는 점에서 더욱 흡사하다. 書藝는 神, 氣, 骨, 肉, 血을 갖추고 있다. 이러한 신체에 氣를 불어넣고 힘을 넣어주며 勢를 형성하여 자유자재로 춤을 추게 하는 게 바로 서예이다. 따라서, 서예는 신체성을 생명으로 하는 무용과 전혀 다를 바가 없다. 서예는 신체성을 구비하고 있기 때문에 擬形을 하려고 하는 속성이 있다. 이 점에서도 서예는 무용과 같다. 그러므로 21세기의 우리는 한자문화권에만 있을 뿐 서양에는 없는 서예를 세계화하기 위해서 음악과 무용을 格義의 매체로 이용할 필요가 있다.

5) 디자인 선진국들이 아직은 그들의 디자인 산업에 서예를 구체적으로 응용한 예가 없기 때문에 서예가 가지고 있는 暈墨(번짐)의 효과나 한지와 먹물이 만나서 형성하는 독특한 飛白효과 등을 이용하면 지금까지 누구도 개발하지 않은 독특한 디자인 상품을 개발할 수 있을 것이다. 지금이야말로 우리가 서예를 현대의 시각디자인에 응용하여 새로운 디자인 산업 강국을 꿈꿔야 할 때이다.

6) 21세기인 지금 세계 대부분의 나라는 종교도 의학도 예술도 모두 '修身'을 지향하는 경향이 짙어지고 있다. 그런데 동서고금의 예술 중에서 서예만큼 修身性이 강한 예술은 없다. 서예의 수신성을 적극 살리고 이용하는 방향으로 발전시킨다면 서예는 아시아를 넘어 세계의 예술이 될 수 있을 것이다. 수신성을 살려 서예를 발전시킬 수 있는 여러 방향과 방법 중에서 가장 대표적인 것이 바로 서예를 이용한 心身의 치료이다.

7) 서예는 집중과 몰입은 물론 명상을 강하게 유도하는 예술이다. 집중과 몰입과 명상은 정신을 건강하게 하는 최고의 약일뿐 아니라, 혈관과 신경계 등 육신의 건강도 지켜주는 최고의 명약이다. 웰빙의 기본은 건강이다. 그러므로 서예는 웰빙이다. 서예가 가진 이러한 웰빙적 요소를 부각시킨다면 21세기에 서예는 세계인이 향유하는 웰빙 예술로 발전할 수 있을 것이다.

## ▌참고문헌


**단행본**

정일성, 《후쿠자와 유키치-탈아론을 어떻게 펼쳤는가》, 지식산업사, 2001.

______, 《歷代書法論文選》(上), 臺灣 華正書局, 1984.

《易經》.

郭紹虞 主編, 《中國歷代文論選》, 上海古籍出版社, 1988.

邱燮友 註譯, 《唐詩三百首》, 臺灣, 三民書局, 1988.

錢鍾書 編, 李鴻鎭 譯《宋詩選註》, 螢雪出版社, 1989.

楊家駱 主編, 《中國俗文學史》, 臺灣 世界書局, 1995.

金學智 評注《書概評注》, 上海古籍出版社, 1987.

黃庭堅, 《山谷集》, 《四庫全書》 臺灣 商務印書館影印本, 1987.

杜甫 著, 楊倫 箋注, 《杜詩鏡銓》, 上海古籍出版社, 1998.

徐復觀, 《中國文學論集》, 臺灣 學生書局, 1985.

宗白華, 《藝境》, 北京大學出版社, 1987.

蘇軾, 《東坡題跋》, 臺灣 世界書局《宋人題跋》本, 1980.

____, 《新唐書》, 臺灣 鼎文書局, 1980.

高尙仁, 《書法心理學》, 臺灣 東大圖書公司, 1986.

高尙仁 편저, 《書法心理治療》,홍콩대학출판사, 2000.

金正喜《阮堂全集》〈잡지〉, 민족문화추진회 편, 솔 출판사, 2003.

김병기, 《한지와 서예》, 미술문화원, 2008.

김병기, 《사람과 서예-서예가 웰빙이다》, 이화문화출판사, 2004.

_____, 《2001世界書藝全北비엔날레(雙年展)評價報告書》, 韓國全州《文化Journal》사, 2001.

**논문**

김병기, 〈한국서예, 전환기를 맞고 있다〉, 《월간서예》, 2001년 12월호.

김병기, 〈書藝學의 中語中文學 범주 내 수용 당위성에 대한 연구〉, 중국인문과학연구회, 《중국인문과학》제14집. 1995. 12.

김병기, 〈서예의 무대공연 가능 근거와 방법에 대한 연구〉, 동아시아문화포럼, 《동아시아 문화와 사상》11집, 2004.

●●●

1) 세계서예전북비엔날레는 1997년 동계 유니버시아드 대회를 계기로 개최하기 시작하여 2009년까지 7회 대회를 치렀다. 매회 20여 개 이상의 프로그램을 운영함으로써 현재 세계에서 가장 규모가 크고 또 내용이 알찬 종합성 서예 전시로 인정받고 있다. 참고로 2003년도 세계서예전북비엔날레에 대한 평가결과를 소개하면 다음과 같다. 자료출처: 《2001世界書藝全北비엔날레(雙年展)評價報告書》, 韓國全州 《文化Journal》, 2001, 139쪽.

[表] 對〈2003世界書藝全北雙年展〉整體活動的評價〉

| | 非常好 | 比較好 | 一般 | 不太滿意 | 根本不滿意 | 計 |
|---|---|---|---|---|---|---|
| 全體 | 195(15.1)<br>[8.1] | 853(64.9)<br>[64.7] | 217(16.8)<br>[19.7] | 24(1.8)<br>[5.6] | 5(0.4)<br>[0.8] | 1294(100.0)<br>878[100.0] |
| 按居住地 | | | | | | |
| 當地人 | 14.4 | 64.0 | 19.2 | 1.9 | 0.4 | 770(100.0) |
| 外地人 | 16.6 | 68.3 | 12.9 | 1.8 | 0.4 | 495(100.0) |
| 按年齡 | | | | | | |
| 30歲以下 | 10.9 | 63.3 | 22.7 | 2.9 | 0.2 | 450(100.0) |
| 31-50歲 | 16.2 | 67.6 | 14.2 | 1.4 | 0.6 | 655(100.0) |
| 51歲以上 | 21.7 | 66.7 | 10.6 | 1.1 | - | 180(100.0) |
| 按知名度 | | | | | | |
| 知道 | 18.0 | 68.6 | 12.2 | 1.0 | 0.2 | 834(100.0) |
| 不太清楚 | 9.9 | 60.6 | 25.3 | 3.5 | 0.7 | 454(100.0) |

2) 일본의 탈아시아 정책은 19세기 일본의 근대화를 이끈 계몽사상가인 후쿠자와 유키치의 탈아론(脫亞論) 즉, "탈아입구론(脫亞入歐論)"에 근거하여 메이지 정부가 채택한 정책이다. "탈아입구론(脫亞入歐論)"이란 일본은 아시아를 벗어나 歐美 열강 속에 들어가야 한다는 이론이다. 이 이론은 후에 일본의 제국주의 팽창을 정당화하는 근거로 작용하여 일본은 서구 열강과 동등하기 때문에 식민지를 확장하고 있는 서구 열강과 마찬가지로 일본도 독립할 능력이 없는 조선이나 일본을 지배해야 한다는 논리로 비약 발전한다. 정일성, 『후쿠자와 유키치-탈아론을 어떻게 펼쳤는가』, 지식산업사, 2001, 참고.

3) 1919년 히다이 덴라이(比田井天來)를 중심으로 결성된 서도예술사(書道藝術社)의 기관지인 잡지 《書道藝術》의 창간호에 실린 가나코 오데이(金子鷗亭)의 글 참조.

4) 1948년(昭和 26년) 연합군 총지령부(總指令部)(G.H.Q)가 「국어(일본어)개혁」의 일환으로 한자를 단계적으로 폐지할 것을 제안하고 가타가나를 로마글자로 표기할 것을 권고하였다. 이 권고로 인하여 일본의 한자 교육이 제한되었고 또, 서도(書道)는 검도, 유도 등과 함께 일본정신을 고양시킴으로써 전쟁에 기여한 문화라는 이유로 한때 학교 교육에서 제외시킴으로 인하여 전통 서예의

발전에 큰 위기가 닥쳤다.

5) 한국서예와 일본서예, 중국서예의 차이점에 대해서는 김병기의 논문 〈한국서예, 전환기를 맞고 있다〉, 《월간서예》 2001년 12월호 참고.

6) 書를 하나의 예술행위로 보려는 시각은 한나라(東漢) 말기에 싹 튼 것으로 보는 것이 일반적인 견해이다. 한나라 말기의 서예가인 蔡邕은 다음과 같이 말하였다. "書라는 것은 散 – 풀어놓은 것 – 이다. 書를 하고자 한다면 먼저 懷抱(마음)를 풀어놓아, 자신의 감정에 맡기고 개성에 의지한 연후에 書를 해야 한다."(書者散也, 欲書先散懷抱, 任情恣性, 然後書之.) 蔡邕, 〈筆論〉《歷代書法論文選》(上), 臺灣 華正書局, 1984, 5쪽에서 재인, 이 말은 書 즉 쓰는 행위를 통하여 작가의 마음을 풀어내어 표현할 수 있다는 점을 천명한 말로써 이는 서예가 단순히 실용적인 書寫기능만 있는 게 아니라 예술적 작용이 있음을 밝힌 말이다.

7) 格義란 처음 접하는 외래 사상이나 철학 예술 등을 이해하기 위해 自文化에 이미 형성되어 있는 사상, 철학, 예술 중에서 새로 접한 외래 사상이나 철학, 문학과 가장 근접한 것을 택하여 그것을 매체로 삼아 A를 이해하는 경우를 두고 사용하는 말이다. 예를 들면 중국의 魏晉시대에 외래문화인 불교를 받아들일 때 불교와 근접한 사상이라고 판단한 老莊思想을 이용하여 이해하려고 하였다. 그리하여 불교 般若의 '空'을 노장의 '無'로써 설명하고 해석하는 방법이 행해졌다. 이런 방법으로 이해된 불교를 格義佛教라고 한다. Naver, 두산 백과사전.

8) '文則數言乃成其意, 書則一字已見其心', 張懷瓘 〈文字論〉, 《歷代書法論文選》(上), 華正書局, 台北, 1973, 191쪽에서 재인.

9) 子曰: 『書不盡言, 言不盡意』, 然則聖人之意, 其不可見乎? 子曰: 『聖人立象以盡意, 設卦以盡情』《易》〈繫辭〉上.

10) 喜怒哀樂, 各有分數, 喜則氣和而字舒, 怒則氣粗而字險, 哀則氣郁而字斂, 樂則氣平而字麗, 情有輕重, 則字之斂舒險麗亦有淺深, 變化無窮. 陳繹曾, 〈翰林要訣·變法〉, 앞의 《歷代書法論文選》, 458쪽.

11) 境生於象外, 劉禹錫, 〈董氏武陵集記〉. 郭紹虞 主編, 《中國歷代文論選》제2책, 上海古籍出版社, 1988, 90쪽.

12) 邱燮友 註譯, 《唐詩三百首》, 臺灣, 三民書局, 1988, 325쪽.

13) 王積, 〈在京家思故園, 見鄉人問〉. 錢鍾書, 〈中國詩와 中國畵〉, 李鴻鎭(1989) 譯 《宋詩選註》(附錄), 螢雪出版社, 382쪽에서 재인.

14) 錢鍾書, 위의 책, 382쪽.

15) 이상 문학과 서예의 상관성에 대해서는 필자가 이미 1995년도에 〈書藝學의 中語中文學 범주 내 수용 당위성에 대한 연구〉(중국인문과학연구회 《중국인문과

학》제14집, 1995, 12)를 통하여 밝힌 바 있다. 당시의 논고에서는 서예학이 중문학의 범주 내에 수용되어야 하는 당위성을 설명하기 위해 서예와 문학과의 관계를 논하였고 본고에서는 당시에 밝힌 상관성을 토대로 서예를 세계화하는 데에 문학의 격의 과정이 필요함을 설명하기 위해 문학과 서예의 상관성을 논하였다. 필연적으로 일부 내용에 중복이 있을 수밖에 없었음을 밝힌다.

16) 楊家駱 주편,《中國俗文學史》, 臺灣 世界書局, 1995, 1-2쪽.

17) 위의 책, 3쪽.

18) 書, 如也. 如其學, 如其才, 如其志, 總之曰如其人而已. 劉熙載,《藝概》〈書概〉第240條, 金學智 評注本《書概評注》, 上海古籍出版社, 1987, 254쪽.

19) 學書旣成, 且養於心中, 無俗氣, 然後可以作示人爲楷式《山谷集》권29,〈跋與張載熙書卷尾〉,《四庫全書》臺灣 商務印書館影印本 307쪽.

20) 士大夫處世, 可以百爲, 惟不可俗, 俗變不可醫也 或問不俗之狀, 老夫曰:『難言也. 視其平居, 無以異於俗人, 臨大節而不可脫, 此不俗人, 平居終日如含瓦石, 臨事一疇不劃, 此俗人.《山谷集》권29,〈書繒卷後〉, 위의 책, 305쪽.

21) 讀書破萬卷 下筆如有神 杜甫,〈奉贈韋左丞丈二十二韻〉,《杜詩鏡銓》, 上海古籍出版社, 1998, 24쪽.

22) 竊嘗謂子美之妙, 釋氏所謂學至於無學者耳. 今觀其詩, 如元氣淋漓, 隨物賦形 ..... 及讀之熟, 求之深, 含咀之久, 則九經百氏, 所以膏潤其筆端, 譬如金屑丹沙蔘桂, 識者例能指名之, 至於合而爲劑, 其君臣佐使之互用, 甘苦酸鹹之相入, 有不可復以是物名者. 故謂杜詩無一字無來處可也, 謂不從古人中來亦可也.〈杜詩學引〉,《元遺山先生文集》卷36. 徐復觀,《中國文學論集》, 臺灣 學生書局, 1985, 131쪽에서 재인.

23) 黃庭堅은 두보의 시를 모신 집을 짓고 그 집의 이름을 '大雅堂'이라고 지었으며 아울러〈大雅堂記〉를 써서 두보의 시가 누구의 시보다도 고아한 경지에 이르러 '大雅之堂'에 들었음을 천명하였다, 황정견, 위의 책, 163쪽 참조.

24) 이러한 까닭에 黃庭堅은 다른 사람의 글씨에 대한 평을 할 때도 俗氣의 有無와 多寡를 주요 표준으로 삼아 書의 好惡을 평하였다.「超逸絶塵」·「無塵埃氣」를 내세운 서평들이 바로 그러한 예이다. 그러한 例를 몇 가지 들자면 다음과 같다.
   ①「나는 늘 王羲之父子 이래로 書法이 빼어나서 조금 치의 俗氣도 없는 사람은 顔眞卿과 楊凝式 두 사람 뿐이라고 논하곤 하였다.」(余嘗論右軍父子以來, 筆法超逸絶塵, 惟顔魯公楊少師二人) 위의 책, 302쪽.
   ②「蔡明遠帖은 그 筆意가 종횡무진하여 조금의 塵埃氣-俗氣-도 없다. 가히 徐浩로 하여금 그 앞에 부복하게 하고 沈傳師로 하여금 北面하게 할 수 있을 만하다.」(蔡明遠帖, 筆意縱橫, 無一點塵埃氣, 可使徐浩伏膺, 沈傳師北面.) 위의 책, 같은 곳.

③「顔眞卿의 글씨를 보고 나면 비로소 歐陽詢 · 褚遂良 · 虞世南 · 薛稷이 아직 王羲之의 室(경지)에 들지 못했음을 알 수 있고, 楊少師의 글씨를 본 연후에 徐浩 · 沈傳師에게 俗氣가 있음을 알 수 있다.」(見顔魯公書卽知歐 · 虞 · 褚 · 薛未入右軍之室, 見楊少師書, 然後知徐 · 沈有塵埃氣) 위의 책, 300쪽.

④「나는 顔魯公의 書만이 王羲之 父子의 超逸絶塵함을 얻었다고 평하곤 하였다.」(余嘗評魯公書, 獨得右軍父子超逸絶塵處) 위의 책, 297쪽. 이상 인용한 인용문 중의 「塵埃氣」는 곧 세속적인 俗氣를 의미하며 「超塵絶塵」은 「빼어나고 超逸하여 전혀 俗氣가 없음」을 의미한다.

25) 王著臨蘭亭敍, 樂毅論, 補永禪師, 周散騎千字, 皆妙絶, 同時極善用筆, 若使胸中有書數千卷, 不隨世碌碌, 卽書不病韻, 自勝李西臺, 林和靖矣. 蓋美而病韻者王著, 勁而病韻者周越, 皆渠儂胸次之罪, 非學字不盡功也. 위의 책, 309쪽.

26) 老夫不觀陶謝詩, 覺胸次幅塞, 因學書盡此卷, 覺沆瀣生於牙頰間也. 杜子美云: 「安得思如陶謝手, 令渠述作與同遊.」 眞知言哉! 一日飮屠蘇, 頗有書興, 案上有墨瀋而佳筆莫在, 因以三錢鷄毛筆書此卷, 由知者觀之, 在手不在筆哉. 위의 책, 307쪽.

27) "中國書法是一種藝術, 能表現人格, 創造意境, 和其他藝術一樣, 尤接近音樂的, 舞蹈的, 建築的構象美" 錢鍾書, 앞의 책, 같은 곳.

28) 서예와 음악과의 관계를 말한 학자는 비단 종백화만이 아니다. 이미 북송시대의 학자 雷簡夫가 다음과 같은 말을 함으로써 서예와 음악이 밀접한 관계에 있음을 천명하였다. "나는 어느 날 누워서 그림을 보다가 그림을 통하여 강물이 불어나면서 내는 폭포와 같은 물소리를 듣게 되었다. 그러한 물소리를 통하여 나는 일렁이는 파도와 빠른 물살과 부서져 깨어지는 물보라를 상상하게 되었다. 이런 물소리와 일렁이는 파도와 물보라를 상상하고 있는 나의 당시 감정을 무엇을 이용하여 어떻게 표현해야 할지를 몰랐다. 어떠한 것으로도 당시의 내 감정을 표현할 수 없을 것 같았다. 문득 나는 붓을 들고 글씨를 쓰기 시작하였다. 그러자, 마음 안에서 들려오던 물소리와 상상 속의 파도와 물보라가 모두 붓 아래에 나타나기 시작하였다."(余偶畵臥, 聞江漲瀑聲, 想其波濤翻翻, 迅駃掀搖, 高下蹙逐奔去之狀, 無物可以寄其情, 遽起作書, 則心中之想盡在筆下矣.) 宗白華, 〈書法在中國藝術史上的地位〉, 《藝境》, 北京大學出版社, 1987, 124쪽에서 재인용.

29) 김병기, 〈서예의 무대공연 가능 근거와 방법에 대한 연구〉, 《동아시아 문화와 사상》11집, 2004, 169-212쪽 참고. 이하에서 언급하는 서예와 음악 무용과의 상동성 또한 이 글의 내용을 일부 축양하고 보완한 것임을 밝힌다.

30) 白居易가 간신배들의 모함으로 인하여 강주사마로 좌천되어 있던 어느 날, 찾아온 친구를 배웅하러 포구에 나갔다가 어느 배에선가 들리는 비파 소리에 매

료되어 비파 타는 여인을 부르게 된다. 알고 보니 그 여인 또한 젊은 시절엔 장안에서 활동하던 유명한 樂妓였는데 지금은 몰락하여 포구를 떠돌며 비파를 타며 살고 있었다. 그런 여인의 심정을 헤아린 백거이는 그 여인의 신세나 귀양 온 자신의 신세나 다를 바 없다는 생각으로 여인에게 비파를 한 곡 타줄 것을 요청한다. 여인은 자신의 음악을 알아주는 백거이를 위해 혼신의 힘을 다해 비파를 탄다. 그리고 음악을 다 들은 백거이는 자신의 감상을 장편의 시에 담아 여인에게 전해 준다. 이것이 〈琵琶行〉詩이다. 비파행 시 서문 참고. 邱燮友 註釋《唐詩三百首》, 臺灣 三民書局, 1971, 122쪽.

31) 「大絃嘈嘈如急雨, 小絃切切如私語. 嘈嘈切切錯雜彈, 大珠小珠落玉盤. 間關鶯語花底滑, 幽咽泉流水下灘. 水泉冷澁絃凝絶, 凝絶不通聲漸歇. 別有幽愁暗恨生, 此時無聲勝有聲.」, 위의 책, 122쪽.

32) 至樂無聲은《大戴禮》〈主言〉편의 다음과 같은 말로부터 비롯된 것으로 본다. "至賞不費而天下之士說, 至樂無聲而天下之民和(지극한 賞은 돈을 많이 들이지 않았는데도 그 상을 받은 선비들은 누구나 다 좋아하고, 지극한 음악은 소리가 없어도 천하의 백성들이 그 음악으로 인하여 다 화합한다.)"《中文大辭典》제7책, '至'部, 중화학술원, 1206쪽에서 재인용.

33) "心不知手, 手不知心, 法耳."《山谷集》권29, 〈題黔州時字〉, 臺灣 商務印書館, 文淵閣四庫全書 影印本, 297쪽.

34) 이 자연의 경지를 중국서예미학을 총결했다는 평을 듣는 청나라 말기의 학자인 劉熙載는 '由人復天'이라는 말을 사용하여 표현하였다. "서예는 응당 자연을 향해 나아가야 한다. 蔡中郎(蔡邕)은 단지 서예가 자연에서 시작되었다고만 하였으니 이것은 자연(天)을 근본으로 하여 사람이 그것을 본받았다고만 한 것일 뿐 아직 사람으로부터 출발하여 다시 자연을 회복해야 한다(인공의 벽을 넘어 다시 자연으로 나아가야 한다.)"는 경지에는 이르지 못한 말이다.(書當造乎自然, 蔡中郎但謂『書肇乎自然』, 比立天定人, 尙未及乎由人復天也), 劉熙載, 〈書概〉245條. 金學智,《書概評註》, 上海書畵出版社, 1987, 258-259쪽.

35) "書必有神, 氣, 骨, 肉, 血. 五者闕一, 不爲成書也." 蘇軾 〈論書〉,《東坡題跋》卷4, 臺灣世界書局《宋人題跋》(上) 80쪽.

36) 서예에는 筋과 骨과 血과 肉이 있다. 서예작품의 筋은 글씨를 쓸 때 팔목을 어떻게 움직이느냐에 따라서 생기는데 팔목을 공중에 매단 듯이 쓰는 현완법을 이용하면 근의 脈이 서로 연결되어 기세가 있게 된다. 그리고 骨은 붓을 잡은 손가락을 어떻게 운용하느냐에 따라 형성되는데 손가락에 힘이 가도록 실팍지게 잡으면 뼈가 굳건해져서 약하지 않게 된다. 血은 먹을 가는 데 사용한 물에서 생기고 肉은 먹에서 생기므로 물은 반드시 새로 길어온 물을 사용하고 먹은 반드시 새로 갈아서 쓴다면 습도와 윤기를 제대로 고르게 할 수 있어

서 글씨의 살찌고 야윔이 적절하게 조절될 수 있을 것이다.(書有筋骨血肉. 筋生於腕, 腕能懸, 則筋脈相連而有勢, 指能實, 則骨體堅定而不弱. 血生於水, 肉生於墨, 水須新汲, 墨須新磨, 則燥濕調匀而肥瘦得所.)豊坊, 〈書訣〉, 앞의 《歷代書法論文選》, 469쪽에서 재인.

37) '의형(擬形)'이라는 말이 우리말 사전에 나오는 것은 아니다. '擬'는 '빗댄다', '빗대어 본 뜬다', '빗대어 헤아린다'는 뜻으로서 뭔가를 본 뜸에 있어서 '모(模)'보다는 직접적이지 않을 때 사용될 수 있는 글자이다. 무용이나 서예에서의 '본뜸'은 있는 그대로의 모양이나 동작을 본뜨는 것이 아니라 모양이나 동작을 추상화하여 그 형상성을 취하기 때문에 직접적인 모방은 아니라고 생각한다. 이에, '빗대어 본뜬다'는 의미의 '의형(擬形)'이라는 말을 만들어 사용하였다.

38) 「草書之法, 蓋又簡略, 應時諭指, 用於卒迫, 兼功並用, 爰日省力, ...... 觀其法象, 俯仰有儀, 方不中矩, 圓不不規. 抑左揚右, 兀若疎崎, 獸跂鳥跱, 志在飛移, 狡兎暴駭, 將奔未馳...」崔瑗, 〈草書勢〉, 앞의 《歷代書法論文選》 16쪽. 崔瑗의 草書勢는 위항(衛恒)의 〈四體書勢〉 안에 수록되어 있다.

39) "鍾繇書雲鵠如天, 群鴻戲海, 行間茂密, 實亦難過. 王羲之書字勢雄逸, 如龍跳天門, 虎臥鳳閣, 故歷代寶之, 永以爲訓. 韋誕書如龍威虎振, 拔劍弩張. 蕭子雲書如危峰狙日, 孤松一枝, 荊軻負劍, 壯士彎弓....」蕭衍. 〈古今書人優劣評〉, 위의 《歷代書法論文選》, 76쪽.

40) "旭自言, 始見公主擔夫爭路, 又聞鼓吹, 而得筆法意. 觀倡公孫舞劍器, 得其神." 《新唐書》권202, 열전127, 〈張旭傳〉臺灣 鼎文書局, 1559쪽.

41) Naver 백과사전.

42) 이러한 관점에서 본다면 세계서예전북비엔날레가 2000년도에 개최한 '디자인 서예전'이나 2009년에 시도한 '책표지의 문자 디자인전' 등은 매우 의미가 있는 전시라고 할 수 있을 것이다.

43) 김병기, 《한지와 서예》, 미술문화원, 2008, 105쪽.

44) 서예의 修身性에 대해서는 김병기의 논문 〈서예는 사람이다〉, 《세계서예전북비엔날레 국제학술대회 논문집》제4집, 기조발표, 2003, 1-7쪽 및 김병기의 저서 《사람과 서예-서예가 웰빙이다》(이화문화출판사, 2004) 등을 참조.

45) 高尙仁, 《書法心理學》, 대만동대도서공사, 1986.

46) 高尙仁 편저, 《書法心理治療》, 홍콩대학출판사, 2000.

47) 제4회 세계서예전북비엔날레 기념 국제학술대회에서 대만의 고상인과 한국의 학자 문계성, 조영랑이 논문을 발표하였다. 문계성은 익산초등학교 3학년 학생들을 상대로 서예를 이용하여 과잉행동장애를 치료한 사례를 발표하였고, 조영랑은 교도소 재소자들을 상대로 서예치료를 실시한 탁월한 성과가 있었음을

발표하였다. 《세계서예전북비엔날레 국제학술대회 논문집》제4집, 2003,

48) 서예와 웰빙을 연계하는 이론을 전개한 최초의 저서로는 김병기의 《사람과 서예-서예가 웰빙이다》(이화문화출판사, 2005)를 들 수 있다.

49) 참고로 현재 중국 대학에서 서예과목 교재로 사용하고 있는 중국 서예사에 소개된 서예가들의 수명을 보면 대략 다음과 같다. 沈周(1427-1059): 82세 文澂明(1470-1559): 89세 董其昌(1555-1636): 81세 傅山: 1607-1684): 77세 八大山人: 1626-1705): 89세 金農: 1687-1763): 76세 鄭燮: 1693-1765): 72세 劉墉: 1720-1804): 84세 梁同書: 1723-1815): 92세 翁方綱: 1733-1818): 85세 阮元: 1764-1849): 85세 包世臣: 1775-1855): 80세 何紹基: 1799-1873): 74세 楊守敬 1839-1915): 76세. 이 외에도 吳昌碩(1844-1927)은 83세, 齊白石(1863-1957)은 95세를 살았으며 최근의 인물인 한국의 서예가 중에서 송성용은 유년 시절부터 몸이 약하여 주변으로부터 40세까지만 살아도 다행이라는 말을 적지 않게 들었다는데 86세까지 살았고, 소암 현중화도 94세까지 살았다. 특히, 최근에 작고한 대만의 서예가들이 장수한 예가 많은데 陳定山 93세, 王壯爲 92세, 曺容 100세, 陳雲程 104세, 王愷和 93세, 朱玖瑩 103세, 傅狷夫 98세, 宋美齡 106세, 陳立夫 102세, 劉太希 91세, 郎靜山 103세, 張隆延 95세, 劉延濤 90세, 謝宗安 93세, 臺靜農 94세 등이 바로 좋은 예이다.

50) 김정희 《완당전집》 〈잡지〉, 민족문화추진회 편, 솔 출판사 간, 제2책 386쪽.

# 〈장끼전〉의 구비적 전승과 기록화 과정*

최 혜 진

## I. 서론

태초에는 '말'이 있었을 뿐 '글'은 없었다. 말이 '문자'라는 수단을 통해 '기록'되기까지 수많은 변화와 축적이 생기고 그러한 흔적을 반영하는 갈래가 바로 구비문학이다. 구비문학의 갈래는 어느 순간 문자화되면서 이본을 낳고, 또다른 익명의 작가에 의해 새로운 이본의 파생을 거듭하면서 커다란 작품군을 이루게 된다. 그 작품은 하나하나가 생명이 있고 개성이 있어 새로운 의미를 던져주기도 하지만, 커다란 숲을 이루어 역사적 축적물의 결과로 남기도 한다. 하나의 작품이 커다란 숲이 되어 자리를 잡는다는 것은 많은 향유층들이 있었다는 것이고, 시대적 의미와 인간의 변치 않는 소망이 옹이처럼 자리를 잡았다는 것을 의미한다. 그러한 의미에서 축적과 변화를 거듭하며 남아있는 이본들이 가져다 주는 의미는 살아있는 외침이 된다.

구비문학의 전승은 구비적으로 끝나지 않고 기록화되면서 때로는

---

* 이 글은 "〈장끼전〉 작품군의 존재 양상과 전승 연구"(최혜진, 『판소리연구』30, 판소리학회, 2010)를 〈문자총서1〉에 부합하도록 수정한 것이다.

정전화된다. '소설'로 정착화되는 단계가 그것이라고 할 수 있는데, 근대에 이르러 대량 활자화된 인쇄물은 그 물량과 유통의 문제에 있어 기존의 필사를 비약적으로 넘어서는 결과를 낳는다. 따라서 활자본으로서의 유통은 작품을 정전화시키는 효과를 낳게 된다. 그러한 작품 중의 하나가 〈장끼전〉이라고 할 수 있다.

〈장끼전〉은 우리가 흔히 판소리계 소설로 알고 있지만 오랫동안 다양한 형태로 구비 전승이 되면서 수많은 이본과 갈래를 파생시켜 왔다. 특히 19세기 후반에는 가사의 형식으로 정착되면서 가사와 소설의 넘나듦을 보여주는 작품으로 인식되고 있다. 구비적 갈래에서 시작하여 기록물로 전승되어 가는 과정은 역사적 변동의 숨결을 보여주기 때문에 문학적 향유에 있어서도 무척 유의미하다. 그러므로 정전화된 소설본 이전에 어떠한 방식으로 유통, 전승되어왔는지를 살펴보는 작업이 긴요해지는 것이다.

이 글에서는 〈장끼전〉의 유통 과정과 이본의 현황을 살펴봄으로써 구비성에서 기록성으로 변화해가는 이 작품의 추이를 본격적으로 정리해보고자 한다. 이는 구비적으로 유전되던 작품이 어떻게 변화, 유통, 정착되는지를 역동적으로 파악하는데 도움을 줄 수 있을 것으로 생각한다. 특히 이러한 작업을 통해 민요로부터 판소리로 변화한 작품이 있었다는 것을 집중적으로 밝혀내고자 한다.

## II. 〈장끼전〉 연구를 위한 방법과 태도

판소리 〈장끼전〉[1]은 일찍이 판소리 열두마당 중의 하나로 언급되어왔지만 적어도 19세기 중후반쯤 창을 잃고 기록물로 전환된 것으로 보인다. 그러나 다른 실창 판소리에 비해 상당히 오랜 기간

경쟁력을 가지고 살아남아 있었음이 확인된다. 곧 실창되었던 소리가 가사로 유전되고 소설로도 정착이 되었고, 다시 설화로 민요로 유입되었던 것을 보아 〈장끼전〉은 판소리로 불리지는 않았지만 다양한 향유 방식을 통해 그 생명력을 유지해왔음을 알 수 있다. 그런데 이 〈장끼전〉은 몇 가지 점에서 여전히 해명해야 할 의문이 많다. 먼저 그 형성 배경이 불분명하다는 것이다. 대개의 판소리가 근원설화로부터 생겼다는 발생 형성론이 〈장끼전〉에 있어서는 불명확한 상태로 남아있다. 근원설화의 존재를 파악할 수 없으며 오히려 민요와의 친연성이 있다. 두 번째로는 〈장끼전〉 판소리가 어떻게 불리워졌을 것인지 모호하다는 점이다. 까투리의 개가 단락이 애초 판소리로 불리워졌는가 하는 점은 여전히 결론을 내리지 못하고 있다. 이는 판소리사와 이 작품의 형성, 전승이 어떻게 이루어지는지를 거시적으로 바라볼 때 좀더 설득력 있는 접근이 되리라 생각한다. 세 번째로는 〈장끼전〉 작품군이 소설보다 가사적 유통이 훨씬 활발하였음을 어떻게 해석할 것인가의 문제이다. 물론 그간 이러한 문제에 대한 해석이 없었던 것은 아니지만 몇몇 이본만을 대상으로 하여 향유의 실상을 접근하기에는 무리가 있었음을 시인하지 않을 수 없다. 가사와 판소리와의 관계를 규명해야 할 필요가 있다.

이러한 〈장끼전〉에 관한 의문들은 전체 이본을 파악하여 통시적으로 바라볼 때 유의미한 결론에 이를 수 있을 것이다. 그간 우리는 우화라는 양식을 통해 전승된 〈장끼전〉에 대해 다양한 작품론을 전개해왔지만 유통과 전승의 문제에 대해 본격적으로 다루지 못해왔던 것이 사실이다. 이는 〈장끼전〉 작품군의 이본에 대한 파악과 정리가 미처 이루어지지 못한 탓도 있을 것이다. 그러다보니 이본의 실상과 전개의 문제는 1990년대 이후 답보 상태로 머물러 있었다고 해도 과언이 아니다.[2] 그러나 현재 파악되고 있는 이본은 우리의 상상을 훨씬 뛰어 넘는다. 가사, 소설, 창본류의 이본은 100여 종에 달하고 있으며 관련 설화와 민요만도 50여 종이 파악된다. 따라서 실창 판소리 중 장르 전환을 통해 활발히 유통된 작품으로서 〈장끼전〉 작품군을 다시 주목할 필요성이 있는 것이다. 특히 판소리가 가사 〈자치가〉류로 활발히 전승되었다는 점은 다른 판소리와 구별되는 바이다. 소설로의 전환과 설화, 민요의 향유도 가사의 그것에서 멀지 않다는 점에서 〈장끼전〉 전승사를 살펴볼 필요성이 절실한 것이다. 곧 〈장끼전〉 연구의 새로운 국면 전환이 필요하다고 생각되며 그것은 판소리사와 관련된 〈장끼전〉의 행보와 그 자취를 갈래의 전환과 함께 다룰 때 이룩될 수 있을 것이다.

따라서 〈장끼전〉 작품군을 갈래별로 파악하여 그 존재 양상을 알아보고, 형성과 전승의 문제를 거시적으로 살펴보는 것이 이 글의 목적이다. 이를 통해 〈장끼전〉의 위상을 판소리사적 입장에서 새로이 정립하고 새로운 논의를 위한 발판이 되고자 한다. 이 글에서 다루는 이본은 전체 150여종 중 70종의 이본이다.[3] 구득할 수 있는 최대한의 이본과 기존에 개별적으로 연구된 바의 이본 현황을 참조하며 〈장끼전〉의 생성과 그 흐름을 추적해보고자 한다.[4] 이를 통해 〈장끼전〉의 존재와 형성, 전승 과정이 좀더 명확하게 드러나게 될 것으로 기대한다.

## III. 〈장끼전〉 작품군의 갈래별 존재 양상

먼저 〈장끼전〉 작품군의 전체적 양상을 살펴보면 다음과 같다.

■ 설화 자료 9종

1. 까투리와 오리의 결혼(『한국구비문학대계』1-7)
2. 꿩과 소리개(『임석재전집』8)
3. 꿩과 쥐와 토끼(『임석재전집』5)
4. 꿩과 쥐(『임석재전집』1)
5. 꿩과 쥐(『임석재전집』1)
6. 꿩의 죽음(『임석재전집』1)
7. 꿩과 쥐(『임석재전집』1)
8. 꿩과 쥐(『임석재전집』1)
9. 꿩과 쥐(『임석재전집』1)

(이상 9종 '설화' 표 참조)

■ 민요 자료(총42종)

꿩꿩 장서방(장서각 디지털아카이브)
꿩노래(『한국구비문학대계』9-3)
꿩타령(『한국구비문학대계』1-7)
보성시집살이노래(한국민요대전 홈페이지)
꿩서방(장서각 디지털아카이브)
꿩요(『한국민요집』)
꿩타령(『한국구비문학대계』5-2)
강강수월래(『한국구비문학대계』6-2)
꿩서방 1(조선의 구전민요)
꿩노래 1(조선의 구전민요)
꿩소리 1(조선의 구전민요)
꿩소리 1(조선의 구전민요)
꿩노래 1(조선의 구전민요)

꿩소리 1(조선의 구전민요)
꿩노래 1(조선의 구전민요)
꿩타령(『한국구비문학대계』6-8)
꿩타령(『한국구비문학대계』6-8)
꿩타령(『한국구비문학대계』5-7)
꿩노래(『한국구비문학대계』9-3)
꿩노래(『한국구비문학대계』8-5)
(이상 20종 '꿩꿩 장서방'계열 표 참조)

꿩자치가(『한국구비문학대계』7-9)
꿩타령(『한국구비문학대계』8-13)
꿩노래(『한국구비문학대계』5-2)
까투리타령 1(『울산울주지방민요자료집』)
까투리타령 2(『울산울주지방민요자료집』)
까투리타령 3(『울산울주지방민요자료집』)
꿩타령(『한국서사민요의 날실과 씨실』)
꿩요(『한국민요집』)
장끼노래(『한국구비문학대계』6-12)
치기사(『낙하생문집』)
(이상 10종 '서사민요'계열 표 참조)

까투리타령(『민담민요지』, 충청북도, 1983)
꺼자치기(『밀양군지』, 밀양군청, 1985)
꿩노래(권영호 채록)
꿩타령, 꿩(김익두 편, 『전북의 민요』, 전북애향운동본부, 1989)
해남꿩타령(『한국민요대전』2, 문화방송, 1993)

꿩 1, 2(좌혜경, 『제주전승동요』, 집문당, 1993)
꿩(김영돈, 『제주도 민요 연구』상, 일조각, 1984)
꿩노래(『학술조사보고서』7, 제주대 국어교육과, 1982)
꿩요1(임동권, 『한국민요집』2, 집문당, 1974)
꿩자치가(『우리고장의 전통』, 봉화군, 1983)
여보당신(나승만, 「음영민요연구」, 전남대대학원 석사학위논문, 1983.)
(이상 12종)

■ 가사 · 소설 · 창본 자료 100종

〈자치기라〉 〈쟝으자치게라〉 〈쟝으ᄌᆞ치긔권졔단이라〉 〈자치가권단〉 〈자치가〉 〈쟈치가〉 〈장끼젼〉 〈자치가라〉(이상 김광순, 『한국고소설전집』20, 경인문화사, 1993)
〈까토리가〉 (임기중, 『역대가사문학전집』8, 동서문화원, 1987)
〈쟝씌전 자치기〉 (임기중, 한국역대가사문학집성DB, http://www.krpia.co.kr)
〈쟝씌젼〉 (인천대민족문화연구소, 『구활자본 고소설전집』12, 은하출판사, 1993)
〈쟈치가〉 (국립도서관 소장 필사본)
〈줏치기젼이라(까토리젼)〉 (충남대 학산문고 필사본)
〈ᄌᆞ치가(자치가라)〉 (고려대 만송문고 필사본)
〈자치가젼(자치가전)〉 (한국학중앙연구원 장서각 필사본1)
〈화충션싱전〉 (서울대 규장각 필사본1)
〈화츙가〉 (서울대 규장각 필사본2)
〈자치가〉 (한국학중앙연구원 장서각 필사본2)
〈화츙전〉 (이대 도서관 필사본)

〈짜투리와 장끼가〉 (박순호, 『한글필사본고소설자료총서』1, 오성사, 1986)
〈장치젼단이란〉 (박순호, 『한글필사본고소설자료총서』84, 오성사, 1986)
〈치젼이라ᄭᅯᆼ이요〉 (박순호, 『한글필사본고소설자료총서』82, 오성사, 1986)
〈까토리가〉 (한국학중앙연구원 장서각 필사본3 /임기중, 『역대가사문학전집』8, 동서문화원, 1987)
〈화충전〉 (임기중, 『역대가사문학전집』20, 동서문화원, 1987)
〈꿩자치가〉 (임기중, 『역대가사문학전집』22, 동서문화원, 1987)
〈ᄭᅯᆼ의젼이라〉 〈ᄭᅯᆼ타앙이라 자치젼〉 (임기중, 『역대가사문학전집』34, 동서문화원, 1987)
〈자치가〉 〈자치가라〉 〈자치ᄀᆡ라〉 〈자치젼이라〉 (임기중, 『역대가사문학전집』44, 동서문화원, 1987)
〈장ᄭᅵ젼〉 (『나손본 필사본고소설자료총서』52, 보경문화사, 1993)
(이상 31종 '가사, 소설' 표 참조)

〈깟톨전〉(여승구, 『古書通信』6, 1988)
〈짯토리젼〉, 〈자츄가〉(이상 2종, 홍윤표본)
〈ᄭᅯᆼ젼 둑겁전 · ᄭᅯᆼ젼〉, 〈ᄭᅯᆼ의젼〉, 〈자치ᄀᆡ 장ᄭᅵ젼〉, 〈장ᄭᅵ젼〉 (이상 4종, 단국대소장본)
〈자치젼〉(강전섭본)
〈자치가〉(장정룡, 「장끼전 이본의 내용 고찰」, 『인문학보』11, 강릉대)
〈장끼전〉(최상수, 「장끼전」, 『현대문학』, 1955)

〈장끼전 웅치전〉(조희웅본)

〈쟝씌젼〉(하동호본)

〈화츙젼〉(조동일, 『청람어문학』6)

〈자치가〉1,2, 〈자치가라〉1,2,3 〈자치ᄀᆡ라〉, 〈ᄶᅯᆼ자취가〉, 〈두로 싼이~〉, 〈장끼전〉, 〈자치가라〉, 〈장끼전 일절〉1,2, (이상 12종, 권영철본)

〈ᄶᅯᆼ젼단니라〉, 〈자치ᄀᆡ〉(이상 2종, 김동욱본)

〈ᄶᅯᆼ자치가〉(이신재본)

〈장씨젼〉(사재동본)

〈웅치전〉(최상수본)

〈장치전〉(김영한본)

〈자치가, 장끼젼〉(권영호본)

〈장씌젼〉(숭실대본)

〈ᄶᅡᆼ어자치ᄀᆡ〉 〈권지단니라〉, 〈ᄌᆞ치가라〉, 〈쟈치가〉, 〈ᄶᅡᆼ자치ᄀᆡ라〉 〈화츙전〉, 〈ᄌᆞ치가〉, 〈잣치ᄀᆡ젼니라〉, 〈'건곤..'〉, 〈자치가〉, 〈자치ᄀᆡ〉, 〈황츙젼〉, 〈황츙션ᄉᆡᆼ젼〉(이상 13종 홍재휴본)

장씨전 활자본7종(영창서관, 한흥서림, 진흥서관, 경성서적업조합1925, 영화출판사1951, 세창서관1952, 대조사1959)

〈자치가〉(장석규본)

〈장씨전〉, 〈자치젼니라〉(이상 2종, 이수봉본)

〈ᄶᅯᆼ젼이라〉, 〈장끼전〉, 〈장선ᄉᆡᆼ젼〉(이상 3종, 김종철본)

〈ᄶᅯᆼ의젼이라〉, 〈장씨전 웅치전〉(이상 2종, 박순호본)

〈자치가라〉(서인석본)

〈자치가 ᄶᅯᆼ젼 권지단〉(미도민속관 생활사도록24)

〈잣치가라〉(임형택본)

〈장끼전〉(정명기본)
〈징긔젼〉(최진형본)
〈까토리해몽〉(한송학 창, 정노식, 『조선창극사』, 조선일보사, 1940)
〈쟁끼傳〉(김연수 창본, 『판소리연구』8, 판소리학회, 1997)
〈장끼타령〉(박동진 창본, 이국자 『판소리연구』, 1986)
(이상 69종)[5]

〈장끼전〉 작품군은 설화, 민요, 한시, 판소리, 가사, 소설 등 다양한 갈래를 가지고 있다. 특히 〈장끼전〉은 작품의 서사와 직, 간접적으로 연관되는 설화와 민요가 존재하는데 이들의 서사는 그간 그리 주목받지 못하였다. 그러나 〈장끼전〉 생성 경로를 탐색하기 위해 이들 관련 자료를 탐색하는 것은 필수적이라고 할 수 있다. 그런데 이 설화와 민요는 그 생성시기가 분명치 않고, 고형으로 보이는 것이 있는가 하면 거꾸로 소설이나 가사의 영향으로 생긴 것들도 있다. 〈장끼전〉 작품군은 주로 가사계열로 존재하며 문장체 소설본으로 보이는 것은 소수이다. 본격적인 창본이라고 보이는 작품은 아직 찾을 수 없다.[6] 그러나 가사이건 소설이건 간에 판소리로 불리웠던 흔적이 있기 때문에 이들이 판소리와 연관된 후대본임을 알 수 있다. 가사본, 소설본, 가사와 소설본의 중간 형태를 가지는 본 등이 있으나 대개 일관된 율문체와 판소리적 어투를 가지고 있다. 이들을 설화, 민요, 판소리, 가사, 소설로 나누어 관련 서사를 살펴보도록 하겠다.

## 1. 설화

| | 제목 | 지역 | 내용 | 출처 |
|---|---|---|---|---|
| 1 | 까투리와 오리의 결혼 | 강화도 길상면 | 수꿩이 까투리의 만류를 무시하고 콩을 먹다 덫에 치여 죽었다. 장포수가 와서 머리로 고사를 지내고 갔다. 까투리는 장끼의 머리로 장사를 지냈다. 이 때 오리가 와서 청혼하니 궁합도 안 보고 살자하냐 한다. 이후 까투리는 오리와 함께 살았다. | 한국구비문학대계1-7 [7] |
| 2 | 꿩과 소리개 | 전북 정읍 | 장끼가 까투리의 충고를 무시하고 콩을 먹다 죽었다. 각새들이 조문하는 통에 소리개가 새끼를 채어갔다. | 한국구전설화(임석재전집8) |
| 3 | 꿩과 쥐와 토끼 | 경기도 강화군 | 양반 치생원이 가난하여 쥐(鼠哥)에게 양식을 꾸러 갔는데, 쥐를 무시하는 말을 하여 양식을 빌리지 못했다. 이 사연을 듣고 토생원은 쥐에게 가서 공손하게 굴어 양식을 빌릴 수 있었다. | 한국구전설화(임석재전집5) |
| 4 | 꿩과 쥐 | 평북 선천 | 까투리가 쥐에게 곡식을 얻으러 갔다. 쥐가 자기를 무시하는 말에 화가 나서 곡식을 주지 않았다. 장끼가 다시 가서 공손히 굴어 곡식을 얻었다. 장끼가 사냥을 갔는데 까투리의 만류를 무시하고 콩을 먹다 덫에 치였다. 까투리는 탄식하자 장끼는 까투리를 탓하며 엄첨지네 기둥에 와서 자기를 보라는 말을 남기고 죽었다. | 한국구전설화(임석재전집1) |
| 5 | 꿩과 쥐 | 평북 정주 | 수꿩이 암꿩의 만류를 듣지 않고 콩을 먹다 덫에 치여 죽었다. 암꿩이 장사를 지내자니 양식이 없어서 쥐에게 가서 빌렸다. 장사를 지낸 후 혼자서 살았다. | 한국구전설화(임석재전집1) |
| 6 | 꿩의 죽음 | 평북 선천 | 겨울에 열두 아들 아홉 딸을 데리고 장꿩과 까투리가 콩을 주우러 갔다. 까투리가 꿈이야기를 하며 만류하였으나 장꿩은 듣지 않고 콩을 먹다 덫에 치였다. 까투리는 셋째낭군을 잃게 되었다고 울었다. 장꿩은 눈동자를 보아달라고 하고 자기를 보려면 안동관이나 병영사또 차담상에 있을 거라 했다. 탁첨지가 혀를 뽑아 빌고 가자 까투리를 장꿩의 혀를 뽑아 장사를 지냈다. | 한국구전설화(임석재전집1) |

| 제목 | | 지역 | 내용 | 출처 |
|---|---|---|---|---|
| 7 | 꿩과 쥐 | 평북 삭주 | 참새가 겨울철에 먹을 것이 없어 쥐에게 가서 양식을 빌었다. 가다가 꿩을 만나 사연을 말하니 꿩도 양식을 빌러 쥐에게 갔다. 가는 길에 토끼를 만났는데 토끼가 쥐에게 가서 '고양이밥 투거리'라고 하라고 알려줬다. 꿩이 가서 그렇게 하자 쥐가 화가 나서 꿩의 목과 꽁지를 잡아 늘였다. 그래서 꿩의 꽁지가 빨갛게 되고 목이 길어졌다고 한다. | 한국구전설화(임석재전집1) |
| 8 | 꿩과 쥐 | 평북 선천 | 겨울에 먹을 것이 없자 장꿩이 암꿩을 쥐에게 보내 양식을 꾸어오라 했다. 암꿩이 무시하며 쥐를 부르자 쥐는 화가 나서 양식을 주지 않았다. 장꿩이 이 말을 듣고 사과하고 양식을 빌렸다. | 한국구전설화(임석재전집1) |
| 9 | 꿩과 쥐 | 평북 선천 | 까투리가 쥐에게 양식을 꾸러가서 '고양이밥끼투리'라고 불렀다. 쥐가 화가 나서 까투리의 꽁지를 물고 내쫓았다. 장꿩이 이 말을 듣고 가서 사과하고 콩 한섬을 빌렸다. | 한국구전설화(임석재전집1) |

〈장끼전〉 서사와 관련된 설화 중 1, 2, 4, 5, 6은 핵심 삽화 즉 장끼가 까투리의 만류에도 불구하고 콩을 먹다가 죽었다는 내용이 들어있다. 특히 1과 2, 6은 〈장끼전〉 가사 계열의 서사를 거의 완벽하게 가지고 있어서 오히려 가사의 영향을 받아 생성되었을 가능성이 있다. 반면 3, 7, 8, 9는 모방담의 형식으로 이루어진 것으로 서울대본1〈화충선생전〉에만 수용된 설화이다. 꿩과 쥐의 이야기는 〈장끼전〉 서사와 결합하여 4, 5번 같은 설화를 만들기도 했음을 알 수 있다. 따라서 현재까지 파악된 위의 설화 자료만으로는 〈장끼전〉의 선행 설화로 볼 수 있는 것이 없다고 할 수 있다. 오히려 가사나 소설의 영향으로 후대에 설화가 만들어졌다고 보인다.

## 2. 민요

### 가. '꿩꿩 장서방' 계열

| | 제목 | 지역 | 내용 | 출처 |
|---|---|---|---|---|
| 1 | 꿩꿩 장서방[8] | 부안군 | 꿩꿩 장서방- | 장서각디지털 아카이브 |
| 2 | 꿩노래 | 서귀포시 | 꿩꿩 장서방(생김새)- | 한국구비문학대계 9-3 |
| 3 | 꿩타령 | 강화군 길상면 | 꿩꿩 꿩서방- | 한국구비문학대계 1-7 |
| 4 | 보성시집살이 노래 | 전남보성군 | 저건네라 꿀꿀 우는- | 한국민요대전 홈페이지 |
| 5 | 꿩서방 | 경북 영주 | 끌끌 꿩서방-(동요) | 장서각디지털 아카이브[9] |
| 6 | 꿩요 | 청양, 공주, 홍천, 목포, 제주(2), 장흥(2) | 꿩꿩 장서방- | 한국민요집[10] |
| 7 | 꿩타령 | 전북 전주 | 꿩꿩 장서방- | 한국구비문학대계 (5-2) |
| 8 | 강강수월래 | 전남 엄다면26 | 꿩아 꿩아 가을꿩아-(강강수월래 내의 일부 사설) | 한국구비문학대계 (6-2) |
| 9 | 꿩서방 1 | 경상북도 영주 | 쓸쓸 쒱서방 자네집이 어댄고 | 조선의 구전민요[11] |
| 10 | 꿩노래 1 | 경상북도 성주 | 길-길- 궈서방 자네집이 어댄고 | 조선의 구전민요 |
| 11 | 꿩소리 1 | 경상남도 고성 | 쓸-쓸 장서방 | 조선의 구전민요 |
| 12 | 꿩소리 1 | 경상남도 남해 | 쓸쓸쓸 장서방 아들노코 딸노코 | 조선의 구전민요 |
| 13 | 꿩노래 1 | 황해도 안악 | 쒱 쒱 장서방 아들낫코 쌀낫코 | 조선의 구전민요 |
| 14 | 꿩소리 1 | 강원도 이천 | 썩-썩- 장서방 | 조선의 구전민요 |

| 제목 | | 지역 | 내용 | 출처 |
|---|---|---|---|---|
| 15 | 꿩노래 1 | 강원도 홍천 | ᄭᅩᆼᄭᅩᆼ ᄭᅩᆼ서방 | 조선의 구전민요 |
| 16 | 꿩타령 | 장성군 장성읍 | 꿩아 꿩아 여자꿩아 | 한국구비문학대계 6-8 |
| 17 | 꿩타령 | 장성군 남면 | 꿩꿩 장서방 | 한국구비문학대계 6-8 |
| 18 | 꿩타령 | 정읍군 칠보면 | 이재너머에 ~ 꿩꿩 우는(시집살이요) | 한국구비문학대계 5-7 |
| 19 | 꿩노래 | 남제주군 안덕면 | 꿩꿩 장서방 | 한국구비문학대계 9-3 |
| 20 | 꿩노래 | 거창군 웅양면 | 껄껄 장서방 | 한국구비문학대계 8-5 |

〈장끼전〉 서사와 연관된 민요는 두 계열로 나눌 수 있다. 먼저 '꿩꿩 장서방' 계열은 꿩의 생태를 중심으로 형성된 민요라고 할 수 있다. 노래의 시작이 '꿩꿩 장서방-'으로 되어 있어 편의상 한 계열로 묶었다. 이 민요는 고르게 전국적인 분포를 보이고 있음을 알 수 있다. 그 내용은 단일하지 않고, 서사적이라고 단언할 수도 없다. 주로 꿩의 생태와 연관된 점을 노래한다. 꿩과 대화를 나누거나, 꿩이 화자가 되어 노래하기도 하고, 꿩을 대상으로 삼기도 한다. 이 계열의 주된 내용은 아들딸을 거느린다는 점, 그럭저럭 먹고 산다는 점, 포수에게 항상 위협을 받는 삶을 살고 있다는 점, 꿩의 모양이나 생김새 등이다. 강강수월래나 시집살이요의 일부분으로 불리워지기도 한다. 꿩의 친근성과 사람에게 주는 유익함 때문에 꿩과 관련된 민요는 일찍부터 불리워졌을 것으로 보이는데, 이러한 양상이 〈장끼전〉 작품군의 초기 서사 내용으로 흡수되었을 가능성이 있다. 곧 민요로서의 꿩노래는 전국적으로 다양한 분포를 보이며 꿩의 고달픈 삶과 포수에의 위협 등이 기본적인 내용을 이루고 있었는데, 이러한 꿩의 삶이 〈장끼전〉의 바탕이 되었을 것으로 보인다.

## 나. 서사민요 계열

| 제목 | | 지역 | 내용 | 출처 |
|---|---|---|---|---|
| 1 | 꿩자치가 | 안동시 서후면 | 가사체 사설, 오리와 까투리 결혼 | 한국구비문학대계 7-9 |
| 2 | 꿩타령 | 울주군 온양면 | 가사체 사설, 장끼 죽음에서 끝남 | 한국구비문학대계 8-13 |
| 3 | 꿩노래 | 전주시 동완산동 | 가사체 사설과 이야기 포함 (장끼가 죽고 노루가 청혼. 노루가 까투리를 업고감) | 한국구비문학대계 5-2 |
| 4 | 까투리타령1 | 울산울주군 대복리 | 가사체 사설 (장애 장끼를 따라감) | 울산울주지방민요 자료집[12] |
| 5 | 까투리타령2 (꿩재취기) | 울산울주군 입암리 | 가사체 사설 (꽁지빠진 장꿩을 따라감) | 울산울주지방민요 자료집 |
| 6 | 까투리타령3 (꼬자추기) | 울산울주군 서하리 | 가사체 사설(까마귀 구혼을 거절했으나 혼자 살 수 없다 하고 산꼭대기에 올라가 장끼를 따라 날아감) | 울산울주지방민요 자료집 |
| 7 | 꿩타령 | 전남 곡성군 오곡면 오지리 (옥갓) | 가사체(진포수, 가마귀 구혼을 거절하고 소상 대상 지낸 후 장끼따라 날아감) | 한국서사민요의 날실과 씨실[13] |
| 8 | 꿩요 | 경북 청도 | 장끼란놈 거동보소- (치레부분만 있음) | 한국민요집 |
| 9 | 장끼노래 | 보성군 노동면 | 꿩에 팔자 생길 제는(청혼 거절, 장씨의 가문에는 개가법이 없답니다) | 구비문학대계6-12 |
| 10 | 치기사 (雉機詞)[14] | 경북 김해 | 민요를 한시화 한 것 (장끼의 죽음 부분까지 있음) | 낙하생문집[15] |

서사민요 계열로 분류된 작품들은 주로 가사에서 다루어진 내용들을 가지고 있고, 그 서사의 순서나 구조도 영향을 받은 것이 확실하여 민요라기보다는 가사를 암송하여 부르는 것에 가깝다고 할 것이다. 주로 경북 지역에 분포되어 있다. 따라서 서사민요 계열은 가사에서 영향을 받아 후대에 생긴 것으로 보아야 한다.[16] 이 중

서사민요 계열 10번 〈雉機詞〉는 권영호의 논문에서 처음 다룬 이본으로 절대연대를 알 수 있는 중요한 자료이다. 이학규가 들었다고 하는 이 민요가 유랑예인이 불렀을 것이라는 추정은 확인할 수 없으나 당대 서민들이 이 노래를 부른 것만은 명백하다고 할 것이다. 그렇다면 당시 이 노래의 서사가 어떻게 이루어졌는지를 주목해보자. 우선 겨울 눈이 내린 산에 꿩덫을 놓았더니, 붉은 콩을 먹으려다 결국 꿩은 덫에 걸렸다. 그 덫의 임자는 산촌의 아이이다. 덫에 걸린 꿩은 불쌍하게 죽어갔고, 곁에 있던 까투리는 두려움과 슬픔에 동동거리며 떠나지 못한다. 곧 꿩의 죽음에 따른 비극적 정황을 서사의 중심에 놓고 있다. 엄동설한 굶주림 속에 헤매이던 꿩이 부질없이 죽고 만다는 하층민들의 고달픈 삶에 대한 투영인 것이다. 그리고 그 이후의 서사는 없다. 1807-8년도에 불리운 노래의 실상은 곧 서민의 애환을 담은 우의적 노래였으며, 장끼의 죽음으로 슬퍼하는 까투리의 존재를 조명하며 끝이 나고 있다. 이 민요시는 판소리의 전단계 모습으로 추정된다. 왜냐하면 판소리로 불리워진 전문적인 노래를 일반 서민들이 부르는 데는 한계가 있을 것이기 때문이다. 그리고 이학규가 직접 광대의 노래를 들었다는 증거가 없으므로 역시 그 단계는 아직 민요화의 단계였을 것으로 보는 것이 타당하다. 따라서 19세기에 들어서던 시기의 〈장끼전〉 민요는 '꿩꿩 장서방' 계열의 민요를 서사화시켜가는 단계였을 것으로 이해된다. 반면 지금 채록된 서사민요는 판소리나 가사로부터 거꾸로 영향을 받은 자료들이라고 할 수 있다. 따라서 현재 〈장끼전〉 관련 민요는 판소리 형성에 영향을 준 '꿩꿩 장서방' 계열의 민요와 후대에 거꾸로 판소리나 가사로부터 영향을 받아 생긴 '서사민요'계열로 나누어 볼 수 있으며 함께 공존하며 전승되고 있다고 하겠다.

## 3. 판소리

판소리로서의 〈장끼전〉이 어떻게 불렸을지를 확인할 수 있는 자료로 네 개의 자료가 있다. 송만재의 〈관우희〉와 이유원의 〈관극팔령〉, 염계달, 한송학 관련 『조선창극사』의 기사와 더늠이 그것이다. 이들은 19세기 전기부터 후기까지의 판소리를 더듬어 볼 수 있는 자료들이다. 우선 1843년에 지어진 〈관우희〉의 경우, 앞서 〈雉機詞〉의 사설에서 멀지 않음을 알 수 있다.

송만재(1788-1851)의 〈관우희〉
푸른 꽁지 수놓은 가슴, 장끼와 까투리
묵밭에 흐트러진 낟알, 의심스런 붉은 콩
한 번 쪼다 덫에 걸려 푸드덕거리니
싸늘한 산 바싹 마른 나뭇가지에는 눈이 녹는데[17)]

〈관우희〉에서는 까투리의 슬퍼하는 모습이 다루어지지 않고, 한 겨울에 의심스런 콩을 먹다가 죽어가는 장끼 중심의 비극적 정황이 포착되어 있다. 이보다 조금 후(1871년 이전)에 지어졌을 것으로 보이는 〈관극팔령〉의 대목을 보자.

이유원(1814-1888)의 〈관극팔령〉
모든 산에 눈이 쌓여 새는 날지 않고
꿩이 어지럽게 내려 앉으니 셀 수 없는데
까투리가 그토록 먹지 마라 부탁했건만
구복이 구구해 덫을 건드리고 말았구나[18)]

〈관우희〉보다 후에 지어진 〈관극팔령〉에서는 까투리가 먹지 말라고 만류한 내용이 포함되어 있다. 그리고 장끼의 죽음이 구복이 구구해서였다는 점을 명시하였다. 이유원이 들었던 판소리는 역시 장끼의 죽음 관련 서사가 핵심이지만 〈관우희〉와 달리 장끼의 어리석음이 드러나 있으며 이와 함께 장끼를 만류하는 까투리의 태도가 부각되었다는 점에서 차별화된다고 할 수 있다. 즉 이 시기에는 장끼의 죽음에 대한 풍자적 시선이 첨가되면서 까투리에 대한 동정적 시선이 생겨났음을 알 수 있다.

다음은 이유원과 비슷한 시기를 살았던 중고제 명창 염계달에 관한 내용을 보자.

> 염계달(1800-1861 추정)의 창본 구입
>
> 경기 여주 출생(충남 덕산) 충주에서 살았음. 10년 작정하고 충청도 음성 벽절로 판소리 공부하러 가는 도중에 〈장끼전〉 1권을 습득하였다. 하늘이 나를 암연히 도움이라 하여 심중에 대희하고 벽절에 들어가서 10년 동안을 하루 같이 공부하는데, 밤에 졸음이 오는 때에는 상투에 끈을 달아 천정에 매고 하기를 항용하였다. 이리 독실히 공부하는 가운데에 주력은 장끼타령에 들었다..... 헌종 대왕의 부르심을 받고 어전에서 누차 소리를 하였고 소리가 가경에 들어가면 경우에 따라 듣는 사람으로 하여금 능히 울리고 능히 웃기게 하였다. 대왕의 총애를 입어서 동지의 직계를 제수 하심을 받았다. 그는 장끼타령과 홍보가에 장하였고 권삼득의 창법을 많이 모방하였다고 한다.(이동백 담)[19]

염계달이 충주에서 살다 음성으로 가는 도중 습득했다는 〈장끼전〉의 존재는 무엇일까. 이 〈장끼전〉으로 판소리 공부를 했다하니, 창본 계열일 것으로 추정할 수 있다. 그리하여 그의 특장은 장끼타령이 되었다고 소개하고 있다. 그가 공부를 작정하였다고 하니 나이는 20-30대로 추정할 수 있을 것이다. 그렇다면 〈치기사〉의 시기에서

10-20년 정도가 흘렀을 시기이고, 〈치기사〉 이후에 판소리가 생성되었을 것이므로 이것은 초기 판소리로서의 모습을 지녔을 것이다. 그런데 문제는 염계달의 스승이 나타나지 않기 때문에 그 이전에 누가 〈장끼전〉을 불렀을지 알 수 없다는 것이다. 그러나 창본으로서의 〈장끼전〉이 있었다면 이미 당대에 〈장끼전〉은 한 바탕으로서의 연행이 이루어지고 있었을 것임을 짐작할 수 있다. 그가 구한 〈장끼전〉이 어떠한 것인지 전모를 짐작하기는 어렵지만, 10년 공부의 주력으로 〈장끼타령〉을 삼았다면 염계달을 통해 질적 변모를 겪었을 것이다. 그가 모방한 권삼득의 창법이란 설렁제에 가까웠을 것이고 그것은 그가 경드름 창법을 만드는데 기여하였을 것이다. 곧 경드름의 창법을 많이 사용한 판소리를 구사하였을 것으로 추정할 수 있으며 이러한 그의 노력은 음악적, 문학적인 면에서 보다 질적으로 높아진 판소리로 나타났을 것인데, 이렇게 보면 염계달에 의해 〈장끼전〉이 본격적인 판소리로서 불리워진 것이 아닌가 한다.

한편 정노식이 『조선창극사』를 기록한 1940년을 즈음한 시기는 이미 판소리로서의 〈장끼전〉은 음악성을 잃은 때였다. 대신 1910년대부터 활자화된 구활자본 〈장끼전〉이 지속적인 인기를 얻으며 발행되고 있었다.[20] 김연수도 이 구활자본을 바탕으로 하여 새로이 〈장끼타령〉을 불러 오케이레코드 취입을 할 정도였다고 하니, 정노식은 이러한 〈장끼전〉에 대해 판소리로서의 친근성을 가지고 있었을 것이다. 그의 『조선창극사』에서 판소리 열두마당 중 첫 번째로 〈장끼타령〉을 소개하고 있[21]는 점도 의미심장하다. 판소리로서의 〈장끼전〉을 〈장끼타령〉이라고 한 것은 정노식의 문헌에서 처음이다. 가사나 민요 등에서 '꿩타령' 혹은 '까투리타령' 등으로 소개된 것이 정노식에 의해 '장끼타령'으로 재명명된 것으로 보인다. 이것은 물론 구활자본 〈장끼전〉의 영향 때문일 것이다. 송만재나 이유원은 판소리의 명칭을 언급하지 않았다. 따라서 우리가 지금 〈장끼타령〉으로 알고 있는 판소리는 애초에 그 제목을 달리 불렀을 가능성이 있는 것이다.

정노식은 한송학이 〈장끼타령〉에 장했다고 하며 '까토리해몽' 부분을 그의 더늠으로 남겨놓고 있다. 한송학은 헌종, 고종 연간의 인물이니 그의 사망 연대는 아무리 늦게 잡아도 1907년을 넘지 않는다. 1830-40년대에 출생했다면 19세기 후반까지 살았을 가능성이 있다. 더욱이 그는 염계달보다는 한 세대 후배벌이니 적어도 19세기 후반까지 활약했을 가능성이 높다. 그가 〈장끼타령〉을 최장으로 삼았고, 더욱이 '까투리 해몽' 부분을 더늠으로 가지고 있었다면, 정노식의 기록이 구활자본과 거의 비슷하다는 점에 대해 두 가지 가능성을 생각해 볼 수 있다. 먼저 구활자본 〈장끼전〉이 판소리 창본을 모본으로 하여 만들어졌을 것이라는 점이다. 이해조의 〈옥중화〉가 박기홍의 창본을 전적으로 수용하였던 사례에 비추어보면 설득력이 있다. 두 번째는 정노식이 까투리 해몽 부분이 한송학의 더늠이라는 것을 들었으나 사설을 확인할 길 없어 당대 구활자본의 해당부분을 가져다 썼을 가능성도 있다. 당대 전해지던 구활자본이 창본에 가깝게 만들어진 이본이라면 한송학의 더늠으로 알려진 내용을 구활자본에서 가져다 실었을 가능성도 크다고 생각된다.[22] 그런데 이 해당 더늠은 해몽부분만 있는 것이 아니고, '건곤이 배판할 제 만물이 번성하여 귀할손 인생이요, 천할손 짐승이라'로 시작하여 장끼죽음과 장례 때 따오기가 축문을 읽는 부분까지 이루어져 있다. 곧 처음부터 장끼의 죽음까지의 내용을 거의 빠뜨리지 않고 실었다는 점이다. 그렇다면 한송학의 더늠이라는 점이나 구활자본과의 친연성은 차치하고서라도 우선 판소리로 불리운 부분이 장끼의 죽음까지가 아닌가 추정할 수 있다. 더욱이 정노식이 실은 다른 더늠 사설에 비해 이 사설은 분량면에서 가장 많다. 곧 정노식의 〈장끼타령〉에 대한 관심을 엿볼 수 있는 것이다. 그는 한송학의 더늠을 실으면서 판소리로 불리우던 〈장끼전〉작품의 전편을 실었다고 보인다. 그렇다면 이 역시 송만재, 이유원이 다루었던 바처럼 장끼의 죽음으로 서사가 마무리되고 있다는 점에서 중요하다.

이와 같이 모든 판소리 관련 내용이 장끼의 죽음에서 끝난 점을 보아 판소리는 장끼의 죽음 부분에서 마무리되었고 이 타령이 19세기 중반 경 가사로 전환되면서 다양한 결말을 파생시켰을 것으로 보는 것이 합당하겠다. 이는 가사, 소설의 서사를 보면 더욱 쉽게 이해가 된다. 판소리 〈장끼전〉은 민요에서 서사적인 확장을 겪어 판소리로 불리워졌고 그것이 열두 마당의 하나로 기록될 만큼 관심이 있었던 것을 보아 양반층들의 개입이 있었을 것이다. 이러한 향유계층의 확대는 사설의 확장과 더늠의 삽입, 서사구조와 형식미를 갖추게 되었을 것이다. 그러나 서사가 완결되기 전 실창되면서 기록으로 전환되었고, 그 전승을 규방가사가 담당하게 되었던 것으로 보인다. 따라서 19세기 중후반 판소리의 실창과 가사로의 전이 과정에서 결말의 다양한 생성이 가능하게 된 것이라고 보인다. 한편 판소리 실창은 중고제 위주로 전승되던 〈장끼타령〉이 중고제가 소멸되면서 자연스레 중단되었을 가능성도 농후하다. 한송학 이후로는 〈장끼타령〉이 전승되지 않았기 때문이다. 그러나 가사나 소설로의 활발한 전승이 지속되었다는 점을 생각해보면 판소리적 음악어법이 당대에 경쟁력을 잃었던 것이 전승탈락의 주된 원인이었을 것으로 보인다. 후대 김연수나 박동진이 부른 〈장끼타령〉은 구활자본을 대상으로 다시 악곡을 짜서 만든 것이다. 판소리로서의 〈장끼전〉은 결국 19세기 전반부터 후반까지 1세기 정도 전승되었고, 중후반의 일정 시기 동안은 가사와 함께 향유되었을 것으로 보인다. 그리고 실창되기 전 판소리의 서사는 장끼의 죽음 이후 불완전한 결말 상태였을 가능성이 크다. 이러한 점 때문에 결국 〈장끼전〉의 서사는 다양한 결말 양상을 보여왔던 것이다.

## 4. 가사 계열

〈장끼전〉 이본 31종을 가사 계열과 소설 계열로 나누었는데 우선 가사 계열을 살펴보면 다음과 같다.

| | 제목 | 필사시기 | 출처 | 내용(시작/결말) |
|---|---|---|---|---|
| 1 | 자치기라 | 기유 1849/1909 | 김광순본 (줄글) | 건곤이 토판하고/재가하지 않고 떠남 |
| 2 | 화충으자치게라 (화충가) | 연대미상 | 김광순본 (귀글) | 건곤이 초판할식/수절 |
| 3 | 자치가권단 | 을묘 1855/1915 | 김광순본 (귀글) | 앞낙장/오리와 결혼 |
| 4 | 자치가 | 연대미상 | 김광순본 (귀글) | 건곤이 초판할제/소리개가 병아리 놓치는 부분(중단) |
| 5 | 쟈치가 | 연대미상 | 김광순본 (줄글) | 건곤이 초반ᄒᆞ고/육지생애 자랑하자 오리가 돌아감 |
| 6 | 자치가라 | 연대미상 | 김광순본 (줄글) | 근곤이 조판ᄒᆞ고/모양치레에서 끝남 |
| 7 | 까토리가 | 연대미상 | 임기중본 | 건곤이 조판헐제/소상대상 지낸 후 원앙새와 혼인(평의 타령 고만 허노라) |
| 8 | 장끼전 자치기 | 연대미상 | 임기중본 | 건곤이 기병초의/장끼 죽음에서 끝남 |
| 9 | 쟈치가 | 연대미상 | 국립도서관본(줄글) | 건곤이 조판홀졔/까토리가 오리에게 거위에게 가서 구혼하라고 함 |
| 10 | ᄌᆞ치가 (자치가라) (菩薩戒義疏) | 연대미상 | 고려대본 (귀글) | 건곤이 기탁후의/죽으러 가다가 장애 장끼와 만나 결혼 |
| 11 | 화츙가 (諺文古詩) | 연대미상 | 서울대본2 (귀글) | 건곤이 기탁ᄒᆞ고/오리의 청혼 거절 |
| 12 | 까토리가 | 계사 1833/1893 | 한중연본3 (귀글) | 천지가 조판 후에/오리의 청혼 거절 |
| 13 | 꿩자치가 | 1910년 이후 추정 | 임기중본 (귀글) | 건곤이 조판시예/오리의 청혼 거절 |

| | 제목 | 필사시기 | 출처 | 내용(시작/결말) |
|---|---|---|---|---|
| 14 | 자치가 | 연대미상 | 임기중본 (줄글) | 건곤이 조판할셰/오리의 청혼 거절 |
| 15 | 장치젼단이란 | 연대미상 | 박순호본 (줄글) | 건곤이 죠판훌졔/장끼 죽음에서 누락(?) |
| 16 | 자치젼이라 | 신축 1841/1901 | 임기중 본(귀글) | 건곤이 초판훌졔/소리개의 어른 자랑과 유산가로 끝남 |

가사 계열의 이본들은 '건곤이 조판할 제' 유형으로 시작하여 끝까지 율문체를 유지하는 이본들이다. 이들 가사계열은 주로 귀글(2음보 2행 2줄 혹은 3줄)로 필사되어 필사자들이 가사로 인식했음을 보여준다. 제목은 주로 〈자치가〉로 되어 있지만 〈장끼전 자치가〉 〈까토리가〉 〈장치전〉 〈자치전〉 〈꿩의자치가〉 등 소설과 가사 사이에 있는 것들이 존재하는 것으로 보아 가사이기도 하고 소설이기도 한 저간의 사정을 보여준다. 작품의 결말은 장끼의 죽음에서 끝나는 것이 있는가 하면 오리의 청혼을 거절하는 것, 오리와 결혼하는 것, 소리개 사설, 원앙새와 결혼, 장끼와 결혼, 어른 자랑에서 끝나는 것 등 일정하지 않다. 장끼의 죽음에서 끝나는 본들은 완결된 형식이라기보다 필사가 중단된 듯한 느낌이 있다.[23] 필사연대가 기록되어 있는 경우 60년을 감안하여 두 가지 연도를 상정할 수 있으나 19세기 중반에서 20세기 초반에 걸쳐 있기 때문에 어느 것이라고 확정하기 어려운 난점이 있다.

## 5. 소설 계열[24]

| | 제목 | 필사시기 | 출처 | 내용(시작/결말) |
|---|---|---|---|---|
| 17 | 쟝씨젼 | 1915 (구활자본) | 덕홍서림 | 건곤이 조판훌졔/장끼와 혼인 후 바다에 가서 조개가 됨 |
| 18 | 장끼젼 | 1915년 이후 추정 | 김광순본 (줄글) | 건곤이 조판할제/구활자본과 같음 |

| | 제목 | 필사시기 | 출처 | 내용(시작/결말) |
|---|---|---|---|---|
| 19 | 자치가<br>(古歌雜抄) | 연대미상 | 한중연본2 | 건곤이 쵸판ᄒᆞ야/구활자본과 같음 |
| 20 | 쟝으자치긔<br>권졔단이라 | 신해<br>1851/1911 | 김광순본<br>(줄글) | 건곤이 초판후의/할미새가 중매하나 청혼 거절 |
| 21 | ᄌᆞᆺ치ᄀᆡ젼이라<br>(ᄽᅡ토리젼)-<br>박태보전,<br>과부전,<br>언문뒤풀이<br>합본 | 무오<br>1858/1918 | 충남대본<br>(줄글) | 건곤이 쵸판ᄒᆞᆯ졔/오리와 결혼하나 비둘기 첩 때문에 싸움. 비둘기와 까토리가 화해하고 행복하게 삶 |
| 22 | ᄭᅯᆼ의젼이라 | 연대미상 | 임기중본<br>(귀글) | 건곤이 조판할ᄉᆡ/각새 청혼 중간에 끝남 (정을선전으로 바뀜) |
| 23 | 자치가젼 | 연대미상 | 한중연본1 | 각설 숙종ᄃᆡ왕 즉위초의/갑자기 장끼가 나타나 억혼 |
| 24 | 화츙션ᄉᆡᆼ젼 | 1892 | 서울대본1 | 텬지지간 만물지즁의/장끼와 까투리가 쌍무지개 올라 감 |
| 25 | 화츙젼<br>권지이 | 1907 | 이대본 | 앞부분 없음/무지개 타고 승천 |
| 26 | 까투리와<br>장끼가 | 연대미상 | 박순호본<br>(줄글) | 구활자본과 동일 |
| 27 | 치젼이라<br>ᄭᅯᆼ이요 | 신미 1871 | 박순호본<br>(줄글) | 천지만ᄉᆡᆼ긴후의/장끼죽음(까투리 통곡)에서 끝남 |
| 28 | 화츙전 | 연대미상 | 임기중본<br>(줄글) | 건곤이 조판할제/오리의 청혼 거절하고 삼년상과 수절 |
| 29 | ᄭᅯᆼ타양이라<br>(자치젼) | 연대미상 | 임기중본<br>(귀글) | 옛날의 탁쳠지가/소리개와 각새 어른다툼에서 끝(누락) |
| 30 | 자치라가 | 연대미상 | 임기중본<br>(줄글) | 세상천ᄒᆞ만물즁의/콩태자 사설에서 끝남 (누락) |
| 31 | 장ᄭᅵ젼 | 연대미상 | 김동욱본<br>(귀글) | 건곤이 ᄀᆡ병초의/오리청혼 거절하자 글이나 읽자며 떠남 |

소설 계열이라 할지라도 전반적인 율문체 성향은 비슷하다고 할 수 있다. 특징적으로 문장체적 경사를 보이는 것은 서울대본1과 이대본의 경우 정도이다. 이대본은 서울대본1의 후기 세책본 정도로 보이

므로 서울대본1이 중요하다. 서울대본1은 독특한 삽화와 서사구조의 독창성, 통속적 성향, 세책본으로서의 특징 등이 있어 주목되며, 1892년에 필사되어 연도상 기준이 될 수 있다.[25] 즉 이러한 세책본 〈화충선생전〉류의 이본이 파생되었음을 알리는 징표로서의 역할을 한다. 그러나 나머지 이본들은 소설풍의 변개를 극히 작은 부분에서 시도하였다고 할 수 있고(제목이나 시작 부분) 결말 내용 역시 가사 계열처럼 다양하다. 다만 가사계열에 비해 상대적으로 개가하는 이본이 많다는 것을 알 수 있으며 이 중 구활자본계 이본들은 20세기에 들어서 필사된 것이 아닌가 추정할 수 있다. 제목 역시 〈장끼전〉 〈꿩의자치가〉 〈꿩의전〉 〈화충선생전〉 〈치전이라꿩이요〉 〈꿩타령이라〉 〈자치가라〉 〈자치가전(까토리전)〉 등 가사와 소설의 경계를 넘나들고 있다. 이 중 〈꿩타령이라〉는 판소리적 제목을 명시해 놓아서 주목할 만하다. 내용은 역시 가사 계열의 그것을 넘지 않고 있지만 어른다툼에서 끝이 나는 것으로 되어 있어 판소리적 연관성이 어떻게 될지 고민해야 할 문제다. 가사 계열본 중 작품 말미에 '꿩의 타령 고만하노라' 하고 끝을 낸 〈까토리가〉(임기중본)의 경우는 역시 '꿩타령'이라는 표지어를 넣어놓은 것을 생각할 때 판소리적 연관성이 있을 것으로 보인다. 〈까토리가〉의 경우 선소리, 달구소리, 세시월령가 등 삽입가요로서의 역할을 하는 사설이 포함되어 있어 이러한 추정을 뒷받침해준다.

## IV. 주요 이본의 서사 비교[26]

위에서 다루어진 가사, 소설 계열 이본들 중 주요 이본 12개를 중심으로 하여 서사 단락을 비교하였는데 다음과 같다.

| 이본 / 서사단위 | 자치전이라 (임기중본) | 자치기라 (김광순본) | 쭁의자치긔권제단 (김광순본) | 자치가권단 (김광순본) | ᄌᆞᆺ치ᄀᆡ젼이라 (충남대본) | 화츙션싱젼 (서울대본1) | 까토리가 (한중연본3) | 장끼전 (덕흥서림) | 자치가라 (고려대본) | 자치가젼 (한중연본1) | 화충전 (임기중본) | 까토리가 (임기중본) |
|---|---|---|---|---|---|---|---|---|---|---|---|---|
| | 1841/1901 | 1849/1909 | 1851/1911 | 1855/1915 | 1858/1918 | 1892 | 1893 | 1915 | 미상 | 미상 | 미상 | 미상 |
| 1. 서두 (건곤이-) | ○ | ○ | ○ | 낙장 | ○ | 천지지간 만물지중 의- | 천지가 조판후에- | ○ | ○ | 각설 숙종 대왕- | ○ | ○ |
| 2. 꿩의 공덕과 수난 | ○ | ○ | × 갓치라고 부름 | 〃 | ○ | × 장끼가 서대치에게 이천석을 빌림. 딱부리가 이 말을 듣고 서대치를 찾아갔으나 쫓겨남 | ○ | ○ | ○ | 공덕 × | ○ | ○ |
| 3. 장끼와 까투리의 치례 | ○ | ○ | ○ | 〃 | ○ | ○ | ○ | ○ | ○ | ○ | ○ | ○ |
| 4. 콩 발견과 까투리의 만류 | ○ | ○ | ○ | 〃 | ○ | 함께 먹자고 함 | ○ | ○ | ○ | ○ | ○ | ○ 장끼의 꿈 없음 |

| 이본<br>서사단위 | 자치젼이라 (임기중본) | 자치ᄀᆡ라 (김광순본) | ᄊᆞᆼ의자치긔권졔단 (김광순본) | 자치가권단 (김광순본) | ᄌᆞᆺ치ᄀᆡ젼이라 (충남대본) | 화츙션싱젼 (서울대본1) | 까토리가 (한중연본3) | 장끼전 (덕흥서림) | 자치가라 (고려대본) | 자치가전 (한중연본1) | 화충전 (임기중본) | 까토리가 (임기중본) |
|---|---|---|---|---|---|---|---|---|---|---|---|---|
| | 1841/1901 | 1849/1909 | 1851/1911 | 1855/1915 | 1858/1918 | 1892 | 1893 | 1915 | 미상 | 미상 | 미상 | 미상 |
| 5. 꿈 해몽 논쟁 | ○ | ○ | ○ | ○ | ○ | ○<br>장끼폭력 사경이하는 꿈 없음 | ○<br>이경만 나옴<br>간략 | ○ | ○ | ○ | ○ | ○ |
| 6. 염치, 고집 사설 콩태자 사설 | ○ | ○<br>○ | ×<br>○ | ○ | ○ | ○ | 간략 | ○ | ○ | ○ | ○ | ○ |
| 7. 장끼가 덫에 치임. 맥, 눈동자 살핌 | ○ | ○ | ○ | ○ | ○ | ○<br>덫에 치이는 모습 부연 | ○ | ○<br>(남자라고 여자의 말 잘들어도 패가하고 기집의 말 안드러도 망신하네) | ○ | ○ | ○ | ○ |
| 8. 까투리 팔자 타령, 신세한탄 | ○ | 여섯째 낭군 (유복자) | × | 둘째낭군 | 셋째낭군 | 일곱째 낭군 | 넷째낭군 (유복자) | × | 다섯째 낭군 | ○ | ○ | 셋째낭군 이별사설 |

| 이본 / 서사단위 | 자치전이라 (임기중본) | 자치기라 (김광순본) | 쟝의자치긔권제단 (김광순본) | 자치가권단 (김광순본) | ᄌᆞᆺ치기젼이라 (충남대본) | 화충션싱전 (서울대본1) | 까토리가 (한중연본3) | 장끼전 (덕흥서림) | 자치가라 (고려대본) | 자치가젼 (한중연본1) | 화충전 (임기중본) | 까토리가 (임기중본) |
|---|---|---|---|---|---|---|---|---|---|---|---|---|
| | 1841/1901 | 1849/1909 | 1851/1911 | 1855/1915 | 1858/1918 | 1892 | 1893 | 1915 | 미상 | 미상 | 미상 | 미상 |
| 9. 장끼 유언 | 광주, 남원, 전주 나주장 | 장소 × 차위를 조금 들어달라고 부탁 | 의붓아비 걱정, 수절 약속. 까투리 탄식(-오마드나식의 사설시조) 쥬리어멈이라 부르며 애틋해함. 경주장 | 충주, 청주, 안동관, 경주관 | 충주, 제주, 안동, 의성 | 까투리가 수절 약속 장소 × 까투리탄식 부분 확대 | 안동, 전주 | 전주, 청주, 김천, 혼인집 폐백건치<br>수절하라고 유언 | 충주, 전주, 안동 | × | 충주, 전주, 안동 | 안동 잘살어라 유언 |
| 10. 탁첨지 등장과 산신제 | 박첨지 | ○ | ○ (청산리-시조) | ○ | ○ | 탁빌년 사랑가, 탁첨지사설 확대(가난한 정황) 대구, 충주, 안동, 공주, 서울장에 팔것을 상상, 마누라 노리개 | ○ | ○ | ○ | 차첨지 요리해서 먹고 뼈를 삽살개에게 줌 | ○ | ○ |

| 서사단위 \ 이본 | 자치전이라(임기중본) | 자치ᄀᆡ라(김광순본) | ᄉᆞᆼ의자치긔권제단(김광순본) | 자치가권단(김광순본) | ᄌᆞᆺ치긔젼이라(충남대본) | 화츙션싱젼(서울대본1) | 까토리가(한중연본3) | 장끼전(덕홍서림) | 자치가라(고려대본) | 자치가전(한중연본1) | 화충전(임기중본) | 까토리가(임기중본) |
|---|---|---|---|---|---|---|---|---|---|---|---|---|
| | 1841/1901 | 1849/1909 | 1851/1911 | 1855/1915 | 1858/1918 | 1892 | 1893 | 1915 | 미상 | 미상 | 미상 | 미상 |
| 11. 까투리의 장례 과정, 등물, 집사분담, 제문 | 장끼 혀를 찾아와 장례, 산신제, 평토제 | ○ | ○<br>까투리탄식(넷째낭군)<br>까마귀가 지관으로 풍수봄.<br>상여치레, 장례행렬과 치상, 선소리 잘하는 방울새 등장, 확대 | ○ | ○ | 칠일장, 상여치레, 평토제, 독축 | ○<br>간략 | 장끼의 털을 찾아와 장례 | ○ | ○<br>뼈를 찾아 장례 | ○ | ○<br>선소리 두루미<br>달구소리, 졸곡<br>세월이 지나 까투리가 장끼를 그리워하며 세시월령가를 부름. |
| 12. 소리개 등장, 평새끼 채어가고 일미사설한 뒤 놓침, 합리화 | ○ | ○ | 소리개가 쥬리한놈 채감(놓치지 않음)<br>까토리 통곡<br>자식들을 불러 절대 콩을 먹지 말라함. | ○ | ○ | × | ○ | ○ | ○ | ○<br>소리개 축문 | ○ | × |

| 이본 / 서사단위 | 자치젼 이라 (임기 중본) | 자치 기라 (김광 순본) | 쨩의자 치긔권 졔단 (김광 순본) | 자치가 권단 (김광순 본) | ᄌᆞᆺ치긔 젼이라 (충남 대본) | 화충션 싱젼 (서울 대본1) | 까토리가 (한중 연본3) | 장끼전 (덕흥 서림) | 자치가라 (고려 대본) | 자치가젼 (한중 연본1) | 화충전 (임기 중본) | 까토리가 (임기 중본) |
|---|---|---|---|---|---|---|---|---|---|---|---|---|
| | 1841/1901 | 1849/1909 | 1851/1911 | 1855/1915 | 1858/1918 | 1892 | 1893 | 1915 | 미상 | 미상 | 미상 | 미상 |
| 13. 갈가마귀 등장 청혼과 거절, 가마귀의 비난 | ○ | ○ | × | ○ 가마귀 떠남 | ○ | 따오기, 종달이, 황새의 청혼과 거절 | ○ | ○ 태백산 갈가마귀 북악을 구경하고 | ○ 백두산갈가마귀 | ○ | ○ 비난 × | × |
| 14. 부엉이 등장 어른 다툼 | ○ | ○ | × | × | ○ | × | ○ | 삼년상 ○ | ○ | ○ | ○ | × |
| 15. 기러기 불근새(두견새) 등장 어른 다툼 | 꾀꼬리, 기러기 | 불근새만 | × | × | ○ | × | × | ○ | × | ○ | × | × |
| 16. 물오리 신행길 차려와 청혼/손금 | × | ○ | × | ○ | 당오리 손금× | × | ○ (자고 보세) | 일곱 번 상처한 물오리(조금자세) | 압연당 오리 청혼거절 황새대감 오리 꾸중 | 신행길, 손금 × | 손금 × | × |
| 17. 오리 수궁 생애 자랑 | × | ○ | × | ○ | ○ | × | ○ | ○ | ○ | ○ | ○ | × |
| 18. 까토리 육지생애 자랑 | × | ○ | × | ○ 확대 | ○ | × | ○ | ○ | ○ | ○ | ○ | × |

■ 결말부분

| 서사 단위 / 이본 | 연대 | 19. 결말 |
|---|---|---|
| 자치젼이라 (임기중본) | 1841/1901 | 이때는 어느 땐고-유산가로 끝 |
| 자치ᄀᆞ라 (김광순본) | 1849/1909 | 까토리가 거절하자 오리가 훗날 보자며 떠남. 초동목수 시절 노래에 모두 흩어짐 |
| 쏭의자치긔권제단 (김광순본) | 1851/1911 | 할미새의 개가권유(학두루미)와 거절. 할미새 돌아감. |
| 자치가권단 (김광순본) | 1855/1915 | 세시월령가를 부른 뒤 오리와 결혼 |
| ᄌᆞᆺ치ᄀᆞ젼이라 (충남대본) | 1858/1918 | 연당으로 시집가서 사랑가를 부름. 까토리가 팔남매를 낳음.<br>이웃의 비둘기와 오리가 바람을 핌.<br>비둘기집의 호사와 비둘기치레 한량들이 와서 놈. 비둘기가 까토리에게 화해를 청하니 함께 동거동락.<br>오리는 까토리에게 사과. |
| 화충션ᄉᆡᆼ전 (서울대본1) | 1892 | 지리산 봉래촌 장끼 등장 청혼 수락. 자식들이 안 따라가겠다고 함. 혼인잔치 풍경. 기생, 팔도장끼 등장 오입쟁이격식. 쌍언청이장끼 시조. 까토리 시조. 장애장끼가 관상 봄. 파연곡. 47년 동거 18자녀.<br>장끼는 태백산신령의 아들 장가에 함진아비 함. 장끼와 까투리 쌍무지개타고 승천. 오륜당부 |
| 까토리가 (한중연본3) | 1893 | 오리가 무안해하며 날아감. |
| 장끼전 (덕흥서림) | 1915 | 곁에 있던 장끼의 청혼에 수락. 음난지심과 유유상종<br>명년 삼월 자식들 남혼여가시키고 바다에 가서 조개가 됨 |
| 자치가라 (고려대본) | 미상 | 목두루미 등장과 치레, 청혼. 까투리가 승낙한 뒤 길을 떠나다 부장끼를 만남.<br>부장끼의 위로와 청혼 승낙. 두루미의 신행 좌절, 돌아감 |
| 자치가젼 (한중연본1) | 미상 | 장끼가 등장해 억혼하나 동락태평 |
| 화충전 (임기중본) | 미상 | 오리가 돌아가고 삼년상. 절개 칭찬 |
| 까토리가 (임기중본) | 미상 | 삼년상을 마치고 자식들을 성취하고 혼처를 구함. 소리개, 까마귀 거절하고 원앙새와 배필됨.<br>낭군 산소 하직. 만경창파 해오리야 개가헌다웃지마라--<br>꿩의타령그만하노라 |

위의 서사 단락을 보면 대체로 모든 이본이 소리개의 등장과 갈가마귀의 청혼 삽화까지 가지고 있음을 알 수 있다. 이 중 〈쟝의자치긔권졔단〉(김광순본)과 〈화츙선싱전〉(서울대본1) 〈자치가젼〉(한중연본1)은 이본적 독자성이 드러나는 것을 보아 소설적 변개가 이루어졌다고 파악할 수 있다. 가사 계열의 이본인 경우 장끼의 죽음 부근에서 필사가 중단된 것이 아니라면 대개 각새의 청혼까지를 가지고 있다.

그러니 청혼에 따른 까투리의 선택 여부는 너무나도 다양하게 처리가 되고 있어 결국 개가에 대한 시선이 합일점을 찾지 못하고 열린 결말을 지향하고 있음을 알 수 있다. 이는 판소리에서 장끼의 장례 이후 벌어지는 사건에 대해서 서사적 완성도를 미처 이루지 못하고 가사로 전환되어 정착되었기 때문으로 보인다. 그리고 이에 대한 다양한 시선과 관점이 필사를 통해 실현되었다고 보는 것이다.

가사 계열 〈장끼전〉은 특히 규방문화권에서 유통되면서 글쓰기 연습이나 규방의 교양 독서물 등으로 이용되었다. 이 중 〈자치가〉 계열은『언문고시』『고가잡초』 등의 한 부분으로서 필사되기도 하였고 〈박태보전〉 등 다른 소설류와 함께 책으로 묶여 유통되기도 하였다. 고대본의 경우 표지는『보살계의소』라 하여 불교서적인 것처럼 위장하였으나 내지는 〈ᄌᆞ치가〉로 시작되어 있어 그 연유에 대한 궁금증도 자아낸다. 이 작품이 까토리의 개가를 다루고 있기 때문에 혹 불온서적으로 의심받을 소지가 있었던 것은 아닌지 모를 일이다. 이는 서사민요 중 9. 장끼노래(보성군 노동면)에서 청혼을 거절하는 결말을 지어 놓고 '장씨의 가문에는 개가법이 없답니다'라고 노래한 작가의식과 상통하는 것이 아닌가 생각한다.

곧 〈장끼전〉 이본군은 장끼의 장례 이후의 행보에 대해 서로 다른 생각을 거침없이 필사하고 유통하면서 '다름'을 인정하고 '즐긴' 것이겠는데, 이는 진지하면서도 골계적으로 읽히는 상반된 미학적 지향을 포용하는 데로 나아가고 있다. 곧 후대로 갈수록 까토리의 삶과 개가에 대한 진지성은 약화되고 음란성을 강화시켜 통속적 흥미를 부여하고 있는 것이다. 구활자본과 서울대본1, 충남대본이 그러한 점을 잘 보여준다. 이에 비해 고려대본이나 임기중본〈까토리가〉의 경우에는 개가에 대한 갈등의 양상을 핍진하게 보여주어 그 진지성을 일탈하지 않은 이본이라고 할 수 있다. 이들 이본의 선후 관계를 선명하게 알 수는 없다. 그러나 가사 계열의 이본이 선행하고 소설 계열의 이본이 후행하였을 것임은 미루어 짐작할 수 있다.[27]

## V. 〈장끼전〉 작품군의 갈래별 교섭 양상과 전승의 추이

이상의 갈래별 이본의 양상을 통해 〈장끼전〉의 형성과 전승의 과정을 정리해보면 다음과 같은 세 단계로 정리할 수 있다.

제1단계는 민요에서 판소리가 성립되어 불리워졌을 것이라는 점이다. 판소리 〈장끼전〉의 근원설화는 그간 '쥐의 구혼설화' '판잔탄트라, 히도바세다 마하빠라나 등의 쥐의 이야기' '일본의 쥐설화' 등이 거론되어 왔다.[28] 그러나 이 설화는 〈장끼전〉과 직접적 연관성이 없을 뿐 아니라 후반부와 관련되어 있다는 점에서 근원설화로 볼 수 없다. 조사된 바 '꿩꿩 장서방' 계열의 민요에서 다룬 꿩의 생태와 가난한 삶의 모습, 사냥꾼에 쫓기며 사는 삶이 서사민요화 되어 불리게 되었다는 점을 이학규의 〈치기사(雉機詞)〉를 통해 확인할 수 있었다. 이를 통해 1807-8년경 〈장끼전〉의 서사는 장끼의 죽음과 애통해하는 까투리가 중심이 됨을 알 수 있다. 곧 판소리 〈장끼전〉은 설화가 아닌 민요를 선행으로 하여 이루어졌다는 것이다.[29] 그리고 이 중심 서사가 판소리로 불리워지게 되면서 사설이 확충되고 판소리화 되는 단계를 거쳤다고 할 수 있다. 그러나 19세기 중반경까지의 판소리는 역시 장끼의 죽음에서 끝났으리라고 보는 것이다. 송만재나 이유원이 19세기 중반까지의 연희를 대상으로 지은 한시에서 개가문제를 언급하지 않고 있다는 점을 다시금 강조하고자 한다. 그간의 연구자들은 이들이 판소리를 한시화 하면서 작품의 특정 국면만을 다룬 것이라고 주장하기도 하였으나 사실 어느 곳에도 그렇다는 증거는 없다. 더욱이 〈치기사〉에서 다룬 장면과 후대 한송학의 더늠 역시 죽음을 중심으로 일단락되어 있다는 점에서 애초 판소리의 서사는 장끼의 죽음 그 언저리에서 마무리되었을 것이라고 보는 것이 타당하리라고 본다. 그리고 판소리 〈장끼전〉의 내용은 서민적 비극상을 다루던 서사에서 점차 가장으로서의 허세와 위선을 풍자하는 방향으로 변모하였다.

한편 19세기 판소리 열두마당의 하나였던 〈장끼전〉은 애초 〈꿩타령〉으로 불리웠을 가능성이 크며, 〈장끼타령〉은 정노식에 의해 불리운 명명법이라고 할 수 있다. 민요나 가사에서 〈꿩타령〉으로 불렀다는 증거가 남아있으므로 판소리 〈꿩타령〉이 더 실상에 적합한 명칭이 될 것이다. 이 판소리 〈꿩타령〉 역시 양반좌상객들의 참여와 호응으로 그 사설과 더늠을 확장하고 다듬었을 터이니 이는 가사로의 전환 이전에 점차 후반부를 확대해 가는 양상이었을 것으로 추정해볼 수 있다. 치레 사설이나 염치, 고집 사설, 장례절차와 등물 등 양반으로서의 미의식이 첨가된 것도 양반층의 참여로 이루어진 것으로 보이며, 이로서 꿩의 신분이 하층민에서 몰락양반으로의 모습까지 스펙트럼을 넓혔던 것이다. 또한 장끼의 장례 이후 소리개의 등장과 갈가마귀의 청혼 등의 삽화까지가 실창되기 이전의 〈장끼전〉 서사였을 것으로 본다. 왜냐하면 이들 삽화까지를 거의 모든 이본에서 동일한 순서로 가지고 있기 때문이다. 판소리는 갈가마귀 청혼 삽화까지를 고정체계면으로 가지고 있었고, 이후의 사설은 생성기의 유동적 흐름을 지향하고 있었던 와중에 실창된 것으로 파악된다.

제2단계는 판소리에서 가사로의 전환이다. 판소리 〈꿩타령〉은 장끼의 죽음 이후 서사를 확대해 나가던 중, 즉 소리개 삽화와 갈가마귀 삽화가 만들어진 지점인 19세기 중후반기에 가사로 전환된다. 이는 막 까투리의 행보에 대해 서사가 진행되어야 할 시점이었을 것이며, 서사가 아직 고정되지 못하고 있었던 지점이었을 것이다. 이 시기 특히 〈장끼전〉의 후반부를 둘러싼 여성 독자들의 관심이 증폭되었을 것이고, 경북 지역 상층 여성을 중심으로 가사가 함께 유통되기 시작한 것으로 보인다. 대개의 가사에 장끼의 죽음과 소리개 갈가마귀의 등장이 고정적인 사설로 등장하고 있는 것으로 보아, 이 부분의 판소리적 정착은 분명한 것이다. 경북 지역의 여성 독자들을 중심으로 전파가 이루어진 것은 까투리의 고난과 꿩부부의 삶에 자신들을 적절히 투영할 수 있었던 정서적 동질감이 있었기 때문이며, 특히 가사문학의 향유에 매우 적극적이었던 지역적 풍토가 있었기 때문이라 보인다.[30] 애초 판소리에서는 하층민으로서의 꿩 부부의 삶과 가장을 잃은 까투리의 비극적 정황이 주된 시점이었던 것으로 보인다. 그러나 점차 서사의 중심은 까투리의 문제로 넘어오게 되었다. 이것은 〈치기사〉와 〈관극팔령〉에서도 보이는 바 불쌍한 까투리의 존재가 남아 있게 된 것에 주목한 것이다. 기실 아내 말을 듣지 않고 비극적으로 죽음을 맞이하는 서사는 이미 〈공무도하가〉로부터 보여지는 문학적 전통이다. 그것은 죽은 사람보다 남겨진 아내에 대한 동정과 연민의 시선을 자아내게 되고, 남은 자의 문제에 대한 해답을 얻고자 하는 심리와 연관되어 있다.

백수광부의 처와 그를 지켜본 여옥의 관찰자적 자세가 〈장끼전〉의 시점과도 맞닿아 있다. 곧 장끼의 죽음을 지켜볼 수밖에 없는 까토리의 정황과 그 삶에 대한 독자의 연민이 지속되면서 서사가 파생되고 확장되었던 것이다. 그리고 이러한 관심이 가사로 필사, 전파되면서 다양한 결말을 낳았다고 보인다. 거꾸로 보면 이러한 여성적 삶에 대한 문제를 다룬 작품이었기에 여성 독자들은 그것을 가사로 가져와 적극적으로 향유하였다고 할 수 있다. 가사 계열의 이본이 갈가마귀의 청혼까지 거의 비슷한 문체로 구조적 일탈이 없이 전파되고 있다는 점은 판소리적 고정체계면을 수용하여 필사하였다는 증거이며 율문체적 성향과 가사 갈래로서의 특징[31]을 유지한다는 점에서 가사로의 전환을 이룩하였다고 할 수 있다. 그리고 이러한 가사 계열의 〈장끼전〉은 인기를 얻으며 전파와 확산을 거듭하였던 것으로 보인다. 가사가 정착되면서 판소리는 점차 자생력을 잃고 실창되었고, 19세기 후반경 완전히 판소리로서의 생명력을 잃었을 것으로 본다.[32]

제3단계는 〈자치가〉류로 정착된 가사가 전면적으로 유통, 확산되면서 소설, 설화, 민요 갈래에 영향을 주어 이본을 형성한 것이다. 가사의 특성상 암송과 구송이 이루어지고 이것이 자연스럽게 이야기와 노래로 전파될 수 있었다. 서사민요나 설화는 주로 가사의 내용을 옮겨온 것을 확인할 수 있었다. 가사는 소설로 전환되어 유통되기도 하였다. 이들 설화, 민요, 소설들은 가사계열 이본의 영향을 받았음이 확실한 사설 단위나 표현, 문체를 가지고 있다. 판소리가 소설로 정착된 것은 많이 있지만 가사로의 유통이 전면적이고 활발하게 일어난 것은 〈장끼전〉이 유일하다. 게다가 이 〈장끼전〉은 여러 갈래로의 전파, 전환 현상까지 있어서 가장 다면적인 전승 양상을 보였다.

## VI. 〈장끼전〉 전승의 향방과 과제

이 글은 〈장끼전〉 이본군의 실태를 갈래별로 파악하여 형성과 전승 경로를 추적해 봄으로써 궁극적으로는 구비적 갈래의 기록적 변화 양상을 살펴보는 것이 목적이었다. 이 논의를 통해 이루어진 바를 요약적으로 제시하면 다음과 같다.

첫째, 〈장끼전〉 작품군은 현재 설화, 민요, 한시, 판소리 계열, 가사 계열, 소설 계열 등을 망라하여 약 150여종이 이본이 파악되며, 이중 가사, 소설계 이본은 100여종이 존재한다.

둘째, 이 글에서는 〈장끼전〉 작품군을 갈래별로 파악하여 설화, 민요 39종과 가사, 소설 31종을 대상으로 서사적 내용을 간략히 제시하고 분석하고 그 영향관계를 논의하였다.

셋째, 위의 논의를 바탕으로 형성과 전승에 대하여는 다음과 같은 결론을 얻었다. 전국적인 분포를 보이고 있는 민요 '꿩꿩 장서방' 계열이 19세기 초 서사화되면서 초기 판소리가 성립되었고, 이후 판소리 〈꿩타령〉은 갈가마귀의 등장과 청혼 삽화까지 서사가 확대되었으나 19세기 후반 실창되었다. 19세기 중후반경 판소리의 서사는 가사로 전환되어 〈자치가〉류로 유통되었으며 다양한 결말을 양산하면서 활발히 전파되어 소설, 서사민요, 설화의 갈래로 전환하며 이본을 파생시켰다.

넷째, 초기 판소리에서는 장끼의 죽음까지를 기본 서사로 하여 불리워졌을 것으로 보았다. 이는 하층민들의 고달픈 삶과 비극상에 초점을 둔 것이다. 그러나 19세기 중반 이후 판소리의 서사는 장끼에 대한 풍자 비판적 시선을 바탕으로 전반부 서사를 확립하였고 이와 함께 까투리의 문제에 관심을 보이기 시작했다. 이러한 내용이 가사로 정착되면서 개가문제에 대한 다양한 서사를 만들어냈던 것으로 보인다. 따라서 개가 첨가 혹은 개가 삭제의 문제나 수절 혹은 개가의 선택에 대한 문제를 작품의 선후 관계로 보는 관점을 지양되어야 한다. 결말구조는 필사자, 혹은 독자들의 선택에 대한 표현이고 이것은 동시대에 함께 표출될 수 있는 것이기 때문이다. 따라서 〈장끼전〉의 열린 결말은 가사의 전환 시점부터 다양한 결말로 이어졌을 것이며, 이에 따라 이본의 독자적 성향도 강화되어 갔을 것으로 본다.

다섯째, 판소리사와 관련하여 분명한 창본이 남아있지 않은 것은 유감스러운 일이나 자료의 실상을 중심으로 보았을 때 애초 판소리의 연행은 장끼의 죽음 부근에서 마무리되었을 것으로 보는 것이 타당하다. 개가에 관한 문제 제기는 후대에 중심서사가 까토리에게로 옮겨지면서 일어난 현상이다. 그러므로 후대에 개가 관련 서사가 첨가되면서 판소리로 불리웠을 가능성은 충분히 있으나, 이 때의 서사는 고정된 것이 아니라 형성기의 불완전한 모습이었을 것으로 추정할 수 있다.

판소리 〈장끼전〉은 민요 선행, 가사로의 유통이라는 점에서 다른 판소리들과 차별성을 지닌다. 게다가 심청전에 버금가는 많은 이본군을 가지고 있다는 점, 판소리, 소설, 가사, 민요, 설화를 넘나드는 갈래의 다양성을 보여준다는 점에서 문학사의 중요한 존재였음을 확인할 수 있다. 앞으로 주요 이본에 대한 개별 작품론이 심도 있게 이루어져야 할 필요가 있으며, 유통의 관점을 사회사 혹은 문화사적인 측면에서 고찰할 필요성도 절실하다고 할 것이다.

## 참고문헌


### 참고자료

〈자치ᄀᆡ라〉〈쏭으자치게라〉〈쏭으ᄌᆞ치긔권졔단이라〉〈자치가권단〉〈자치가〉〈쟈치가〉〈장끼젼〉〈자치가라〉(이상 김광순, 『한국고소설전집』20, 경인문화사, 1993.)

〈까토리가〉(임기중, 『역대가사문학전집』8, 동서문화원, 1987.)

〈쟝씌전 자치ᄀᆡ〉(임기중, 한국역대가사문학집성DB, http://www.krpia.co.kr)

〈쟝씌젼〉(인천대민족문화연구소, 『구활자본 고소설전집』12, 은하출판사, 1993)

〈쟝끼젼〉 덕흥서림본, 1915(아단문고 고전총서7, 현실문화, 2007. 복각본)

〈쟈치가〉(국립도서관 소장 필사본)

〈ᄌᆞᆺ치ᄀᆡ젼이라(ᄶᅡ토리젼)〉(충남대 학산문고 필사본)

〈ᄌᆞ치가(자치가라)〉(고려대 만송문고 필사본)

〈자치가젼(자치가전)〉(한국학중앙연구원 장서각 필사본1)

〈화충션ᄉᆡᆼ젼〉(서울대 규장각 필사본1)

〈화츙가〉(서울대 규장각 필사본2)

〈자치가〉(한국학중앙연구원 장서각 필사본2)

〈화츙젼〉(이대 도서관 필사본) 권2만 있음

〈ᄶᅡ투리와 장끼가〉(박순호, 『한글필사본고소설자료총서』1, 오성사, 1986)

〈장치젼단이란〉(박순호, 『한글필사본고소설자료총서』84, 오성사, 1986)

〈치젼이라쒱이요〉(박순호, 『한글필사본고소설자료총서』82, 오성사, 1986)

〈까토리가〉(한국학중앙연구원 장서각 필사본3 /임기중, 『역대가사문학전집』8, 동서문화원, 1987)

〈화충젼〉(임기중, 『역대가사문학전집』20, 동서문화원, 1987)

〈꿩자치가〉(임기중, 『역대가사문학전집』22, 동서문화원, 1987)

〈쒱의젼이라〉〈쒱타앙이라 자치젼〉(임기중, 『역대가사문학전집』34, 동서문화원, 1987)

〈자치가〉〈자치가라〉〈자치ᄀᆡ라〉〈자치젼이라〉(임기중, 『역대가사문학전집』44, 동서문화원, 1987)

〈장씨젼〉(『나손본 필사본고소설자료총서』52, 보경문화사, 1993)

『한국구비문학대계』, 한국정신문화연구원, 1980.
한국학중앙연구원 왕실도서관장서각디지털아카이브, http://yoksa.aks.ac.kr
임동권, 『한국민요집』, 동국문화사, 1961.
디지털 한국학 홈페이지 http://koreandb.nate.com
『울산울주지방민요자료집』, 울산대인문과학연구소, 1990.
서영숙, 『한국서사민요의 날실과 씨실』, 역락, 2010.
이학규, 『洛下生文集』, 「因樹屋集」, 雉機詞, 『한문악부 · 사 자료집』4, 계명문화사, 1988.

### 논저

권영호, 「장끼전의 민요화와 그 의미」, 『문학과 언어』11, 문학과언어연구회, 1990.
권영호, 「장끼전 연구의 반성과 전망」, 『어문학』52, 한국어문학회, 1991.
권영호, 「장끼전 작품군 연구」, 경북대대학원 박사학위논문, 1995.
권영호, 「紀俗詩 '雉機詞'와 장끼타령의 관계」, 『신라학연구』4, 위덕대신라학연구소, 2000.
김광순, 「장끼전의 이본과 두 세계관의 인식」, 『한국 의인소설 연구』, 새문사, 1987.
김동욱, 『한국가요의 연구』, 을유문화사, 1961.
김동욱, 『한국가요의 연구』속, 이우출판사, 1980.
김석배, 「〈조선창극사〉의 비판적 검토(II)」, 『문학과언어』21, 문학과언어학회, 1999.
김석배, 「18,9세기의 한글소설과 유통」, 『문학과 언어』8, 문학과언어연구회, 1987.
김종철, 「장끼전과 뒤틀림의 미학」, 『판소리의 정서와 미학』, 역사비평사, 1996.
민 찬, 「조선후기 우화소설의 다층적 의미구현 양상」, 서울대대학원 박사학위논문, 1994.
박일용, 「〈장끼전〉의 문학적 의미 재론」, 『동리연구』 창간호, 동리연구회, 1993.
박일용, 「가사체 〈심청전〉 이본과 초기 판소리 창본계 〈심청전〉의 관련 양상, 『판소리연구』7, 판소리학회, 1996.

이석래, 「장끼전」, 『조선후기 소설 연구』, 경인문화사, 1992.

정노식, 『조선창극사』, 동문선 복각본, 1994, 52면.

정병헌, 「판소리의 전승과 공간적 배경의 관계 연구」, 『판소리연구』25, 판소리학회, 2008.

정출헌, 「조선후기 우화소설의 사회적 성격」, 고려대대학원 박사학위논문, 1992.

정출헌, 『조선후기 우화소설 연구』, 고려대민족문화연구원, 1999.

정학성, 「우화소설 연구」, 『국문학연구』18, 1972.

조희웅, 『고전소설 이본목록』, 집문당, 1999.

조희웅, 『고전소설연구보정』하, 박이정, 2006.

최진형, 『서사문학과 문화 담론』, 보고사, 2008.

최혜진, 『판소리계 소설의 미학』, 역락, 2000.

1) 장끼와 까투리의 이야기를 담고 있는 갈래별 작품군을 통칭하는 명칭으로 〈장끼전〉을 쓰기로 한다. 〈장끼전〉은 구활자본의 본격적인 유통으로 인해 널리 알려진 이름이어서 대중화된 명칭이라고 할 수 있다. 그러나 갈래별로 이 작품에 대한 제목이 아주 다양하다는 점은 반드시 주목해야 한다. 특히 필사본의 경우에는 '장끼'와 '까투리', '꿩', '화충', '자치', '까치', '장치' 등 주인공을 부르는 이름도 다양하고 제목도 다양하다. 설화와 민요 역시 그러하다. 설화와 민요의 경우 '꿩' 혹은 '까투리'의 사용 빈도가 높으며, 가사 계열로는 '자치가' '까투리가' 등이 높다. 판소리로서의 '장끼타령'이라는 용어는 정노식의 『조선창극사』에서 처음 보이는 것이다. 필사본에 적힌 바 '꿩타령'으로서 불리운 것이 좀더 실상에 적합할 것으로 본다. 소설 역시 '장끼전' 외에 '자치전' '까토리전' '화충선생전', '꿩전' 등 다양한 용어가 쓰였음을 알 수 있다. 따라서 〈장끼전〉을 작품군의 대표 명칭으로 쓰는 것은 이 제목의 이본이 많아서가 아니라 인지도가 높기 때문이다.

2) 연구의 진척에 따라 새로운 이본에 대한 보고는 지속적으로 이루어지고 있지만 이에 대한 총체적 논의는 권영호(1995) 이후 없었다. 권영호의 논의는 이본론에 대한 여러 시사점을 던져주고 있는데, 이후 논의가 썩 진척되지 못하였다. 이후의 여러 논의 중 김종철(1996)의 논의가 27종의 이본을 대상으로 하여 가장 광범위하다. 〈장끼전〉을 다룬 기존의 연구 성과 중 대표적인 것은 다음과 같다.

김동욱, 『한국가요의 연구』, 을유문화사, 1961.
정학성, 「우화소설 연구」, 『국문학연구』18, 1972.
김광순, 「장끼전의 이본과 두 세계관의 인식」, 『한국 의인소설 연구』, 새문사, 1987.
권영호, 「장끼전의 민요화와 그 의미」, 『문학과 언어』11, 문학과언어연구회, 1990.
권영호, 「장끼전 연구의 반성과 전망」, 『어문학』52, 한국어문학회, 1991.
이석래, 「장끼전」, 『조선후기 소설 연구』, 경인문화사, 1992.
정출헌, 「조선후기 우화소설의 사회적 성격」, 고려대대학원 박사학위논문, 1992.
박일용, 「〈장끼전〉의 문학적 의미 재론」, 『동리연구』창간호, 동리연구회, 1993.
민 찬, 「조선후기 우화소설의 다층적 의미구현 양상」, 서울대대학원 박사학위논문, 1994.
권영호, 「장끼전 작품군 연구」, 경북대대학원 박사학위논문, 1995.
김종철, 「장끼전과 뒤틀림의 미학」, 『판소리의 정서와 미학』, 역사비평사, 1996.

최혜진, 「장끼전」, 『판소리계 소설의 미학』, 역락, 2000.
권영호, 「紀俗詩 '雉機詞'와 장끼타령의 관계」, 『신라학연구』4, 위덕대신라학연구소, 2000.
최진형, 「규방문화권에서의 고소설 향유 양상-〈자치가〉를 중심으로」/「판소리 서사체의 향유 관습과 〈장끼전〉」, 『서사문학과 문화 담론』, 보고사, 2008.

3) 이본 중 개인소장본이 많이 있어 연구와 접근이 어렵다.

4) 장끼전 이본군의 대략적인 보고는 권영호, 앞의 논문에 60여 종으로 정리되어 있다. 이후 조희웅, 『고전소설 이본목록』, 집문당, 1999. / 조희웅, 『고전소설연구보정』 하, 박이정, 2006에서 이본과 자료를 추가 하였다. 이 글에서 다루는 이본은 필자가 구득할 수 있는 가사, 소설계 31종과 설화 9종 민요 30종으로 총70종을 대상으로 하였다.

5) 권영호, 조희웅 위의 책을 중심으로 정리하였고 새롭게 발견된 자료를 추가하였다.

6) 최진형은 서인석본 〈자치가〉의 경우 창자(창은 김유햐라)가 명시된 이본이기는 하지만 실제 창으로 불렀을지 여부는 불투명하다고 논의하였다(앞의 책, p.194-200).

7) 『한국구비문학대계』, 한국정신문화연구원, 1980.

8) 가장 표준적인 사설을 가지고 있다. 다른 민요들 역시 주로 밑줄 친 내용이 각 사설 단위에서 보이며 가난하게 사는 모습과 사냥꾼에게 목숨을 위협받는다는 내용을 주 내용으로 삼고 있다.

> 꿩꿩 장서방 아들낳고 딸낳고 뭘먹고 사는가
> 앞집이가 풀한섬 뒷집이가 풀한섬 그럭저럭 먹고 살지
> 꿩꿩 장서방 뭣먹고 사는가
> 앞집이가 콩한주먹 뒷집이가 콩한주먹 그럭저럭 먹고 살지
> 땅깨비 발을 볶아서 그게 천자탈인디
> 어찌 아니 목숨도 상을 할 것이가
> 꿩꿩 장서방 어디가
> 보리서말 짊어지고 앵두고개 넘어가네
> 꿩꿩 장서방 아들낳고 딸낳고 뭣먹고 사는가
> 앞집이가 콩한되 뒷집이가 풀한되 그럭저럭 먹고 사는디
> 앞집이 총쟁이놈이 뚱땅거려서 못살겄네 무서워서

대개의 민요가 밑줄 친 부분을 구비공식구처럼 이용하고 있다.

9) 한국학중앙연구원, 왕실도서관장서각디지털아카이브, http://yoksa.aks.ac.kr

10) 임동권, 『한국민요집』, 동국문화사, 1961, p.324-326.

11) 디지털 한국학 홈페이지 http://koreandb.nate.com

12) 『울산울주지방민요자료집』, 울산대인문과학연구소, 1990.

13) 서영숙, 『한국서사민요의 날실과 씨실』, 역락, 2010. p.683-685. 꿩 관련 서사민요를 소개하여 큰 참고가 되었다. 이 외에 조천1-10 해남19-10 고창12-6 12-12 인제7-8 진안1-9 애월9-17(한국민요대전) 자료가 보고되어 있다(p.73).

14) 이학규(李學逵, 1770-1835)가 김해지방에서 유배중일 때 하층민으로부터 들었던 민요를 1807-8년경에 '雉機詞(꿩덫노래)'라는 제목으로 한시화한 것이다. 雉機釋 雉頭挼挼翗磔磔 東鷗北鵅久相識 雉訴以臆自羅㦸 山田無食山雪積 山民之子巧利射 紅豆坼莢甚肥澤 蓰蓰下雪無人迹 向前一啄抨礔礰 嗚呼命絶秖今夕 錦襜繡襦不復惜 平陂隕薩謾蕭槭 山中有棲亦安適 棠毬紅子粲可摘 群雌粥粥以同垞 從來悔躪田中麥(이학규, 『洛下生文集』, 「因樹屋集」, 雉機詞) 『한문악부 · 사자료집』4, 계명문화사, 1988, p.56-57)
꿩덫을 놓았더니/ 꿩이 머리를 비비면서 날개를 퍼덕거린다/ 모여든 꿩들은 서로 잘 알기에/ 꿩이 애타게 하소연하니 저절로 슬프다/ 산과 들에 먹을 것이 없고 산에는 눈이 쌓였는데/ 산촌의 아이가 재주좋게 잡았구나/ 붉은 콩이 벌어진 꼬투리에 아주 탐스럽고/ 소록소록 눈이 내려 인적이 없는데/ 다가가 쪼자 천둥치는 듯/ 오호라 명이 끊어지니 오늘 저녁이구나/ 화려한 모습 이제 아끼지 않아도 되고/ 둔덕에서 죽으니 부질없고 쓸쓸하다/ 산중에 깃들 곳 있어 자적할 만하고/ 아가위가 선명하니 딸 수 있을 텐데/ 까투리떼가 그 둔덕을 두려워하여 / 오래도록 보리밭에서 회한스러워 하며 동동거린다.

15) 권영호, 「〈장끼전〉 작품군 연구」, 경북대학교대학원박사학위논문, 1995, p.59-60에서 재인용.

16) 권영호, 「장끼전의 민요화와 그 의미」, 『문학과 언어』11, 문학과언어연구회, 1990.에서 논의된 바 있다. 이 논문에서는 서사민요만을 대상으로 하여 가사로부터의 영향을 밝혔고, '꿩꿩 장서방'계열 민요는 다루지 않았다.

17) 정출헌의 해석을 따랐다. 정출헌, 『조선후기 우화소설 연구』, 고려대민족문화연구원, 1999, p.259.

18) 권영호(1995), 앞의 논문, p.41.

19) 정노식, 『조선창극사』, 동문선 복각본, 1994, p.52.

20) 구활자본 〈장끼전〉은 1915년 덕흥서림, 1922년 대창서관, 1925년 경성서적업조합, 1951년 세창서관 등에서 지속적으로 발간된 인기 소설이었다.

21) 위의 책, p.36.

22) 김석배, 「〈조선창극사〉의 비판적 검토(II)」, 『문학과언어』21, 문학과언어학회, 1999, p.19-20에서는 한송학의 더늠이 〈조선문학전집〉의 〈장끼전〉을 그대로 소개하였다고 하였는데, 이 역시 구활자본 계열이다. 김석배는 일련의 연구를

통해『조선창극사』의 더늠이 특정 이본을 텍스트로 하여 소개한 것이고 일부가 전도성의 소리라는 점을 밝히고 있다. 이러한 점은『조선창극사』의 자료로서의 한계를 나타낸 것이므로 주의할 필요가 있을 것이다.

23) 이를 '개가삭제유형'이라고 할 수 있을지는 의문이다. 모본이 후반부를 담고 있었다고 하더라도 단순 필사 중단이나 외부요인에 의한 필사 포기 등 그 원인은 다양할 것이기 때문이다. 개가를 삭제하였다는 것은 필사자의 의지가 적극 개입하였다는 논리인데 그것은 여러 이본들의 현상을 충분히 설명해주지는 못하는 것으로 보인다. 따라서 이러한 이본들인 경우 '필사 중단형'으로 보는 것이 더 현상을 적절히 해명해주리라 생각한다.

24) 가사와 소설을 가르는 기준은 확실치 않다. 그러나 구활자본 〈장끼전〉을 소설로 보기 때문에 구활자본에 준한 내용을 가지는 작품은 소설 계열로 분류하였다. 문장체 소설 역시 소설 계열이다. 가사적 율문체이지만 서두에서 소설적 변개를 가한 흔적이 있는 작품 역시 소설 계열로 분류하였다. 작품의 결말에 독특한 삽화를 가지거나 산문화 되는 경향을 가지는 이본 또한 소설 계열로 분류하였다. 소설적 변개가 있다고 하여도 내용상으로 가사와 동일한 작품도 있다. 따라서 이 구분은 상대적으로 소설적 태도를 보이는 이본의 비중이 얼마나 되는지를 파악하기 위한 것이지 분명한 갈래 현상을 나타내는 것이 아니다.

25) 고소설의 유통에 대해서는 김석배,「18-19세기의 한글소설과 유통」,『문학과 언어』8, 문학과언어연구회, 1987, p.21-23 참조.

26) 비교 이본은 필사연대가 밝혀져 있거나 독특한 삽화가 있는 경우, 결말이 비교적 완결된 형태로 끝나는 경우를 대상으로 하였다. 일단 필사연대 중 앞선 시기를 중심으로 배열하였으나, 이것이 선후관계를 명확히 드러내는 것은 아니다.

27) 이에 대해서는 좀더 치밀한 논의가 필요하나 이본간 서사 비교를 통해 대체로 얻어진 결론이라고 할 수 있다. 소설 계열본이 생성된 이후에도 가사의 유통은 지속적으로 이루어졌을 것으로 보인다.

28) 김동욱,『한국가요의 연구』속, 이우출판사, 1980, p.338.

29) 판소리의 민요 선행은 이 글에서 새롭게 제기되는 문제라고 할 수 있다. 그간 판소리는 근원설화 혹은 소설로부터 이루어졌다고 보았기 때문이다. 그렇다면 판소리 〈장끼전〉은 판소리 생성의 또 다른 국면을 설명하는 자료적 성격을 가지게 되는 것이다. 권영호는 〈치기사〉의 존재를 언급하면서 이것이 유랑예인들이 불렀을 초기 판소리로 보았으나 이 글에서는 민요 꿩꿩 장서방 계열이 판소리 초기 생성 역할을 담당했을 것으로 보며, 〈치기사〉는 민요에서 판소리로 넘어가는 과도기적 현상을 보여주는 민요시로 본다.

한편 설화 자료에서 다루었던 꿩과 소리개, 꿩과 쥐 등의 설화는 판소리 생성 이후에 첨가, 수용된 설화라고 볼 수 있겠다. 소리개 설화는 후반부에 들어 있으며 쥐이야기는 소설본에서만 나타나는 삽화이기 때문이다. 오히려 가사류의 이본이 설화적 이야기로 전환되어 전승된 사례가 더 많은 것으로 나타난다.

30) 가사가 판소리의 초기본 역할을 했다는 견해가 있어 참고할 만하다. 박일용, 「가사체 〈심청전〉 이본과 초기 판소리 창본계 〈심청전〉의 관련 양상, 『판소리연구』7, 판소리학회, 1996.

이를 보면 가사가 판소리의 형성에 거꾸로 영향을 줄 가능성도 없지는 않다. 그러나 현재 판소리 창본이 남아 있지 않아 비교할 수 없다. 다만 경북 지역을 중심으로 형성된 가사 〈장끼전〉이 판소리가 생성된 이후 상호 영향을 주고받았을 가능성은 크다고 생각된다.

31) 불분명한 결말, 화자의 늘어놓기식 구성, 불완전한 서사 등을 들 수 있다.

32) 〈장끼전〉은 장터의 지명과 태백산, 팔공산 등 충북, 경북 지역을 아우르는 지역이 등장하는 것으로 보아 메나리토리권 즉 동부권에서 주로 불리워지던 판소리였을 가능성이 있으며, 이러한 영향으로 가사나 서사민요의 향유가 경북권에 집중되어 있으리라고 생각할 수 있다. 판소리가 지리적 친밀도를 지니고 있다는 것은 정병헌, 「판소리의 전승과 공간적 배경의 관계 연구」, 『판소리연구』 25, 판소리학회, 2008. 참조.

## | 저자 소개 |


- **김 근** lacano@sogang.ac.kr
  중국어학
  서강대학교 중국문화학과
- **김병기** shimseok@chonbuk.ac.kr
  중국어문학
  전북대학교 중어중문학과
- **김하수** soling@yonsei.ac.kr
  사회언어학
  연세대학교 국어국문학
- **도윤정** angedo@dreamwiz.com
  불문학
  인하대학교 인문학부
- **이창남** blaublum@hotmail.com
  비교문학
  한양대학교 비교역사문화 연구소
- **조두상** chods@pusan.ac.kr
  역사비교언어학
  부산대학교 언어정보학과
- **최혜진** sori0609@hanmail.net
  구비문학
  목원대학교 인문과학연구소
- **마쓰오카 에지**(Matsuoka Eiji)
  JCF10470@nifty.com
  중국어문학
  동경학예대학 아시아언어문화연구실
- **엘렌 캉페뇰 카텔**(Hélène Campaignolle Catel)
  helen.Campaignolle-Catel@wanadoo.fr
  불문학
  파리국립과학연구소


## | 역자 소개 |


- **고인덕** idoko7@hanmail.net
  중문학
  연세대학교 인문학연구원
- **진인혜** ih-jin@hanmail.net
  불문학
  배재대학교 마그레브연구소